KB166645

아두이노를 이용해 **프로그램** 배우고 **하드웨어 제어**하고 **자동차** 완성하기

아두이노 자동차의 모든 것

아두이노 | 메이커 | C언어 | 자동차

앤써북
ANSWERBOOK

아두이노 자동차의 모든 것

아두이노 | 메이커 | C언어 | 자동차

초판 1쇄 발행 | 2022년 06월 30일

지은이 | 장문철

펴낸이 | 김병성

펴낸곳 | 앤써북

출판사 등록번호 | 제 382-2012-0007 호

주소 | 경기도 파주시 탄현면 방촌로 548

전화 | 070-8877-4177

FAX | 031-942-9852

도서문의 | 앤써북 http://answerbook.co.kr

ISBN | 979-11-85553-98-6 13000

• 책 값은 뒷표지에 표시되어 있습니다.

[안내]

• 이 책은 다양한 전자 부품을 활용하여 예제를 실습할 수 있습니다. 단, 전자 부품을 잘못 사용할 경우 파손 외 2차적인 피해가 발생할 수 있으니, 실습 시 반드시 책에서 표시된 내용을 준수하여 사용해야 함을 고지합니다.

• 이 책에 내용을 기반으로 실습 및 운용 결과에 대해 저자, 소프트웨어 개발자 및 제공자, 앤써북 출판사, 서비스 제공자는 일체의 책임지지 않음을 안내드립니다.

• 이 책에 소개된 회사명, 제품명은 각 회사의 등록 상표 또는 상표이며 본문 중 TM, ©, ® 마크 등을 생략하였습니다.

• 이 책은 소프트웨어, 플랫폼, 서비스 등은 집필 당시 최신 버전으로 설명하였습니다. 단, 독자의 학습 시점에 따라 책의 내용과 일부 다를 수 있습니다.

Preface

머리말

이 책은 아두이노를 이용하여 프로그램 언어를 배우고 하드웨어를 제어하고 자동차를 완성할 수 있도록 구성하였습니다.

1장에서는 아두이노의 개발환경을 구축합니다.
2장에서는 아두이노를 이용하여 C 프로그램에 대해서 배웁니다.
3장에서는 아두이노의 기본기능을 익힙니다.
4장에서는 자동차의 기능들에 대해서 배웁니다.
5장에서는 자동차의 응용기능을 대해서 배웁니다.

프로그램을 할 줄 모르더라도 프로그램의 언어부터 시작하여 자동차를 완성할 수 있도록 구성하였습니다.
책의 마지막 실습까지 따라하다보면 아두이노를 이용한 자동차의 모든 것을 만들어 볼 수 있습니다.

아두이노는 하드웨어를 제어하는 언어로 소프트웨어 프로그램뿐만 아니라 하드웨어의 구성 및 설명도 부족함 없이 채웠습니다.
이 책을 통해 소프트웨어뿐만 아니라 하드웨어의 흐름도 배웠으면 합니다.

아두이노로 만들 수 있는 다양한 것들이 있지만 가장 주위에서 흔하게 볼 수 있는 자동차를 통해 더욱더 흥미롭게 아두이노 세계에서 즐기셨으면 합니다.

저자 **장문철**

Reader Support Center

독자 지원 센터

독자 지원 센터는 이 책을 보는데 필요한 책 소스 파일, 독자 문의 등 책을 보는데 필요한 사항을 지원합니다

책 소스 및 프로젝트 파일

이 책과 관련된 실습 소스 및 프로젝트 파일은 앤써북 카페(answerbook.co.kr)의 [도서별 독자 지원 센터]–[아두이노 자동차의 모든 것] 게시판을 클릭합니다. 4420번 "〈아두이노 자동차의 모든 것〉 책 소스입니다." 게시글을 클릭한 후 안내에 따라 다운로드 받으시면 됩니다.

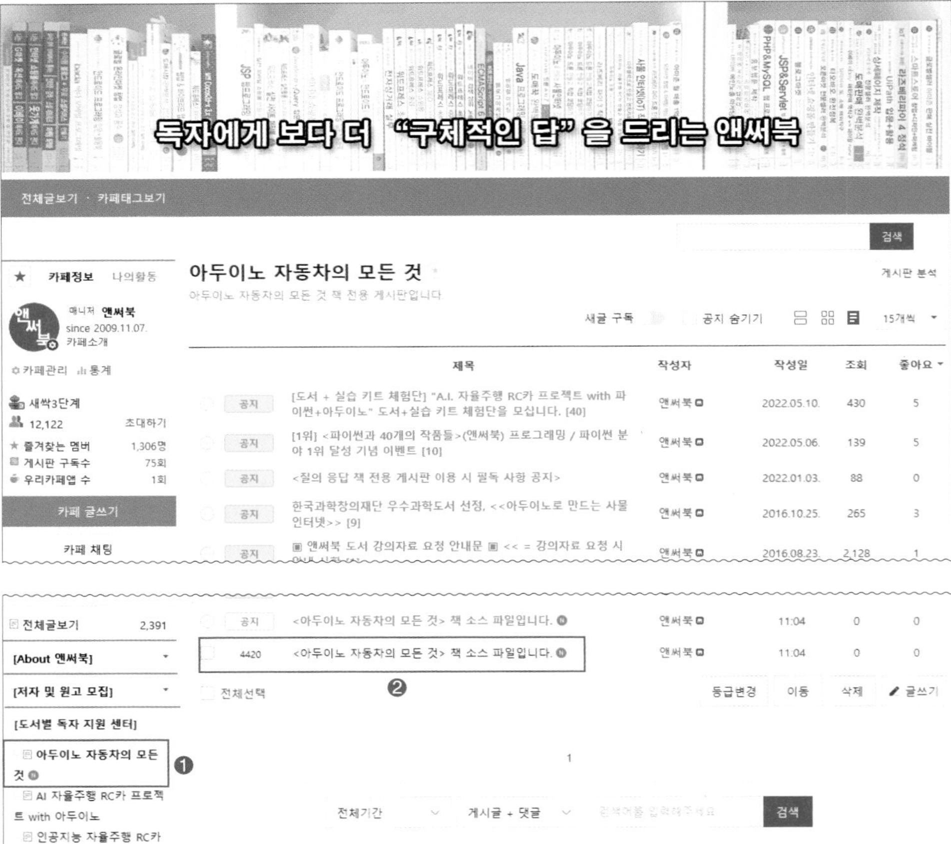

독자문의

이 책과 관련된 실습 소스 및 프로젝트 파일은 앤써북 카페(answerbook.co.kr)의 [도서별 독자 지원 센터]–[도서별 독자 지원 센터]–[아두이노 자동차의 모든 것] 게시판을 클릭합니다.

우측 아래의 [글쓰기] 버튼을 클릭한 후 제목에 다음과 같이 "[문의] 페이지수, 질문 제목"을 입력하고 궁금한 사항은 아래에 작성 후 [등록] 버튼을 클릭하여 등록합니다. 등록된 질의글은 저자님께서 최대한 빠른 시간에 답변드릴 수 있도록 안내합니다.

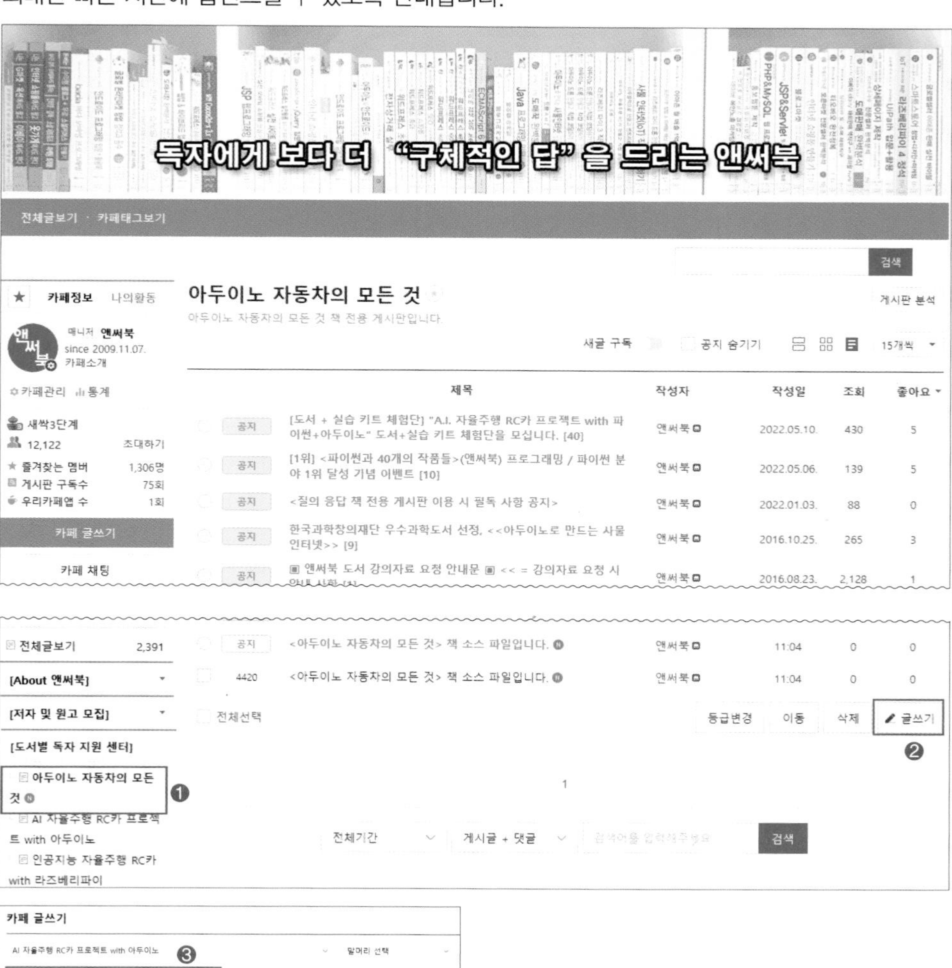

Contents

목차

CHAPTER 01 아두이노 자동차 시작하기

CHAPTER 02 아두이노를 위한 C언어 기초 배우기

CHAPTER 03 아두이노 기본 기능 익히기

Contents
목차

CHAPTER 04 자동차의 기본 기능 익히기

Contents
목차

아두이노 자동차 키트 부품 살펴보기

미포함 옵션

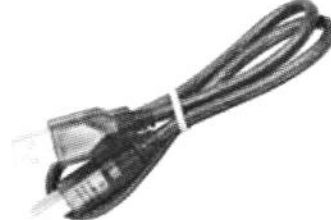

❶ 아두이노 R3 + 케이블

기본구성품 및 옵션사항

❷ LED 빨간색

❸ LED 파란색

❹ LED 초록색

❺ LED 노란색

❻ LED 흰색

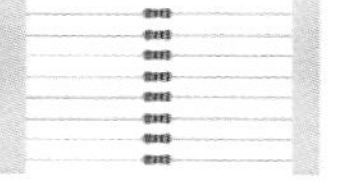

❼ 저항 330옴

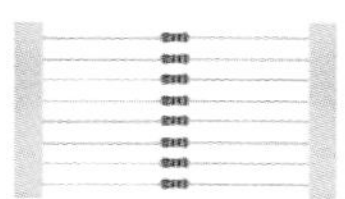

❽ 저항 10K옴

❾ MB-102브레드 보드

❿ 푸쉬버튼

⓫ RGB LED 모듈

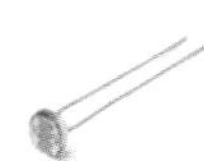

⓬ CDS 조도센서

⓭ 가변저항 10K옴

⓮ 전선(M)-(M)(수-수)

⓯ 케이스

번호	이름(특이사항)	수량
❶	아두이노 우노 및 케이블(옵션상품)	1개
❷	LED 빨간색	5개
❸	LED 파란색	5개
❹	LED 초록색	5개
❺	LED 노랑색	5개
❻	LED 흰색	5개
❼	330옴 저항(주주검검갈)	10개
❽	10k옴 저항(갈검검빨갈)	10개

번호	이름(특이사항)	수량
❾	브레드보드	1개
❿	푸쉬버튼 스위치	5개
⓫	RGB LED 모듈	1개
⓬	CDS 조도센서	1개
⓭	가변저항 10k옴	1개
⓮	수-수 점퍼케이블	40가닥
⓯	케이스	1개

아두이노 자동차 부품 살펴보기

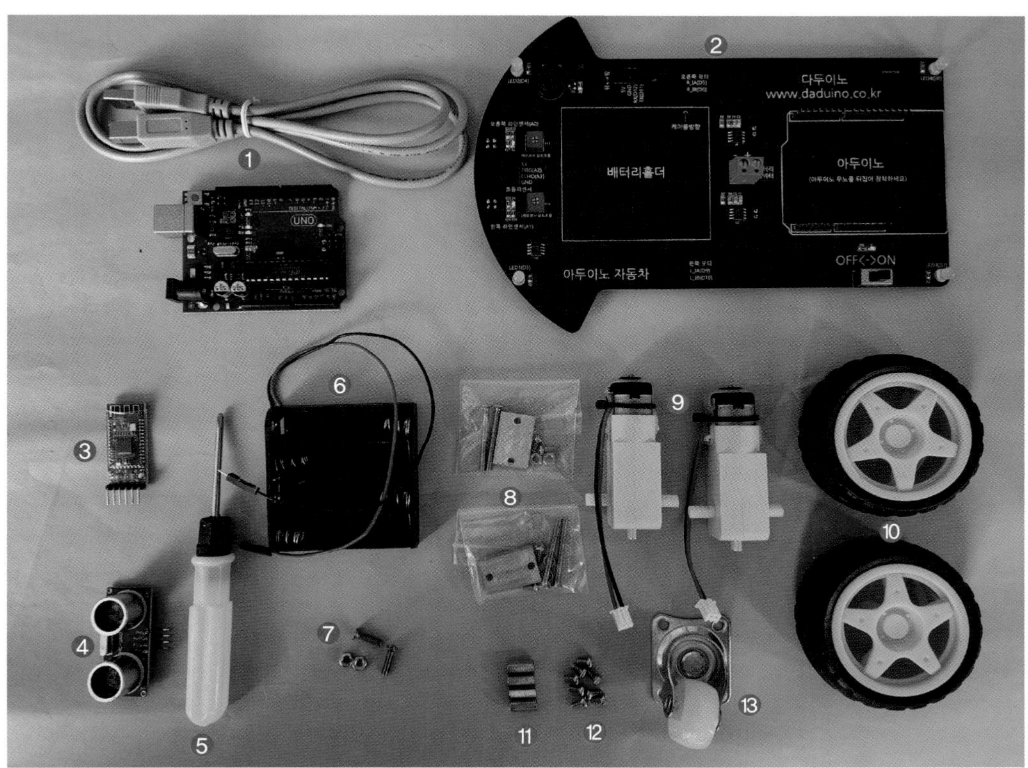

번호	이름(특이사항)	수량
❶	아두이노 우노 및 케이블(옵션 상품)	1개
❷	자동차 바디	1개
❸	블루투스4.0 모듈	1개
❹	초음파세서모듈	1개
❺	+,– 변신드라이버	1개
❻	AAx4 배터리홀더	1개
❼	배터리홀더 고정용 접시머리볼트 및 너트	2개씩

번호	이름(특이사항)	수량
❽	모터고정용 브라켓 세트	2세트
❾	120:1 기어비 TT 모터	2개
❿	바퀴	2개
⓫	뒷바퀴 고정용 11mm 서포트	4개
⓬	뒷바퀴 고정용 3mm 볼트	8개
⓭	뒷바퀴	1개

아두이노 자동차의 모든것 키트 구매 안내

《아두이노 자동차의 모든 것》 키트는 위 구성품을 모두 포함하고 있습니다. 단, 아두이노 우노와 케이블 옵션 상품은 필요하신 분만 선택해서 구매할 수 있습니다. 아두이노 우노와 케이블을 보유하고 있다면 구매 시 선택하지 않으셔도 됩니다.

- 키트명 : 아두이노 자동차의 모든 것
- 구매처 : 다두이노
- 쇼핑몰 : www.daduino.co.kr

CHAPTER 01

아두이노 자동차 시작하기

Arduino CAR

01 아두이노 개발 환경 구축하기

아두이노란 무엇인지 알아보고 컴퓨터에 아두이노의 개발환경을 구축한 후 사용방법에 대해 알아봅니다.

01 _ 1 아두이노란?

아두이노(Arduino)란 센서로부터 입력을 받고 외부 장치를 제어하는 마이크로컨트롤러(Microcontroller) 보드입니다.

아두이노는 이탈리아 이브레아 디자인 전문대학(Ivrea Interaction Design Institute)에서 전기, 전자 및 프로그래밍에 익숙하지 않은 학생에게 인터랙션 디자인 교육을 위해 만들어진 보드로 이탈리아어로 '절친한 친구'라는 뜻처럼 비전공자 또는 일반인들도 쉽게 사용할 수 있게 2005년에 마시모밴지(Masimo Banzi)교수가 만들었습니다.

Arduino의 구성요소는 다음 그림과 같이 마이크로컨트롤러 보드, 아두이노 프로그래밍 언어, 소프트웨어 통합개발환경(IDE:Integrated Development Environment)이며 각각 또는 전체를 호칭합니다.

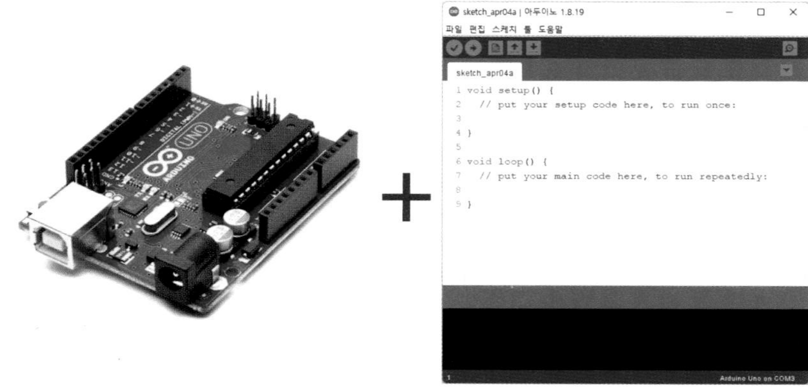

아두이노로 무엇을 만들 수 있나?

❶ 자동차 ❷ 드론 ❸ 3D 프린터

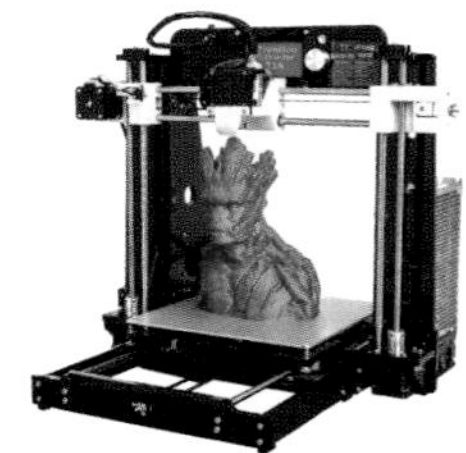

위의 사진은 순서대로 아두이노로 만든 자율주행자동차, 드론, 3D프린터 프로젝트입니다. 아두이노 보드에는 여러 개의 스위치나 센서로부터 값을 읽어 작성된 프로그램으로 외부 전자장치, 모터 등을 동작시켜 환경과 상호작용이 가능한 다양한 프로젝트 작품들을 만들 수 있습니다.

예를 들면 미세먼지 키트, 도난방지기, 비접촉온도감지기 등을 만들 수 있습니다.

아두이노는 오픈소스, 오픈소스 하드웨어 환경이기에 다양한 프로젝트들이 공유되어 있고 이 순간에도 세계 여러 사용자들이 아두이노 프로젝트를 활발히 만들고 있습니다.

알아둡니다! 오픈소스, 오픈소스 하드웨어

오픈소스란 오픈소스 소프트웨어를 뜻하는 용어입니다. 오픈되어 있어 누구나 자유롭게 확인, 수정, 배포를 할 수 있는 코드이고, 오픈소스 하드웨어는 누구나 하드웨어 디자인을 자유롭게 확인, 수정, 배포를 할 수 있는 하드웨어를 말한다.
오픈소스와 오픈소스 하드웨어는 소프트웨어냐 하드웨어냐를 뜻하고 둘의 역할은 공개되어 있어 확인, 수정, 배포를 할 수 있습니다. 따라서 아두이노는 PC 프로그램은 오픈소스로 되어 있고, 아두이노 보드는 오픈소스 하드웨어로 되어 있어서 누구나 소프트웨어나 하드웨어를 수정하여 다시 만들 수 있습니다.

왜 세계 여러 사람이 아두이노를 사용하는가?

아두이노 보드와 같은 소형 마이크로컨트롤러 보드를 만들기 위해서는 비싼 프로그램을 구매해서 개발해야 하고 표준보드가 아닌 개인이 만든 비표준 보드로 프로그램을 업로드하기 위해서 ISP나 디버거와 같은 장비가 필요한 임베디드라는 전문가 영역입니다.

하지만 아두이노는 비표준보드를 아두이노 보드로 표준화 했고 USB 케이블을 사용해서 프로그램을 아두이노 보드에 편하게 업로드 하도록 만들었고 통합개발환경도 오픈소스로 완전 공개해 프로젝트를 다른 사람과 공유하며 누구나 쉽게 배울 수 있기 때문입니다.

또한, 아두이노 보드의 정가는 초기에 4만 원 정도였는데, 오픈소스 하드웨어이기에 누구나 동일한 성능의 아두이노 호환 보드를 만들 수 있기에 중국에서 동일 성능 보드를 1/4 가격인 1만 원 이하로 만들어 하드웨어 장치를 저렴하게 만들 수 있다는 장점으로 전 세계적으로 많이 사용하게 되었습니다.

아두이노 보드 종류

아두이노에는 개발환경 또는 프로젝트에 따라서 사용할 수 있는 다양한 보드들이 있습니다. 다음의 여러 보드를 그림으로 살펴봅니다.

❶ 아두이노 우노 R3

아두이노 우노는 처음 만든 보드로 이탈리아어로 '우노'는 숫자 1을 뜻하며 첫 번째, 최고라는 뜻도 있습니다. 사진의 아두이노 우노는 처음 버전인 R1에서 업그레이드 된 R3 버전으로 안정적으로 사용되고 있고 아두이노 프로젝트에서 대중성이 있는 보드입니다.

PC에 아두이노 IDE(통합개발환경) 설치 시 기본으로 선택되는 보드입니다.

아두이노 우노는 8bit ATmega328 칩을 사용하고 플래시 메모리는 32KB, 디지털입출력 14개, 아날로그 입력 6개 핀 배열로 구성되어 있습니다.

> “ 이탈리아어 숫자 : Uno(우노) = 1, Due(듀에) = 2, Tre(트레) = 3, Quattro(콰트로) = 4

❷ 아두이노 메가 2560

아두이노 메가 2560으로 ATmega2560 칩을 사용하여 2560이라는 이름을 붙였습니다. 아두이노 우노보다 사용할 수 있는 입출력 핀의 개수가 많고 프로그램을 저장할 수 있는 메모리의 용량이 큽니다. 동작속도는 아두이노 우노와 동일하며, 16MHz로 동작합니다.

❸ 아두이노 두에

아두이노 두에 보드로 기존 아두이노는 8BIT칩 16MHz으로 속도로 동작하여 빠르지 않다는 단점을 보완한 32Bit칩 84MHz로 동작합니다. 속도가 아두이노 우노나 메가에 비해 월등히 빠르다. 입출력 핀의 수는 메가 2560과 동일합니다. 단점으로는 가격이 비싸고 핀의 출력이 3.3V로 동한다는 점입니다. 아두이노 우노에 맞춰진 외부 장치들이 많이 있어서 5V로 동작하는 장치와는 호환되지 않을 수 있습니다. 이러한 단점으로 인해 두에는 많이 사용하지 않습니다.

❹ 아두이노 나노

아두이노 우노의 1/3 크기로 우노와 동일한 구성이며 USB 2.0 미니B 케이블을 사용합니다.

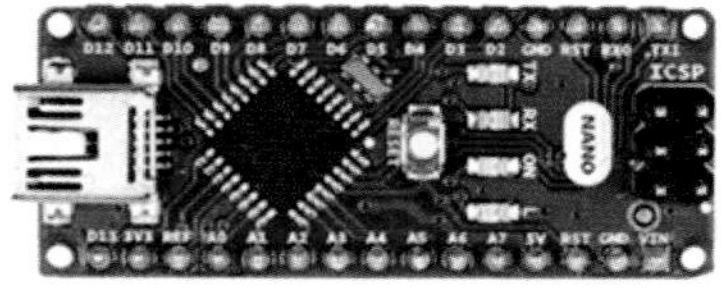

❺ 아두이노 프로 마이크로

아두이노 레오나르도 계열의 소형화 된 보드입니다.

❻ 아두이노 프로 미니

소형화된 아두이노 보드들이다. 크기나 무게에 제약을 받는 프로젝트들은 소형화된 보드로 사용할 수 있습니다. 8Bit 16MHz로 동작합니다.

❼ 아두이노 나노 33 BLE

2019년 경에 새로 나온 보드로 32bit 64Mhz 프로세서가 탑재되었습니다.

작동전압	3.3V
USB 입력 전압	5V
입력 핀 전	4.5V ~ 21V
칩	NINA-B3 - RF52840
클럭	64MHz
플래시	1MB
SRAM	256KB
무선 연결	Bluetooth 5.0 / BLE
인터페이스	USB, I2C, SPI, I2S, UART
디지털 I / O 핀	14
PWM 핀	6 (8 비트 해상도)
아날로그 핀	8 (10 비트 또는 12 비트 구성 가능)

사양은 위와 같습니다. 소형화된 보드도 인공지능, 머신러닝 등의 프로젝트로 활용되어 지고 있습니다. 단점으로는 3만 원대의 높은 가격과 업로드 시 일반 아두이노 보드들 보다 시간이 오래 걸린다는 점입니다.

❽ Wemos D1 R1

아두이노 우노와 크기와 핀배열이 동일합니다. 아두이노 개발환경으로 사용할 수 있고 32bit 80Mhz의 속도로 동작하고 가격도 아두이노 우노보다 저렴합니다. 또한 WIFI 기능도 있습니다. 많은 장점을 가지고 있어 아두이노에서 만든 표준제품은 아니지만 많이 사용하고 있어 거의 표준제품처럼 사용이 가능합니다. ESP8266 칩은 1천원 미만에 구입할 수 있습니다.

아두이노 개발환경으로 구성하면 아두이노의 다양한 라이브러리와 손쉬운 개발환경으로 저렴하고 쉽게 사물인터넷 장치를 만들 수 있다는 장점이 있습니다. 단점으로는 아두이노 개발환경 설치 후 추가적인 애드온 장치를 설치해야 하고, USB 드라이버도 따로 설치해야 한다는 점입니다. 그리고 특정핀을 사용하여 업로드하는 경우 업로드가 되지 않습니다. WIFI는 2.4G대역만 접속 가능합니다. 이러한 단점에도 불구하고 저렴한 가격과 WIFI 기능, 빠른 속도로 많이 사용되어지고 있습니다.

❾ NodeMcu V3

ESP8266칩이 들어있는 다른 형태의 보드입니다. 보드의 이름은 NodeMcu로 기능은 Wemos D1 R1와 같으나 크기가 작아서 다양한 프로젝트를 구성할 때 많이 사용합니다.

❿ ESP32 D1 MINI

ESP32칩을 사용한 보드입니다. ESP8266의 업그레이드 된 버전으로 CPU코어가 듀얼코어로 늘어났고, 속도도 빨라졌고, 블루투스 기능도 추가되었습니다. 사용할 수 있는 입출력 핀도 늘어났습니다. 가격은 ESP8266에 비해 조금 비싸나 그래도 기능에 비해서는 저렴합니다.

ESP32는 2020년 기준 상대적으로 최근에 나온 칩으로 ESP8266보다는 덜 사용되어지고 있습니다.

하지만 블루투스 기능과 빨라진 속도, 늘어난 입출력 핀 때문에 사용이 용의합니다. NodeMcu계열의 ES32도 있지만 생산 초기이다 보니 업로드 시에 자동업로드가 되지 않는 문제가 발생합니다.

ESP32 D1 MINI보드의 경우 업로드 문제를 해결한 보드로 자동업로드가 됩니다. 자동업로드의 문제는 핀의 리셋 시 업로드 타이밍이 맞지 않아 발생하는 문제로 1uF의 캐패시를 달아주면 해결할 수 있습니다. ESP32 D1 MINI는 업로드 문제를 해결한 보드입니다. 2018년도 이전에는 아두이노에서 개발환경을 지원하지 않아 사용하기 어려웠으나 2018년도 말쯤 아두이노의 개발환경이 추가되어 아두이노에서 손쉽게 사용이 가능합니다.

사물인터넷 장치를 개발하기 위해서는 ESP8266이나 ESP32를 선택하면 좋은 선택이 될 수 있습니다. ESP82666이나 ESP32를 결정하는 기준으로 최저가로 개발하고자 하면 ESP8266 핀의 입출력을 많이 사용하거나 블루투스 기능을 사용할거면 ESP32로 하면 됩니다.

아두이노 보드 종류에 대한 설명을 마치고 아두이노 개발환경 설치에 대해 알아보겠습니다.

01 _ 2 아두이노 개발환경 설치

아두이노를 프로그램하기 위해서 PC에 아두이노 IDE(통합개발환경)을 설치합니다.

1 아두이노 사이트(www.arduino.cc)에 접속합니다. 또는 구글이나 네이버에서 "아두이노"를 검색하여 아래 페이지에 접속합니다. 단, "인터넷 익스플로어"는 사용하지 않는다. 페이지가 잘 보이지 않을 수 있기 때문입니다. 크롬, 파이어폭스, 네이버웨일 웹 브라우저 등을 사용하여 접속합니다.

2 아두이노 사이트에 접속하였습니다. 프로그램을 다운로드 받고 설치하기 위해 [SOFTWARE] 탭으로 이동합니다.

- www.arduino.cc

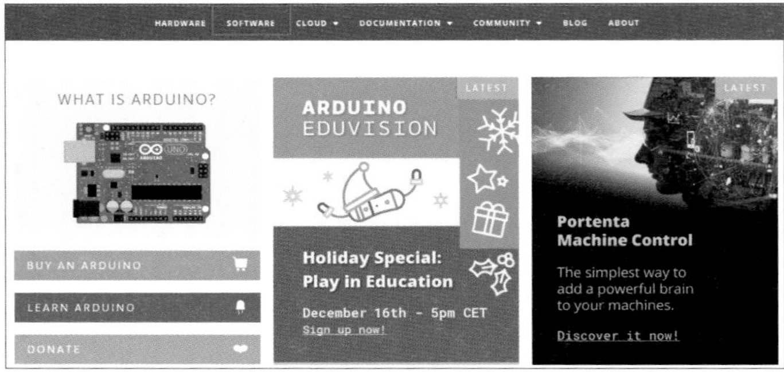

3 [Windows Win7 and newer]를 선택합니다. 맥, 리눅스를 사용 시 알맞은 버전을 클릭하여 설치합니다.

4 아래 네모칸의 [JUST DOWNLOAD]를 클릭하여 프로그램을 다운로드 합니다.

[CONTRIBUTE & DOWNLOAD]는 기부 후에 다운로드로 아두이노 사이트에 금액을 기부할 수도 있습니다. [CONTRIBUTE & DOWNLOAD]를 클릭하여 설치하지 않습니다.

5 [다운로드] 폴더에서 다운로드 받은 설치파일을 더블클릭하여 설치합니다.

6 [I Agree] 버튼을 눌러 설치를 진행합니다.

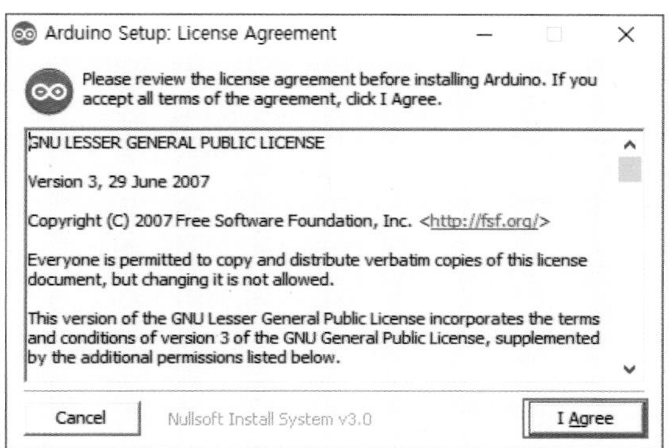

7 [Next〉] 버튼을 눌러 진행합니다.

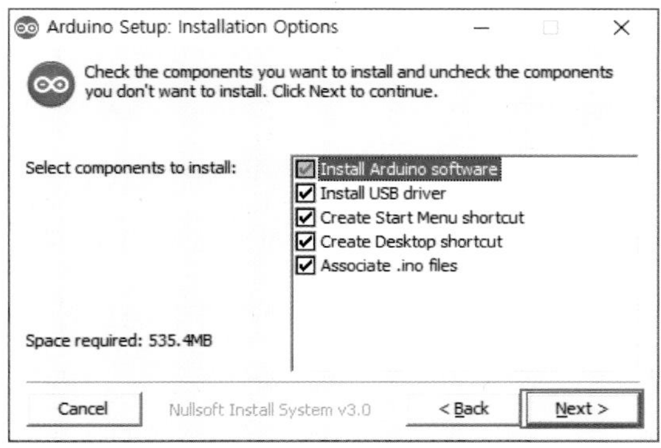

8 [Install] 버튼을 눌러 진행합니다.

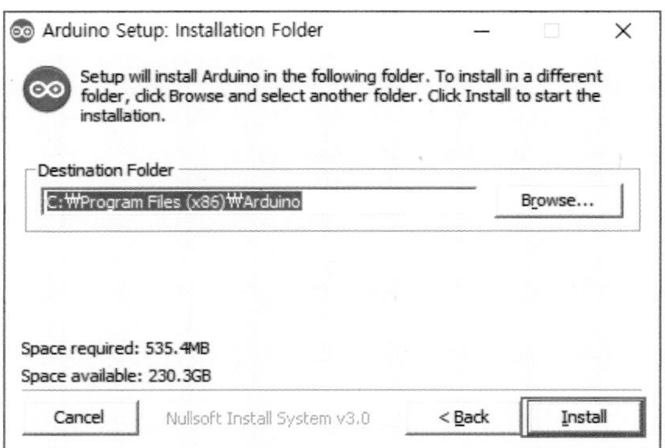

9 설치 진행 중입니다.

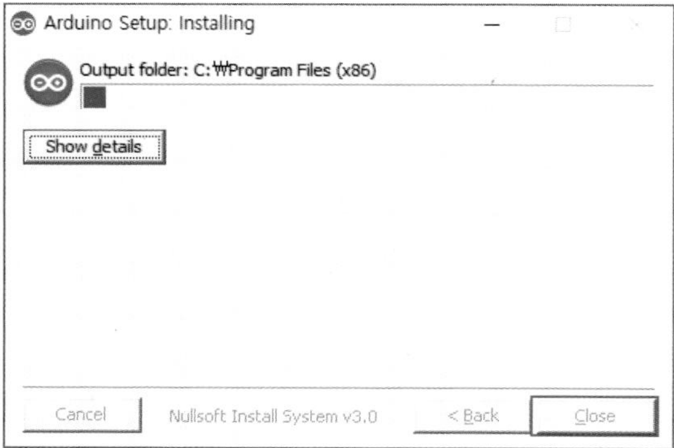

10 설치를 어느 정도 진행하면 팝업창이 나옵니다.

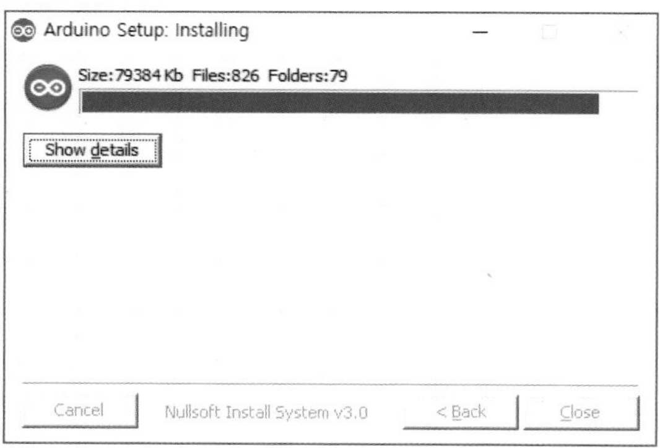

11 USB 드라이버를 설치하는 팝업으로 "설치(I)"를 눌러 설치합니다. USB 포트 수만큼 팝업창이 나타납니다. 모두 다 설치를 눌러 진행합니다.

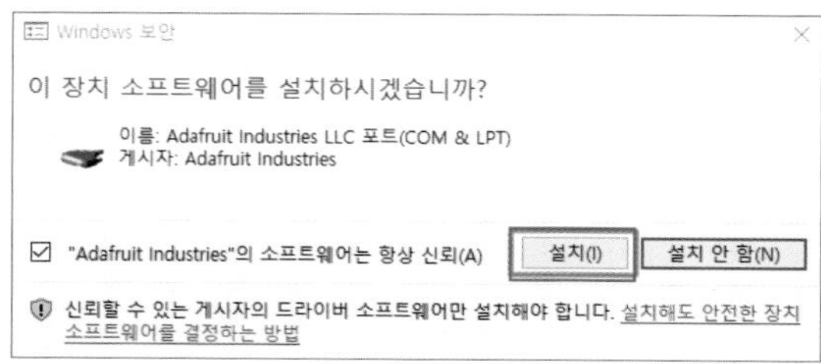

12 완료 후 [Close] 버튼을 눌러 설치를 완료합니다.

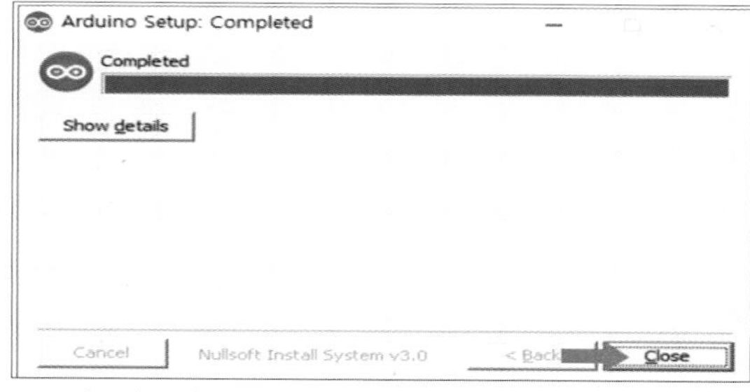

⑬ 바탕화면에 아이콘이 생성되었습니다. 아이콘을 더블클릭하여 아두이노 IDE를 실행합니다.

⑭ 코딩을 할 수 있는 편집기 화면이 열립니다. 아두이노 프로그램은 여기에 작성하여 진행합니다.

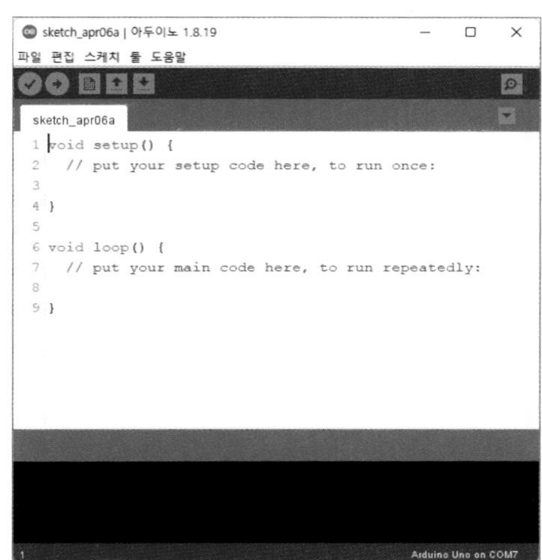

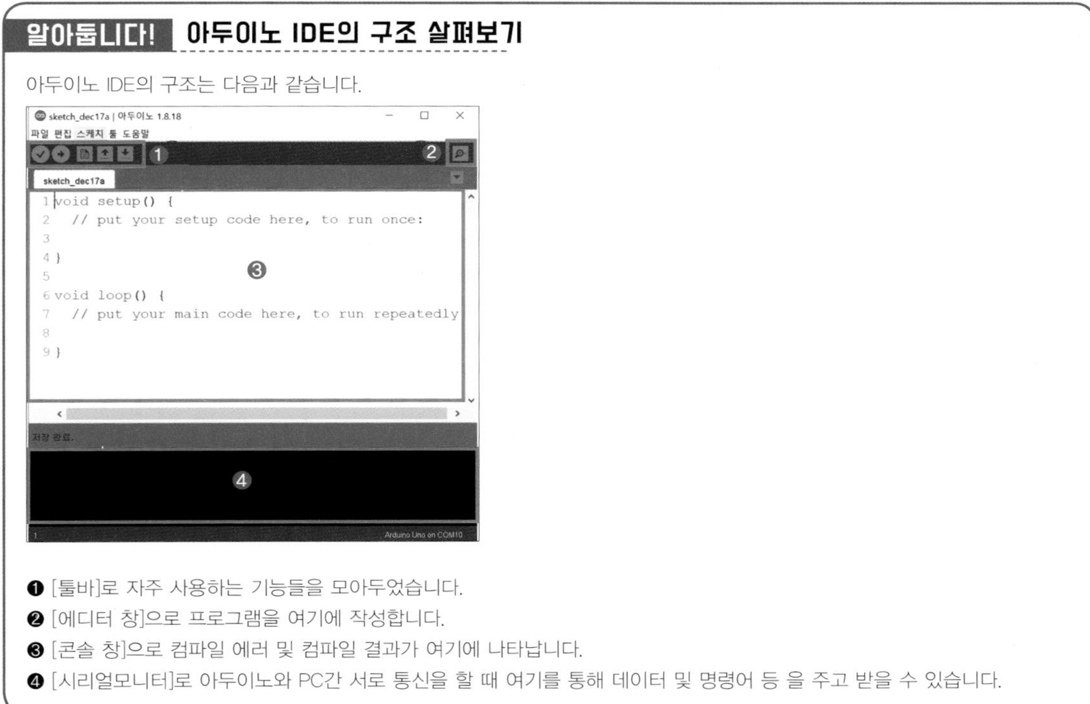

알아둡니다! 아두이노 IDE의 구조 살펴보기

아두이노 IDE의 구조는 다음과 같습니다.

❶ [툴바]로 자주 사용하는 기능들을 모아두었습니다.
❷ [에디터 창]으로 프로그램을 여기에 작성합니다.
❸ [콘솔 창]으로 컴파일 에러 및 컴파일 결과가 여기에 나타납니다.
❹ [시리얼모니터]로 아두이노와 PC간 서로 통신을 할 때 여기를 통해 데이터 및 명령어 등 을 주고 받을 수 있습니다.

⑮ USB 케이블을 이용하여 아두이노와 PC를 연결합니다.

⑯ 아두이노 프로그램에서 [툴] -> [보드] -> [Arduino Uno]를 선택합니다. [Arduino Uno] 보드는 가장 많이 사용하는 보드로서 기본적으로 선택되어 있지만 다른 보드가 선택되어 있다면 [Arduino Uno] 보드로 선택합니다.

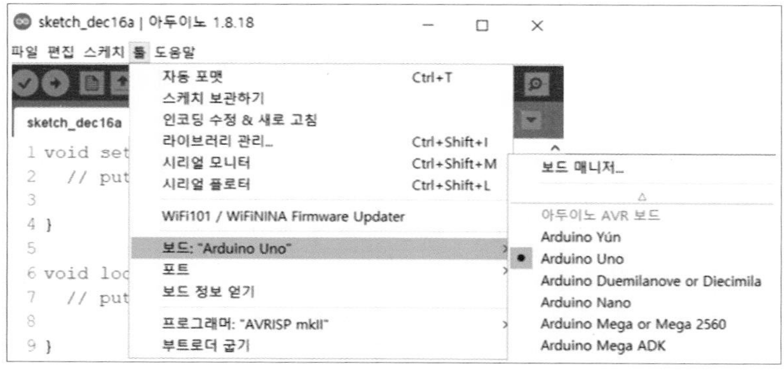

⑰ [툴] -> [포트] -> [COM**XX**(Arduino Uno)] 아두이노 우노가 연결된 포트를 선택해서 클릭합니다.COMXX에서 XX는 포트 번호로 컴퓨터마다 다를 수 있습니다. 아두이노 우노가 처음 연결된 컴퓨터라면 3~10번 내외로 포트가 연결되는 경우가 많습니다.

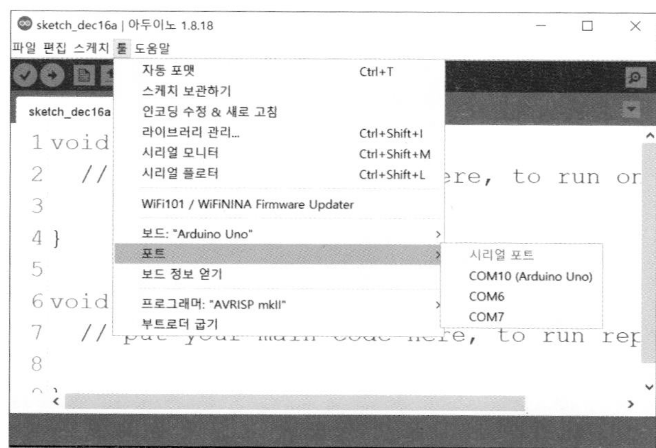

18 [툴]에서 [보드]와 [포트]가 선택되었는지 확인합니다.

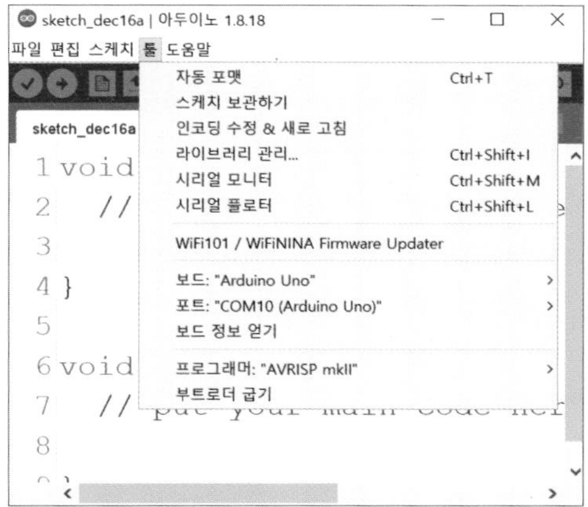

19 업로드 버튼(➡)을 눌러 “업로드 완료”가 되었는지 확인합니다. 업로드가 완료되었다면 정상적으로 PC의 아두이노 프로그램과 아두이노 보드가 잘 연결되었음을 알 수 있습니다.

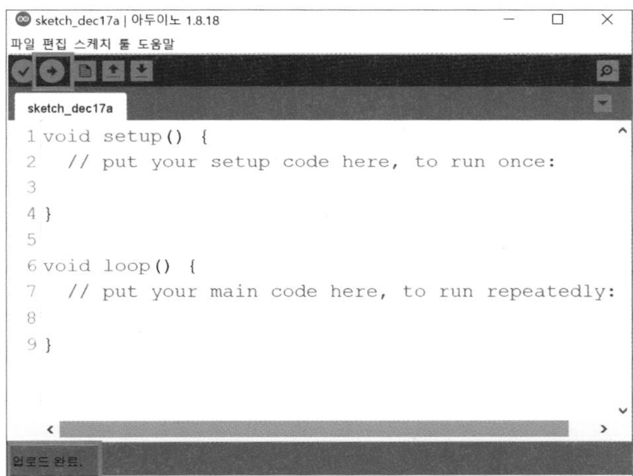

PC에 아두이노 IDE 개발환경을 설치와 프로그램을 업로드를 통해 아두이노의 개발환경 구축을 마쳤습니다.

01 _ 3 아두이노 개발환경의 사용법 익히기

아두이노 프로그램 구조와 아두이노의 13번 핀에 내장된 LED 제어를 통하여 아두이노를 제어하는 방법, 프로그래밍 언어 기초를 알아봅니다.

아두이노 스케치 프로그램 구조 살펴보기

아두이노 새파일을 열면 ❶ 오늘 날짜(예:12월 17일) 'sketch_dec17a'라는 스케치 프로그램이 열립니다. 스케치 프로그램 기본 구조는 setup( ) 함수와 loop( ) 함수로 이루어져 있습니다.

❷ setup( ) 함수에는 '//put your setup code here, to run once:'는 단 한 번만 실행 시키는 코드 또는 사용할 핀에 대한 초기 작업을 작성하라는 설명입니다.

❸ loop( ) 함수 내에 '// put your main code here, to run repeatedly:'는 무한히 실행 시키기 위한 명령어들을 작성하라는 설명입니다. 명령어는 대부분 loop( ) 함수 내에 작성합니다.

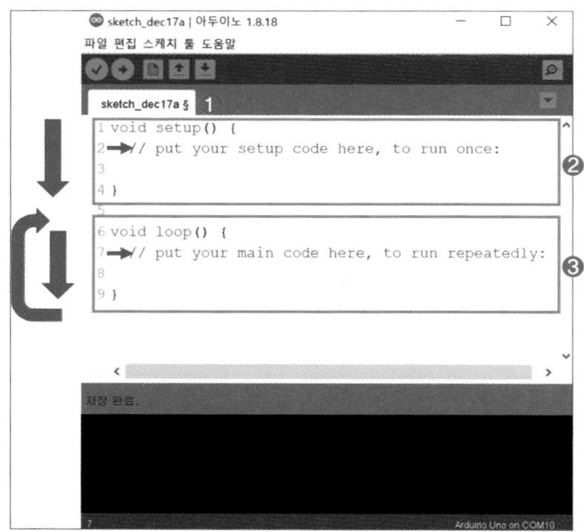

PC에 아두이노 IDE 개발환경을 설치하고 프로그램 업로드를 통해 아두이노의 개발환경 구축을 마쳤다. 다음 단원에서는 아두이노를 이용하여 LED를 제어해보도록 하자.

아두이노에 내장된 LED 제어하기 1

아두이노에 내장된 13번 핀 LED를 한 번 켜고 끄는 제어 동작을 만들어 봅니다.

준비물

PC와 아두이노를 USB 케이블로 연결하여 준비합니다.

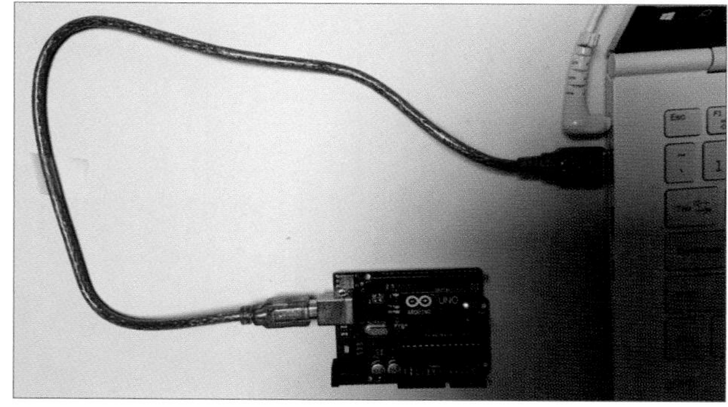

아두이노 코드 작성

아두이노에 내장된 13번 핀 LED를 한 번 켜고 끄는 프로그램을 작성합니다.

다음의 코드를 작성합니다.

1_3_1.ino

```
01 void setup( ) {
02         pinMode(13,OUTPUT);
03         digitalWrite(13,HIGH);
04         delay(1000);
05         digitalWrite(13,LOW);
06         delay(1000);
07 }
08
09 void loop( ) {
10
11 }
```

02 : 13번 핀을 출력 핀으로 사용하도록 설정합니다.
03~06 : 13번 LED를 켜고 1초 기다리고 끄고 1초 기다립니다.
03 : 13번 핀을 5V로 출력합니다. 핀의 출력이 HIGH이면 핀에서 5V 전압이 출력되어 LED를 켭니다.
04, 06 : 1000mS 동안 기다립니다. 1000mS = 1초입니다.
05 : 13번 핀을 0V로 출력합니다. 핀의 출력이 LOW이면 핀에서 0V 전압이 출력되어 LED를 끕니다. 0V는 출력되지 않으나 설명의 편의를 위해 0V가 출력된다고 표현하였습니다.

다음은 작성된 아두이노 스케치 프로그램입니다.

1_3_1 | 아두이노 1.8.18
파일 편집 스케치 툴 도움말
1_3_1

```
void setup() {
  pinMode(13,OUTPUT); //13번핀을 출력핀으로 사용하도록 설정합니다.
  digitalWrite(13,HIGH); //13번핀을 5V로 출력합니다.
  delay(1000);           //1000mS 동안 기다립니다
  digitalWrite(13,LOW);  //13번핀을 0V로 출력합니다.
  delay(1000);           //1000mS 동안 기다립니다
}

void loop() {

}
```

업로드 버튼( )을 눌러 아두이노 우노 보드에 프로그램을 업로드합니다.

동작 결과

아두이노 우노 보드에 내장된 13번 핀 LED가 한 번 깜박입니다. 1회 깜박이므로 순간 못 볼 수 있습니다.

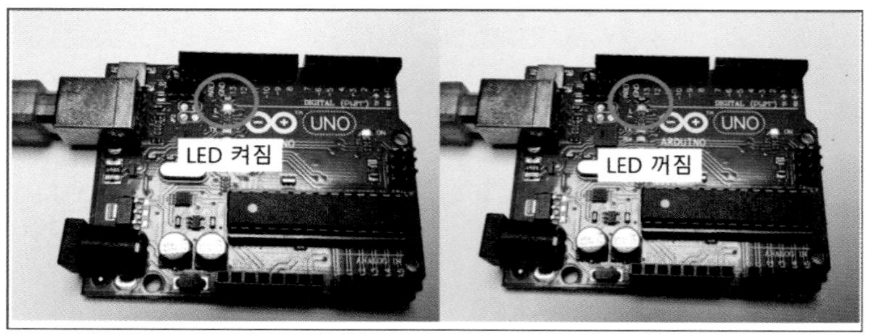

아두이노에 내장된 LED 제어하기 2

이어서 아두이노에 내장된 13번 핀 LED를 1초 동안 켜고 1초 동안 끄기를 하는 제어 동작을 만들어 봅니다.

아두이노에 내장된 13번 핀 LED를 1초 동안 켜고 1초 동안 끄기를 무한히 반복하는 프로그램을 작성합니다.

아두이노 코드 작성

다음의 코드를 작성합니다.

1_3_2.ino

```
01  void setup( ) {
02   pinMode(13,OUTPUT);
03  }
04
05  void loop() {
06   digitalWrite(13,HIGH);
07   delay(1000);
08   digitalWrite(13,LOW);
09   delay(1000);
10  }
```

02 : 13번 핀을 출력 핀으로 사용하도록 설정합니다.
06~09 : LED를 켜고 1초 기다리고 끄고 1초 기다리기를 반복합니다.
06 : 13번 핀을 5V로 출력합니다.
07, 09 : 1000mS 동안 기다립니다. 1000mS = 1초 입니다.
08 : 13번 핀을 0V로 출력합니다.

다음은 작성된 프로그램입니다.

1_3_2 | 아두이노 1.8.18
파일 편집 스케치 툴 도움말

1_3_2 §

```
void setup() {
  pinMode(13,OUTPUT); //13번핀을 출력핀으로 사용하도록 설정합니다.
}

void loop() {
  digitalWrite(13,HIGH); //13번핀을 5V로 출력합니다.
  delay(1000);           //1000mS 동안 기다립니다
  digitalWrite(13,LOW);  //13번핀을 0V로 출력합니다.
  delay(1000);           //1000mS 동안 기다립니다
}
```

업로드 버튼( )을 눌러 아두이노 우노 보드에 프로그램을 업로드합니다.

동작 결과

아두이노에 내장된 13번 핀 LED를 1초 동안 켜고 1초 동안 끄기를 무한히 반복하는 것을 확인합니다.

다음 장에는 아두이노의 프로그램 구조와 아두이노를 사용하기 위한 기초 C 언어에 대해 알아봅니다.

CHAPTER 02

아두이노를 위한 C언어 기초 배우기

Arduino CAR

02 아두이노를 위한 프로그램 기초 배우기

아두이노 제어하기 위한 기본 프로그램 언어는 C/C++ 입니다. 아두이노와 같이 하드웨어를 다루는 언어를 '펌웨어'라고 부르기도 합니다. 아두이노를 잘 다루기 위해서는 하드웨어와 프로그램 언어를 다룰 줄 알아야 합니다. 이번 장에는 아두이노를 사용에 필요한 C 언어의 기초 내용을 배워봅니다. 아두이노 언어, C/C++의 의미는 동등하게 사용하였습니다.

아두이노 보드를 컴퓨터와 연결 후 진행합니다.

02 _ 1 아두이노 프로그램의 구조

아두이노 IDE(통합개발환경)를 실행하면 코드 영역에 다음과 같이 setup 함수와 loop 함수로 구성되어 있습니다. 프로그램은 위에서부터 아래로 한 줄씩 순차적으로 실행됩니다.

코드는 setup 함수 1~4줄의 코드를 한 번 실행 후 loop 함수 6~9줄의 코드를 계속 실행합니다.

```
1        void setup() {
2         // put your setup code here, to run once:
3
4        }
5
6        void loop() {
7         // put your main code here, to run repeatedly:
8
9        }
```

1~4줄은 setup 함수의 동작입니다.

```
1        void setup() {
2         // put your setup code here, to run once:
3
4        }
```

setup 함수 안의 코드는 한 번만 실행됩니다. setup 함수는 {} 중괄호에 포함된 코드 부분입니다.

setup 함수의 코드가 실행되는 시점은 다음과 같습니다.

❶ 아두이노의 전원이 인가되었을 때
❷ 아두이노가 리셋되었을 때
❸ 프로그램을 업로드 직후

6~9줄은 loop 함수의 동작입니다.

```
6        void loop() {
7         // put your main code here, to run repeatedly:
8
9        }
```

loop 함수 안의 코드는 반복합니다. loop 함수는 {} 중괄호에 포함된 코드 부분입니다.
loop는 시작과 끝이 연결된 모양의 고리를 뜻합니다. 아두이노 프로그램에서도 loop 함수 안의 코드는 위에서부터 아래로 실행되다가 loop 함수의 마지막 줄의 코드를 실행하면 다시 첫 번째 코드를 실행합니다. loop 함수의 코드는 아두이노의 전원이 유지되는 한 계속 실행됩니다.

C 언어는 main 함수에서 프로그램을 시작합니다. 하지만 아두이노는 setup 함수와 loop 함수만 있을 뿐 main 함수가 보이지 않습니다. 그래서 C 언어가 아닌가 하는 의문이 생길 수도 있습니다. 하지만 아두이노의 main 함수는 다음의 경로에서 확인 가능합니다. (단. 아두이노 설치 시 경로를 변경하지 않은 기본경로입니다.)

```
C:₩Program Files (x86)₩Arduino₩hardware₩arduino₩avr₩cores₩arduino
```

다음의 경로에서 main 파일을 확인할 수 있습니다.

내 PC › 로컬 디스크 (C:) › Program Files (x86) › Arduino › hardware › arduino › avr › cores › arduino

이름	수정한 날짜	유형	크기
HardwareSerial3	2020-06-11 오후 11:03	C++ 원본 파일	2KB
hooks	2017-11-27 오후 9:21	C 원본 파일	2KB
IPAddress	2019-05-16 오후 10:52	C++ 원본 파일	3KB
IPAddress	2019-05-16 오후 10:52	C Header 원본 파일	3KB
main	2019-05-16 오후 10:52	C++ 원본 파일	2KB
new	2020-06-11 오후 11:42	파일	1KB

main 함수의 코드를 열어 확인하였습니다.

```
/*
 main.cpp - Main loop for Arduino sketches
 Copyright (c) 2005-2013 Arduino Team. All right reserved.

 This library is free software; you can redistribute it and/or
 modify it under the terms of the GNU Lesser General Public
 License as published by the Free Software Foundation; either
 version 2.1 of the License, or (at your option) any later version.

 This library is distributed in the hope that it will be useful,
 but WITHOUT ANY WARRANTY; without even the implied warranty of
 MERCHANTABILITY or FITNESS FOR A PARTICULAR PURPOSE. See the GNU
 Lesser General Public License for more details.

 You should have received a copy of the GNU Lesser General Public
 License along with this library; if not, write to the Free Software
 Foundation, Inc., 51 Franklin St, Fifth Floor, Boston, MA 02110-1301 USA
*/

#include <Arduino.h>

// Declared weak in Arduino.h to allow user redefinitions.
int atexit(void (*/*func*/ )()) { return 0; }
```

```
24
25    // Weak empty variant initialization function.
26    // May be redefined by variant files.
27    void initVariant() __attribute__((weak));
28    void initVariant() { }
29
30    void setupUSB() __attribute__((weak));
31    void setupUSB() { }
32
33    int main(void)
34    {
35            init();
36
37            initVariant();
38
39    #if defined(USBCON)
40            USBDevice.attach();
41    #endif
42
43            setup();
44
45            for (;;) {
46                    loop();
47                    if (serialEventRun) serialEventRun();
48            }
49
50            return 0;
51    }
```

33~51줄의 main 함수를 확인할 수 있습니다.

43줄의 setup 함수는 반복문 밖에 위치하여 단 한 번 동작합니다.

46줄의 loop 함수는 반복문 안에 위치하여 계속 반복하여 동작합니다.

47줄의 코드는 프로그램의 업로드 시 동작합니다.

숨겨진 main 함수를 확인해보았고 main 함수 안에서 setup 함수와 loop 함수가 어떻게 동작하는지 확인하였습니다.

02 _ 2 주석

프로그램에서 주석이란 프로그램의 영향을 받지 않는 부분을 말합니다. 프로그램 언어는 단 한 글자의 오타라도 있으면 동작하지 않습니다. 내가 만든 프로그램도 시간이 지나면 코드를 기억하기는 쉽지 않습니다. 그럴 때 프로그램을 작성 후 코드를 설명하기 위해서나 전체적인 코드의 기능 등을 프로그램의 영향을 받지 않고 적을 수 있습니다. 즉, 주석의 뜻인 “문장의 뜻을 쉽게 풀이한 것”으로 코드를 설명하기 위해 사용합니다.

// (슬래쉬 두 번) 다음의 글자는 주석처리 됩니다.

```
1	void setup() {
2	 // put your setup code here, to run once:
3
4	}
5
6	void loop() {
7	 // put your main code here, to run repeatedly:
8
9	}
```

PC에서 아두이노 IDE를 실행 시 기본적으로 생성되는 코드에서 2줄과 7줄이 주석에 해당합니다.

2 : // put your setup code here, to run once: 주석을 해석하면 setup 코드를 여기에 입력해라 한 번만 동작한다로 해석됩니다.

7 : // put your main code here, to run repeatedly: 주석을 해석하면 main 코드를 여기에 입력해라를 계속 반복하여 동작한다로 해석됩니다.

아두이노를 실행 시 아두이노에서도 친절하게 setup 함수와 loop 함수에 대해 설명합니다. 주석 코드는 지우고 사용하여도 됩니다.

여러줄의 코드를 주석처리 하고 싶을 경우 /*슬러쉬 별표로 열어주고 */별표 슬러쉬로 닫아줍니다. 사이에 있는 글자는 주석처리 할 수 있습니다.

```
/*
여러줄의 코드를
주석처리 할 수 있습니다.
*/
```

02 _ 3 값 출력해보기

아두이노에서 동작하는 프로그램은 시리얼 통신을 이용하여 PC로 값을 전송하여 PC에서 값을 확인해 볼 수 있습니다. (시리얼 통신은 4장에서 자세히 다룹니다)

아두이노 프로그램을 열어 다음의 코드를 작성합니다.

2_3_1.ino

```
01	void setup() {
02	  Serial.begin(9600);
03
04	  Serial.println("setup 함수의 코드는");
05	  Serial.println("한 번만 동작합니다.");
06	}
07
08	void loop() {
09	  Serial.println("loop 함수의 코드는 반복합니다.");
10	  delay(1000);
11	}
```

02~05 : setup 함수의 코드입니다. 한 번 만 동작합니다.
02 : PC와 통신을 하기 위해 시리얼 통신을 통신속도 9600으로 시작합니다.
04 : "setup 함수의 코드는"을 PC로 출력합니다.
05 : "한 번만 동작합니다."를 PC로 출력합니다.
09~10 : loop 함수의 코드로 계속 반복합니다. loop 함수의 처음 줄부터 시작하여 마지막 줄을 실행 후 다시 처음으로 돌아와 무한히 반복합니다.
09 : "loop 함수의 코드는 반복합니다."를 PC로 출력합니다.
10 : 1000mS(1초) 동안 기다립니다.

업로드 버튼( ) 버튼을 클릭하여 프로그램을 업로드 후 시리얼모니터( ) 버튼을 눌러 시리얼모니터를 열어 값을 확인합니다.

시리얼모니터를 열면 아두이노가 자동으로 리셋됩니다. 리셋 후 코드가 실행됩니다.

setup 함수의 코드는 한 번 실행 후 loop 함수의 코드가 계속 반복하여 실행됨을 확인할 수 있습니다.

통신으로 값이 나오지 않는다면 [9600 보드레이트]로 통신속도가 맞는지 확인합니다.

시리얼모니터를 열어둔 상태에서 아두이노의 물리적인 리셋 버튼을 눌러 아두이노를 리셋 시킬 수도 있습니다. 아래 사진의 왼쪽 윗부분에 리셋 버튼이 있습니다. 이 버튼을 눌러 리셋 후 동작을 확인하여도 됩니다.

코드의 동작은 setup 함수 안의 코드를 한 번 실행 후 loop 함수로 이동하여 loop 함수 안의 코드를 계속 반복합니다.

※ 코드는 위에서부터 아래로 한 줄 한 줄씩 실행됩니다.

2_3_1.ino

```
01  void setup() {
02    Serial.begin(9600);
03
04    Serial.println("setup 함수의 코드는");
05    Serial.println("한 번만 동작합니다.");
06  }
07
08  void loop() {
09    Serial.println("loop 함수의 코드는 반복합니다.");
10    delay(1000);
11  }
```

setup 함수 안의 코드인 02~05줄의 코드(❶)를 한 줄씩 실행한 다음 loop 함수로 이동하여 09~10줄 코드(❷)를 무한히 반복(❸)하여 실행합니다.

한 줄의 끝 ; 세미콜론

Serial.begin(9600);

코드를 한 줄 작성 후 한 줄이 끝났음을 알리는 ; 세미콜론을 코드 끝에 입력하여 코드의 한 줄이 끝났음을 알려줍니다.

아래 코드와 같이 세미콜론(;) 후 줄바꿈을 하지 않고 코드를 작성하여도 코드의 에러가 발생하지는 않습니다. 아두이노에서는 세미콜론(;)을 기준으로 다음 코드가 입력되었다고 판단됩니다.
단, 프로그램의 가독성이 매우 나빠지기 때문에 코드의 한 줄이 끝난 후 줄바꿈하여 코드를 작성합니다. 아래와 같이 작성하지 않도록 합니다.

2_3_1.ino

```
void setup() {
Serial.begin(9600);Serial.println("setup 함수의 코드는");Serial.println("한 번만 동작합니다.");
}

void loop() {
Serial.println("loop 함수의 코드는 반복합니다.");delay(1000);
}
```

02 _ 4 변수 및 자료형, 지역변수와 전역변수

변수 및 자료형

변수란 '변경 가능한 수'로 값을 담을 수 있는 이름을 가진 공간입니다. 아두이노에서 변수를 선언하면 물리적인 메모리 공간을 할당받습니다. 할당받은 메모리 공간 안에는 사용자가 원하는 값을 넣을 수 있습니다.
변수의 종류에는 정수형, 문자형, 소수점형 등이 있습니다. 변수를 3가지 종류를 나눈 이유는 변수 타입에 따라 메모리 공간의 차이가 있기 때문입니다. 일반적으로 식사할 때 밥을 큰 국그릇에 담지 않고 작은 밥그릇에 담는 것처럼 작은 값을 저장할 때는 작은 메모리 타입을 할당받고 큰 값을 저장할 때는 큰 메모리 공간을 할당받습니다.
값의 크기에 따라 메모리 공간에 차이를 두기 위해서 변수의 자료형 타입의 차이가 있습니다.
숫자형 변수를 사용해 봅니다. 숫자형 변수를 선언 시에는 int를 앞에 붙여 선언합니다.
다음의 코드를 작성합니다.

2_4_1.ino

```
void setup() {
 Serial.begin(9600);

 int numData =500;
 Serial.println(numData);
}

void loop() {

}
```

04 : int(숫자)자료형의 변수를 numData의 이름으로 선언 후 500의 값을 대입합니다. 즉, 500의 값을 숫자형 numData 변수에 대입합니다.

05 : PC로 numData의 값을 전송합니다.

08~10 : loop 함수에는 아무런 코드를 입력하지 않습니다.

업로드 버튼( )을 클릭하여 프로그램을 업로드 후 시리얼모니터( ) 버튼을 눌러 시리얼모니터를 열어 값을 확인합니다.

numData에 저장된 500의 값이 출력되었습니다.

```
COM3

500
```

변수의 값을 대입하는 방법은 =를 기준으로 오른쪽의 값을 왼쪽에 대입해라 입니다. 수학에서 =은 같다는 의미지만 프로그램에서 =는 오른쪽의 값을 왼쪽에 대입해라 입니다.

※ 프로그램에서 같다는 비교연산으로 == (두 개)로 표시됩니다.

```
int numData = 500;
```

아두이노에서 변수의 이름을 생성할 때는 규칙이 있습니다. 다음의 규칙을 지켜 변수의 이름을 생성해야 합니다.

❶ 변수의 이름의 시작은 숫자로 시작할 수 없습니다.

❷ 변수의 이름 사이에 공백이 포함될 수 없습니다.

❸ 프로그램 언어에서 미리 정의된 키워드는 사용할 수 없습니다. main, if, for, int

❹ 변수의 이름은 영문자, 숫자, 언더바(_)로만 구성될 수 있습니다.

❺ 변수의 이름은 특수문자를 지원하지 않습니다. !,~,@,# 등등

❻ 변수의 이름은 대소문자를 구별합니다.

다음의 잘못된 경우 표로 확인하여 봅니다.

잘못된 경우	이유
int 3abd;	숫자로 시작하였음
int hello arduino;	변수 이름 사이에 공백이 있음
int if;	if는 조건문으로 프로그램의 예약어
int arduino!;	!의 특수문자가 있음

변수의 이름은 대소문자를 구별합니다. 아래의 3개의 변수는 모두 다른 변수입니다.

int arduino;

int Arduino;

int aRduino;

문자형 변수를 사용해 봅니다. 문자형 변수를 선언 시에는 char를 앞에 붙여 선언합니다. 다음의 코드를 작성합니다.

2_4_2.ino

```
01    void setup() {
02      Serial.begin(9600);
03
04      char cData ='a';
05      Serial.println(cData);
06    }
07
08    void loop() {
09
10    }
```

04: char(문자)자료형의 변수를 cData의 이름으로 선언 후 문자 'a'값을 대입합니다.

업로드 버튼( )을 클릭하여 프로그램을 업로드 후 시리얼모니터( ) 버튼을 눌러 시리얼모니터를 열어 값을 확인합니다.

cData에 저장된 a의 값이 출력되었습니다.

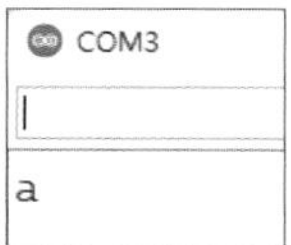

하나의 문자값을 표시하는 방법으로 '' 따옴표안에 문자를 넣습니다.

```
char cData ='a';
```

다음과 같이 04줄의 코드를 수정합니다.

2_4_3.ino

```
01    void setup() {
02      Serial.begin(9600);
03
04      char cData =97;
05      Serial.println(cData);
06    }
07
08    void loop() {
09
10    }
```

업로드 버튼( )을 클릭하여 프로그램을 업로드 후 시리얼모니터( ) 버튼을 눌러 시리얼모니터를 열어 값을 확인합니다.

a가 출력되었습니다.

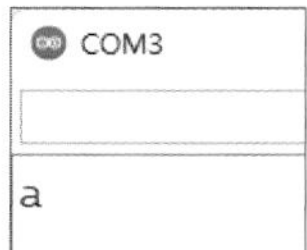

숫자 97을 입력하였는데 소문자 a가 출력되었습니다. 이유는 다음의 아스키 코드표를 확인해 보면 10진수 97의 값이 문자 a에 해당하는 것을 확인할 수 있습니다.

10진수	16진수	문자	10진수	16진수	문자	10진수	16진수	문자	10진수	16진수	문자
0	0x00	NUL	32	0x20	SP	64	0x40	@	96	0x60	`
1	0x01	SOH	33	0x21	!	65	0x41	A	97	0x61	a
2	0x02	STX	34	0x22	"	66	0x42	B	98	0x62	b
3	0x03	ETX	35	0x23	#	67	0x43	C	99	0x63	c
4	0x04	EOT	36	0x24	$	68	0x44	D	100	0x64	d
5	0x05	ENQ	37	0x25	%	69	0x45	E	101	0x65	e
6	0x06	ACK	38	0x26	&	70	0x46	F	102	0x66	f
7	0x07	BEL	39	0x27	'	71	0x47	G	103	0x67	g
8	0x08	BS	40	0x28	(	72	0x48	H	104	0x68	h
9	0x09	HT	41	0x29	)	73	0x49	I	105	0x69	i
10	0x0A	LF	42	0x2A	*	74	0x4A	J	106	0x6A	j
11	0x0B	VT	43	0x2B	+	75	0x4B	K	107	0x6B	k
12	0x0C	FF	44	0x2C	,	76	0x4C	L	108	0x6C	l
13	0x0D	CR	45	0x2D	-	77	0x4D	M	109	0x6D	m
14	0x0E	SOH	46	0x2E	.	78	0x4E	N	110	0x6E	n
15	0x0F	SI	47	0x2F	/	79	0x4F	O	111	0x6F	o
16	0x10	DLE	48	0x30	0	80	0x50	P	112	0x70	p
17	0x11	DC1	49	0x31	1	81	0x51	Q	113	0x71	q
18	0x12	DC2	50	0x32	2	82	0x52	R	114	0x72	r
19	0x13	DC3	51	0x33	3	83	0x53	S	115	0x73	s
20	0x14	DC4	52	0x34	4	84	0x54	T	116	0x74	t
21	0x15	NAK	53	0x35	5	85	0x55	U	117	0x75	u
22	0x16	SYN	54	0x36	6	86	0x56	V	118	0x76	v
23	0x17	ETB	55	0x37	7	87	0x57	W	119	0x77	w
24	0x18	CAN	56	0x38	8	88	0x58	X	120	0x78	x
25	0x19	EM	57	0x39	9	89	0x59	Y	121	0x79	y
26	0x1A	SUB	58	0x3A	:	90	0x5A	Z	122	0x7A	z
27	0x1B	ESC	59	0x3B	;	91	0x5B	[	123	0x7B	{
28	0x1C	FS	60	0x3C	<	92	0x5C	₩	124	0x7C	|
29	0x1D	GS	61	0x3D	=	93	0x5D	]	125	0x7D	}
30	0x1E	RS	62	0x3E	>	94	0x5E	^	126	0x7E	~
31	0x1F	US	63	0x3F	?	95	0x5F	_	127	0x7F	DEL

모든 컴퓨터는 데이터의 저장을 0과 1로만 합니다. C 언어에서 int, char, float 등으로 자료형을 나눈 이유는 불필요한 메모리 공간을 아끼기 위해서입니다. 영어 문자와 숫자를 저장하기 위해서는 1~127까지의 값만 있으면 됩니다. 1byte의 저장 공간으로도 충분히 문자를 저장할 수 있습니다. char형 변수 타입은 1byte의 공간을 할당받습니다.

소수점형인 float 변수를 사용해 봅니다.

다음의 코드를 작성합니다.

2_4_4.ino

```
01 void setup() {
02   Serial.begin(9600);
03
04   float fData =3.14;
05   Serial.println(fData);
06 }
07
08 void loop() {
09
10 }
```

04: float(소수점)자료형의 변수를 fData의 이름으로 선언 후 3.14를 대입합니다.
05: fData 변수의 값을 출력합니다.

업로드 버튼()을 클릭하여 프로그램을 업로드 후 시리얼모니터() 버튼을 눌러 시리얼모니터를 열어 값을 확인합니다.

소수점형 3.14가 출력되었습니다.

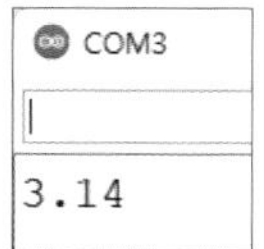

int형보다 더 큰 숫자값을 저장하는 long 타입의 데이터 타입입니다.

다음의 코드를 작성합니다.

2_4_5.ino

```
void setup() {
  Serial.begin(9600);

  int intData =1000000;
  Serial.print("intData:");
  Serial.println(intData);

  long longData =1000000;
```

```
09        Serial.print("longData:");
10        Serial.println(longData);
11      }
12
13      void loop() {
14
15      }
```

04: int형의 intData변수에 1000000(백만) 값을 저장합니다.
06: intData값을 출력합니다.
08: long형의 longData변수에 1000000(백만) 값을 저장합니다.
10: longData값을 출력합니다.

업로드 버튼()을 클릭하여 프로그램을 업로드 후 시리얼모니터() 버튼을 눌러 시리얼모니터를 열어 값을 확인합니다.

둘 다 1000000(백만)의 값을 저장하였지만 int형은 이상한 값이 출력되었습니다.

```
COM3

intData:16960
longData:1000000
```

이유는 아두이노에서 int형은 2bytes의 자료형으로 -32768~32767까지의 숫자값만을 가질 수 있기 때문입니다. 32767의 숫자를 넘어 +32768의 숫자값이 대입되면 오버플로우가 발생하여 값을 넘어선 -32768의 값이 저장됩니다. +32769가 입력되면 -32767이 출력됩니다.

아래의 표로 자료형별 값의 범위를 확인할 수 있습니다. bit의 이름으로 값을 저장하는 자료형 타입인 uint8_t, uint16_t, uint32_t도 있습니다.

자료형	크기(Byte)	값의 범위
char	1	–128 ~ 127
unsigned char	1	0 ~ 255
int	2	–32,768 ~ 32,767
unsigned int	2	0 ~ 65,535
long	4	–2,147,483,648 ~ 2,147,483,647
unsigned long	4	0 ~ 4,294,967,295
float	4	1.175494351 E – 38 ~ 3.402823466 E + 38
uint8_t	1	0 ~ 255
uint16_t	2	0 ~ 65,535
uint32_t	4	0 ~ 4,294,967,295

아두이노에서 int로 자료형을 선언하면 부호있는(signed) 형으로 기본 선언됩니다. 부호 없는 값을 저장하는 자료형으로 선언하기 위해서는 unsigned를 앞에 붙여 -부호를 사용하지 않음을 표시합니다. -부호를 사용하지 않기때문에 +값의 저장범위가 증가합니다.

다음의 코드를 작성하여 각각의 자료형의 크기를 출력합니다.

2_4_6.ino

```
void setup() {
 Serial.begin(9600);

 char charData ='a';
 Serial.print("char:");
 Serial.println(sizeof(charData));

 int intData =500;
 Serial.print("int:");
 Serial.println(sizeof(intData));

 long longData =1000000;
 Serial.print("long:");
 Serial.println(sizeof(longData));

 float floatData =3.14;
 Serial.print("float:");
 Serial.println(sizeof(floatData));

 uint8_t uint8_t_data =255;
 Serial.print("uint8_t:");
 Serial.println(sizeof(uint8_t_data));

 uint16_t uint16_t_data =65535;
 Serial.print("uint16_t:");
 Serial.println(sizeof(uint16_t_data));

 uint32_t uint32_t_data =4294967295;
 Serial.print("uint32_t:");
 Serial.println(sizeof(uint32_t_data));
}

void loop() {

}
```

sizeof(변수)를 이용하여 변수의 크기를 확인할 수 있습니다.

업로드 버튼()을 클릭하여 프로그램을 업로드 후 시리얼모니터() 버튼을 눌러 시리얼모니터를 열어 값을 확인합니다.

각각의 자료형의 크기가 출력되었습니다.

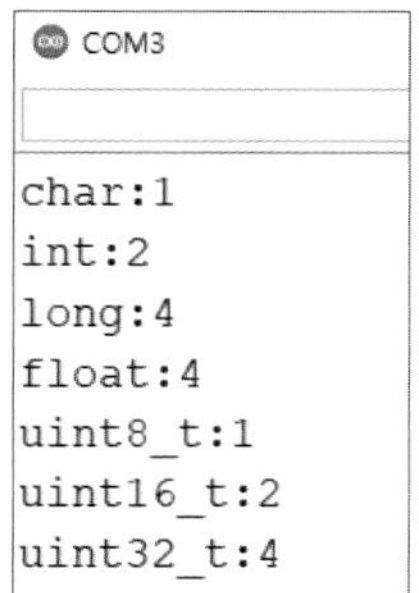

아두이노 우노는 8bit 프로세서를 사용합니다. 일반 컴퓨터는 32bit 및 64bit 시스템을 사용하고 있습니다. 32bit 및 64bit의 컴퓨터에서는 자료형의 크기가 다를 수 있습니다.

지역변수와 전역변수

변수의 종류에는 지역변수와 전역변수가 있습니다. 지역변수는 생성된 지역(함수 내)에서 만 사용할 수 있고 전역변수는 모든지역(모든함수)에서 사용이 가능합니다.

다음의 코드를 작성합니다.

2_4_7.ino

```
01    void setup() {
02     Serial.begin(9600);
03
04     int a =10;
05     Serial.println( a );
06    }
07
08    void loop() {
09     Serial.println( a );
10     delay(1000);
11    }
```

04: setup 함수안에 지역변수 a를 선언 후 10의 값을 대입하였습니다.

업로드 버튼()을 클릭하여 프로그램을 업로드합니다.

다음과 같이 에러가 발생합니다. setup 함수에 선언된 int a 변수는 지역변수로 setup 함수내에서만 사용이 가능합니다. setup 함수를 벗어나면 값이 사라집니다. loop에서는 a를 사용하고 싶지만 a가 어떤 값인지 알 수 없습니다. 그렇기 때문에 에러가 발생합니다.

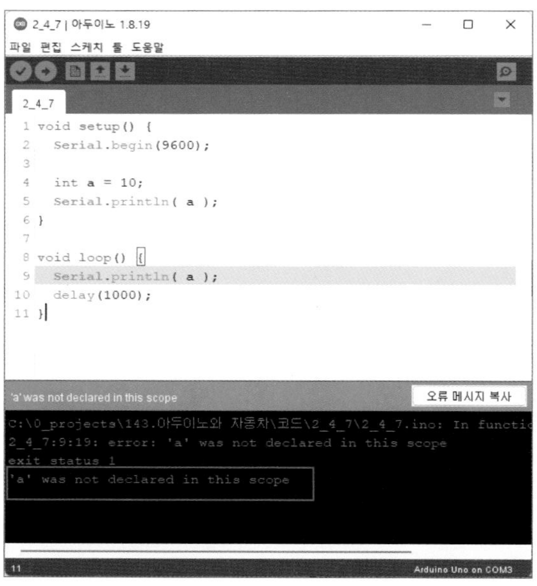

모든 지역(함수)에서 값을 사용하고 싶다면 전역변수로 선언하면 됩니다. 다음과 같이 함수의 밖에 변수를 선언하면 전역변수로 선언되며 모든 함수에서 사용이 가능합니다.

다음의 코드를 작성합니다.

2_4_8.ino

```
01    int a =10;
02
03    void setup() {
04     Serial.begin(9600);
05
06     Serial.println( a );
07    }
08
09    void loop() {
10     Serial.println( a );
11     delay(1000);
12    }
```

01: int형 a변수가 전역변수로 선언되었습니다.

업로드 버튼( )을 클릭하여 프로그램을 업로드 후 시리얼모니터( ) 버튼을 눌러 시리얼모니터를 열어 값을 확인합니다.

a변수의 값은 전역변수로 모든 함수에서 사용이 가능합니다.

02 _ 5 연산 – 산술연산, 논리연산, 비교연산

산술연산

산술연산에 대해 알아봅니다. 산술연산은 더하기, 빼기, 곱하기, 나누기의 연산입니다. 수학에서 곱하기는 x이지만 아두이노에서는 영어 소문자와 헷갈릴 수 있기 때문에 *로 표시됩니다. 거의 모든 프로그램 언어에서 곱하기는 *로 표현됩니다.

다음의 코드를 작성하여 더하기, 빼기, 곱하기, 나누기, 나머지의 값을 출력합니다.

2_5_1.ino

```
01    void setup() {
02     Serial.begin(9600);
03     Serial.print("더하기:"); Serial.println(10+20);
04     Serial.print("빼기:"); Serial.println(10-20);
05     Serial.print("곱하기:"); Serial.println(10*20);
06     Serial.print("나누기:"); Serial.println(10.0/20.0);
07     Serial.print("나머지:"); Serial.println(105%10);
08    }
09
10    void loop() {
11
12    }
```

03: 10+20의 값을 출력합니다.
04: 10–20의 값을 출력합니다.
05: 10*20의 값을 출력합니다.
06: 10.0/20.0의 값을 출력합니다. 나누기의 값이 소수점형이기 때문에 10.0/20.0으로 소수점의 값으로 입력하였습니다. 10/20으로 입력시 int(숫자형)으로 입력되기 때문에 소수점을 버립니다.
07: 105%10의 105를 10으로 나눈 나머지 값을 출력합니다.

;세미콜론 후 다음줄에 코드를 작성하는 게 일반적이지만 이번 경우 출력하는 값이 같은 줄로 표현되기 때문에 같은 줄에 입력하였습니다. 결론적으로 같은줄에 코드를 입력하는 게 코드의 가독성이 더 좋기 때문에 위와 같이 코드를 작성하였습니다.

업로드 버튼()을 클릭하여 프로그램을 업로드 후 시리얼모니터() 버튼을 눌러 시리얼모니터를 열어 값을 확인합니다.

더하기, 빼기, 곱하기, 나누기, 몫의 값이 출력되었습니다.

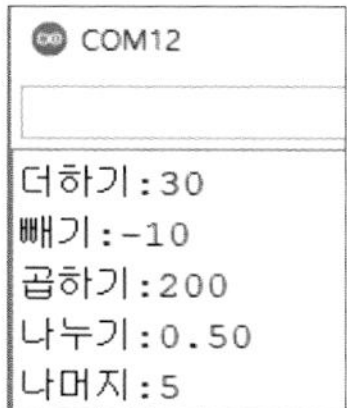

복합적인 연산을 수행해 봅니다. 다음의 코드를 작성합니다.

2_5_2.ino

```
1  void setup() {
2   Serial.begin(9600);
3   Serial.print("복합연산:");
4   Serial.println(10/2+20*4/2);
5  }
6
7  void loop() {
8
9  }
```

4: 10/2+20*4/2를 계산하여 출력합니다.

업로드 버튼()을 클릭하여 프로그램을 업로드 후 시리얼모니터() 버튼을 눌러 시리얼모니터를 열어 값을 확인합니다.

45의 값이 출력되었습니다.

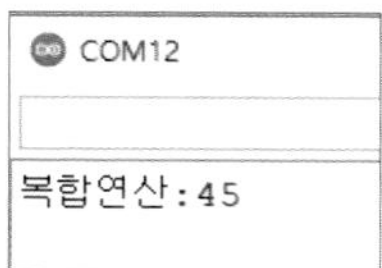

아두이노에서 연산자의 우선순위는 -> 방향으로 진행되며 곱셈, 나눗셈, 나머지, 덧셈, 뺄셈 순입니다. 구글에서 "C 언어 연산자 우선순위"를 검색하시면 더욱더 자세한 정보를 찾아볼수 있습니다.

실제로 프로그램을 만들 때는 코드의 가독성을 위해 () 괄호를 적극적으로 이용하는 게 좋습니다. ()의 연산자 우선순위가 가장 높기 때문에 코드의 () 괄호부터 해석이 가능하여 코드의 가독성이 크게 좋아집니다.

4줄을 다음과 같이 () 괄호를 이용하여 수정하면 훨씬 프로그램의 가독성이 좋아집니다.

```
Serial.println( (10/2)+((20*4)/2) );
```

값을 1씩 증가시키는 ++증감연산자와 1씩 감소시키는 --(-두 개)감소연산자가 있습니다.
다음의 코드를 작성합니다.

2_5_3.ino

```
void setup() {
 Serial.begin(9600);

 int cnt =0;
 Serial.println("증감");
 cnt++;
 Serial.println(cnt);
 cnt++;
 Serial.println(cnt);

 int cnt2 =10;
 Serial.println("감소");
 cnt2--;
 Serial.println(cnt2);
 cnt2--;
 Serial.println(cnt2);
}

void loop() {

}
```

업로드 버튼( )을 클릭하여 프로그램을 업로드 후 시리얼모니터( ) 버튼을 눌러 시리얼모니터를 열어 값을 확인합니다.

++ 증감연산자를 사용하여 값을 1씩 증가시켰고 -- 감소연산자를 사용하여 값을 1씩 감소시켰습니다.

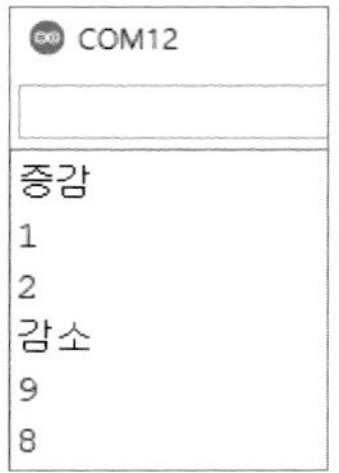

논리연산

논리연산자에 대해 알아봅니다. 논리연산자는 &&(AND), ||(OR), !(NOT)이 있습니다. &&(AND)는 모든 조건이 참일 경우 참이 됩니다. ||(OR)조건은 조건 중에 하나라도 참이 있으면 참이 됩니다. !(NOT)은 참이면 거짓으로 거짓이면 참으로 값을 반전시킵니다.

프로그램에서 참인경우는 0이 아닌 경우입니다. 1이상의 모든값은 참이 됩니다.

논리연산자는 보통 if 조건문과 같이 사용하여 조건에 만족하는지 판단합니다.

다음의 코드를 작성합니다.

2_5_4.ino

```
01    void setup() {
02     Serial.begin(9600);
03
04     Serial.print("0 && 1: "); Serial.println( 0 &&1 );
05     Serial.print("0 && 1 && 5: "); Serial.println( 0 &&1 &&5 );
06     Serial.print("1 && 1: "); Serial.println( 1 &&1 );
07     Serial.print("0 || 1: "); Serial.println( 0 ||1 );
08     Serial.print("!(0 || 1): "); Serial.println( !(0 ||1) );
09     Serial.print("!3: "); Serial.println( !3 );
10    }
11
12    void loop() {
13
14    }
```

04: 0과 1의 AND 조건을 출력합니다.
05: 0,1,5의 AND 조건을 출력합니다. 비교 대상은 여러 개도 가능합니다.
06: 1과 1의 AND 조건을 출력합니다.
07: 0과 1의 OR 조건을 출력합니다.
08: 0과 1의 OR 조건을 NOT(반전)의 값을 출력합니다.
09: 3의 NOT(반전)의 값을 출력합니다.

업로드 버튼( )을 클릭하여 프로그램을 업로드 후 시리얼모니터( ) 버튼을 눌러 시리얼모니터를 열어 값을 확인합니다.

&&(AND) 조건은 모든값이 참(1이상)인 값이 되어야 1이 출력됩니다.

||(OR) 조건은 값 중에 하나라도 참(1이상)인 값이 있으면 1이 출력됩니다.

!(NOT)은 값을 반전시킵니다. 1이상인 모든 값을 0으로 반전시킵니다. 0이면 1로 반전됩니다.

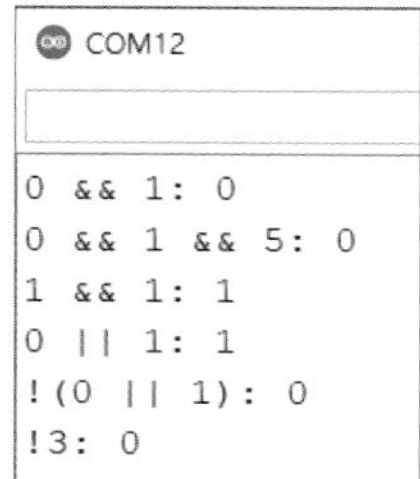

비교연산

비교연산자에 대해 알아봅니다. 비교연산자는 값의 비교를 위해 사용합니다. 비교연산자도 단독으로 사용하지 않고 보통 if 조건문과 같이 사용하여 조건에 만족하는지 판단합니다.

비교연산자는 다음 표와 같습니다.

a == b	a의 값과 b의 값이 같으면 참 ==(= 이 두 개)
a != b	a의 값과 b의 값이 같지 않으면 참
a > b	a의 값이 b의 값보다 크면 참
a < b	b의 값이 a의 값보다 크면 참
a >= b	a의 값이 b의 값보다 크거나 같으면 참
b <= b	b의 값이 a의 값보다 크거나 같으면 참

코드를 작성하여 비교연산에 대해 알아봅니다.

다음의 코드를 작성합니다.

2_5_5.ino

```
void setup() {
 Serial.begin(9600);

 Serial.print("10 == 10: "); Serial.println( 10 ==10 );
 Serial.print("10 != 7: "); Serial.println( 10 !=7 );
 Serial.print("10 > 10: "); Serial.println( 10 >10 );
 Serial.print("10 < 10: "); Serial.println( 10 <10 );
 Serial.print("10 >= 10: "); Serial.println( 10 >=10 );
 Serial.print("10 <= 10: "); Serial.println( 10 <=10 );
}

void loop() {

}
```

업로드 버튼()을 클릭하여 프로그램을 업로드 후 시리얼모니터() 버튼을 눌러 시리얼모니터를 열어 값을 확인합니다.

비교연산을 했을 때 값이 참이면 1 거짓이면 0이 출력되었습니다.

COM12

```
10 == 10: 1
10 != 7: 1
10 > 10: 0
10 < 10: 0
10 >= 10: 1
10 <= 10: 1
```

02 _ 6 전처리문, 상수

전처리문

C 언어는 프로그램 -> 컴파일 -> 실행파일 순으로 파일을 만듭니다. 아두이노는 임베디드에 실행 파일을 업로드하는 과정이 하나 더 있습니다. 프로그램 -> 컴파일 -> 실행파일생성 -> 업로드 순으로 진행됩니다. 컴파일이라는 과정은 프로그램 언어를 기계어인 0과 1로 변환하는 과정입니다. 전처리란 프로그램 언어를 -> 기계어로 변환할 때 아두이노IDE(컴파일러)에서 변경할 값을 찾아 변경하는 과정입니다. 코드 앞에 #이 붙으면 전처리기로 동작합니다. 대표적으로 라이브러리를 불러오는 #include 와 #define이 있습니다. #include는 컴파일 되기전에 사용되는 라이브러리 불러옵니다. #define은 매크로의 개념으로 아두이노에서 자주 사용합니다.

#define 전처리에 대해 프로그램을 만들어 봅니다.

다음의 코드를 작성합니다.

2_6_1.ino

```
01	#define HI "hi"
02	#define HELLO "hello"
03	#define NUM_1 1
04	#define NUM_2 2
05
06	void setup() {
07	 Serial.begin(9600);
08
09	 Serial.println(HI);
10	 Serial.println(HELLO);
11	 Serial.println(NUM_1 + NUM_2);
12	}
13
14	void loop() {
15
16	}
```

01: HI의 값은 "hi"로 변경됩니다.
02: HELLO의 값은 "hello"로 변경됩니다.
03: NUM_1의 값은 1로 변경됩니다.
04: NUM_2의 값은 2로 변경됩니다.

#define의 사용법은 다음과 같습니다.

```
#define 이름 값
```

프로그램에서는 이름 통해 사용합니다. 끝에 세미콜론(;)을 붙이지 않습니다.
프로그램이 컴파일되기 전에 모든 이름은 값으로 치환되어 컴파일됩니다.
#define으로 선언 시 프로그램에서는 상수(변하지 않는 값)으로 사용됩니다. 상수는 프로그램을 하는 사람들끼리 암묵적으로 모두 대문자로 사용합니다. 변수와 차별점을 주기 위해서입니다.
코드의 가독성을 더 좋게 하기 위해서 NUM1, NUM2 보다는 _언더바를 이용하여 NUM_1, NUM_2로 이름을 붙였습니다. 코드의 가독성을 좋아지게 하기 위해서입니다.

업로드 버튼( )을 클릭하여 프로그램을 업로드 후 시리얼모니터( ) 버튼을 눌러 시리얼모니터를 열어 값을 확인합니다.
각각의 값이 치환되어 출력되었습니다.

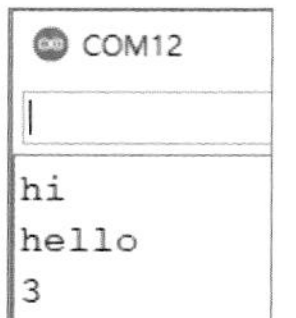

#define의 경우 값이 변하지 않아서 상수입니다. 하지만 프로그램에서 자료 타입이 지정되지 않아서 복잡한 코드의 경우 자료타입 때문에 에러가 발생할 수 있습니다. 그럴 경우 자료타입이 있는 상수를 만들 수 있습니다. 변수앞에 const라는 이름을 붙여주는 상수로 사용이 가능합니다.

CONST 상수

const를 붙여 상수로 사용하는 방법에 대해 알아봅니다. 변수를 생성할 때와 마찬가지로 상수를 생성합니다. 다만 앞에 const를 붙여 상수임을 알려줍니다.
다음의 코드를 작성합니다.

2_6_2.ino

```
01    const int NUM_1 =1;
02    const int NUM_2 =2;
03
04    void setup() {
05     Serial.begin(9600);
06
07     Serial.println( NUM_1 + NUM_2 );
08    }
09
10    void loop() {
11
12    }
```

01~02: const를 자료형 앞에 붙여 상수로 사용합니다.

업로드 버튼( )을 클릭하여 프로그램을 업로드 후 시리얼모니터( ) 버튼을 눌러 시리얼모니터를 열어 값을 확인합니다.

숫자형 상수끼리 덧셈하여 3이 출력되었습니다.

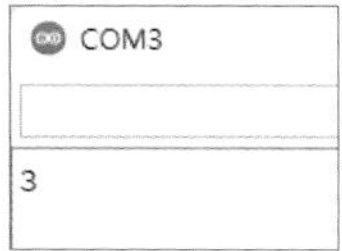

다음과 같이 상수의 값을 변경하려고 하면 에러가 발생합니다.

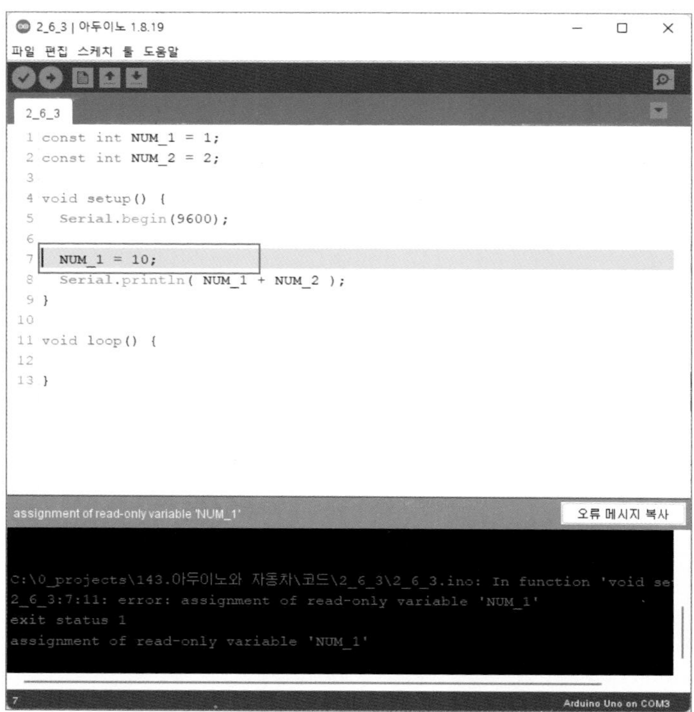

#define 및 상수의 정리입니다. NUM_1 값이 10이라는 상수일 때입니다.

#define NUM_1 10	❶ 보편적으로 대문자로 이름을 정한다. ❷ 끝에 세미콜론을 붙이지 않는다. ❸ 전처리기로 동작하며 아두이노의 메모리 공간을 차지하지 않는다. ❹ 값을 치환하는 역할만을 하므로 자료 타입에 신경써서 사용해야 한다.
const int NUM_1 = 10;	❶ 보편적으로 대문자로 이름을 정한다. ❷ 변수를 생성하는 것과 같으나 앞에 const를 붙인다. ❸ 아두이노의 메모리 공간을 차지한다. ❹ 상수의 자료 타입이 정해져있어 변수 타입에 대한 에러를 줄일 수 있다.

02 _ 7 조건문 if, switch case

프로그램은 조건에 따른 분기로 이루어진 집합이라고 불러도 과하지 않을 만큼 조건으로 이루어져 있습니다. 아두이노에서 조건문 또는 분기분으로 사용할 수 있는 if와 switch case에 대해 알아봅니다.

if 조건문

if 조건문은 조건에 만족하는 식이 있으면 코드를 실행합니다.

다음의 코드를 작성하여 if 조건문에 대해 알아봅니다.

2_7_1.ino

```
01      void setup() {
02       Serial.begin(9600);
03
04       int a =10;
05
06       if( a <5)
07       {
08               Serial.println("a는 5보다 작습니다.");
09       }
10
11       if( a >5)
12       {
13               Serial.println("a는 5보다 큽니다.");
14       }
15      }
16
17      void loop() {
18
19      }
```

04: a변수에 10을 대입합니다.
06: a의 값이 5보다 작으면 조건문이 참이 되어 if 조건문의 { } 안에 코드를 실행합니다.
11: a의 값이 5보다 크면 조건문이 참이 되어 if 조건문의 { } 안에 코드를 실행합니다.

업로드 버튼( )을 클릭하여 프로그램을 업로드 후 시리얼모니터( ) 버튼을 눌러 시리얼모니터를 열어 값을 확인합니다.

a는 10으로 if(a>5)의 조건문이 만족하여 조건을 실행하였습니다.

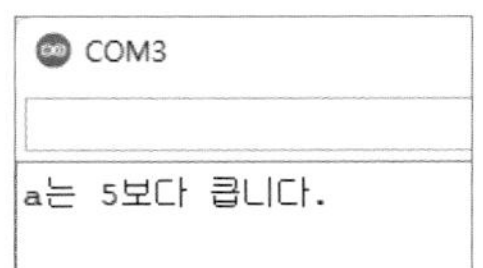

조건문의 조건식이 참이면(1이상) { } 괄호안의 코드를 실행합니다. 조건식이 거짓(0) 이라면 { } 괄호안의 코드를 실행하지 않고 띄어 넘어 갑니다. if 조건식의 줄끝에는 세미콜론(;)을 붙이지 않습니다.

```
if(조건식)
{  실행 시킬 내용;
  실행 시킬 내용;
}
```

다음과같이 조건식 줄 끝에 { 괄호를 열고 시작하여도 됩니다.

```
if(조건식){  실행 시킬 내용;
  실행 시킬 내용;
}
```

조건식에 만족하여 실행될 코드가 한 줄이라면 다음과 같이 { } 괄호를 생략할 수 있습니다. 필자는 이 방법은 코드의 가독성이 좋지 않기 때문에 사용하지 않습니다.

```
if(조건식)
  실행 시킬 내용;
```

다음과 같이 실행될 코드가 한 줄이라면 같은 줄에 코드를 작성해도 됩니다. 필자는 주로 이 방법을 사용하여 코드의 가독성을 높입니다.

```
if(조건식) 실행 시킬 내용;
```

if 조건문은 if, else if 쌍을 이룰 수 있습니다. 다음의 코드를 작성합니다.

2_7_2.ino

```
void setup() {
 Serial.begin(9600);

 int a =100;

 if( a >=95 )
 {
        Serial.println("A+ 학점 입니다.");
 }
 else if( (a >=90) && (a <95) )
 {
        Serial.println("A 학점 입니다.");
 }
 else if( (a >=85) && (a <90) )
 {
        Serial.println("B+ 학점 입니다.");
 else if( (a >=80) && (a <85) )
 {
        Serial.println("B 학점 입니다.");
```

```
21          }
22        }
23
24        void loop() {
25
26        }
```

업로드 버튼()을 클릭하여 프로그램을 업로드 후 시리얼모니터() 버튼을 눌러 시리얼모니터를 열어 값을 확인합니다.

a의 값이 100이기 때문에 06의 조건문의 { } 괄호 안의 코드가 실행되었습니다.

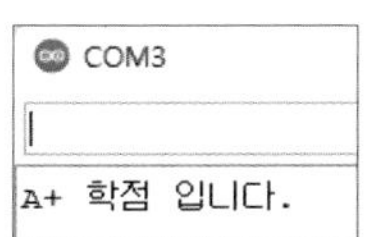

if else if문은 쌍으로 동작하며 위에서부터 아래로 조건을 맞추어 보다가 조건이 만족하면 조건문을 실행 후 나머지 조건문은 실행하지 않고 if else if의 끝으로 이동합니다. 위의 코드에서는 첫 번째 if 조건에 만족하였기 때문에 쌍으로 연결된 else if 의 끝까지 이동하여 다음 코드를 실행합니다. 나머지 조건식은 건너뛰기 때문에 처리 속도를 아낄 수 있습니다. if else if가 아닌 if if if 로만 구성 시에는 위의 if 조건이 만족하더라도 아래의 if 조건문을 비교하기 때문에 불필요한 CPU의 사용이 생길 수 있습니다.

```
01        void setup() {
02          Serial.begin(9600);
03
04          int a =100;
05
06          if( a >=95 )
07          {
08                  Serial.println("A+ 학점 입니다.");
09          }
10          else if( (a >=90) && (a <95) )
11          {
12                  Serial.println("A 학점 입니다.");
13          }
14          else if( (a >=85) && (a <90) )
15          {
16                  Serial.println("B+ 학점 입니다.");
17          }
18          else if( (a >=80) && (a <85) )
19          {
20                  Serial.println("B 학점 입니다.");
21          }
22        }
23
24        void loop() {
25
26        }
```

if~ else 문과 if~ else if~ else 문에 대해서 알아봅니다.

다음의 코드를 작성합니다.

2_7_3.ino

```
01 void setup() {
02   Serial.begin(9600);
03 
04   int a =50;
05 
06   if( a >=60 ) Serial.println("PASS 입니다.");
07   else Serial.println("FAIL 입니다.");
08 
09   int b =40;
10   if( b >=95 )
11   {
12         Serial.println("95 이상입니다.");
13   }
14   else if( b >=60 && b <95 )
15   {
16         Serial.println("60~95 입니다.");
17   }
18   else
19   {
20         Serial.println("60 미만 입니다.");
21   }
22 }
23 
24 void loop() {
25 
26 }
```

06~07: if~ else~ 문으로 if 조건문이 만족하지 않는다면 else 문을 실행합니다.
10~21: if~ else if~ else 문으로 if~ else if~의 조건이 모두 만족하지 않을 경우 else를 실행합니다.

업로드 버튼( )을 클릭하여 프로그램을 업로드 후 시리얼모니터( ) 버튼을 눌러 시리얼모니터를 열어 값을 확인합니다.

if~ else if 조건에 모두 만족하지 않았기 때문에 else 조건문을 실행하였습니다.

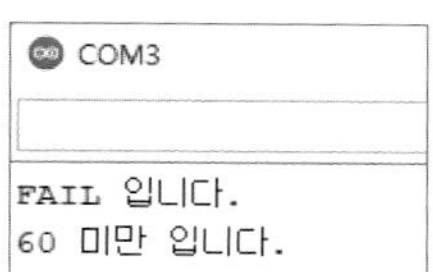

if 조건문에 else는 그 외로 조건이 모두 만족하지 않을 경우 else 조건을 실행합니다.

switch case 분기문

switch case인 분기문에 대해 알아봅니다. 다음의 코드를 작성합니다.

2_7_4.ino

```
01    void setup() {
02     Serial.begin(9600);
03
04     int a =2;
05
06     switch(a)
07     {
08         case 1:
09          Serial.print("a는 1입니다.");
10          break;
11
12         case 2:
13          Serial.print("a는 2입니다.");
14          break;
15
16         default:
17          Serial.print("a는 1또는 2가 아닙니다.");
18          break;
19     }
20    }
21
22    void loop() {
23
24    }
```

04 : 변수a에 숫자 2를 대입합니다.
06~19 : switch case문으로 입력된 a값으로 case문으로 이동합니다.

switch case문은 switch(숫자) 값을 입력받아 case 숫자: 로 이동하여 동작합니다. 이때 분기되는 case 숫자: 끝에는 : 콜론을 붙여줍니다. case로 이동후 break;를 만나면 switch case문을 끝내고 switch case문의 아래로 이동합니다. default: 는 case의 값이 모두 만족하지 않을 경우 이동하는 구문입니다. if else if else의 else 조건처럼 동작합니다.

```
int a =2;

switch(a)
{
      case 1:
       Serial.print("a는 1입니다.");
       break;

      case 2:
       Serial.print("a는 2입니다.");
       break;

      default:
       Serial.print("a는 1또는 2가 아닙니다.");
       break;
}
```

업로드 버튼()을 클릭하여 프로그램을 업로드 후 시리얼모니터() 버튼을 눌러 시리얼모니터를 열어 값을 확인합니다.

case 2: 이동하여 동작하였습니다.

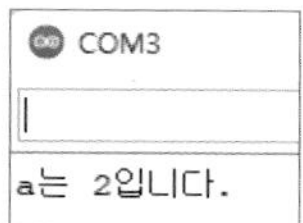

02 _ 8 반복문 for, while

프로그램은 반복의 연속입니다. 전기가 공급되는 한 무한히 동작하면서 프로그램된 일을 수행해야 합니다. 아두이노에서는 for문과 while의 반복문이 있습니다.

아두이노에서는 이미 loop 함수가 반복적으로 동작하고 있습니다. 다음의 loop 함수는 아두이노의 전원이 있는 한 무한히 반복하며 동작합니다.

```
void setup() {
 // put your setup code here, to run once:

}

void loop() {
 // put your main code here, to run repeatedly:

}
```

C 언어는 main 함수에서 시작해서 main 함수가 끝나면 프로그램이 끝납니다. 아두이노의 숨겨진 main 함수를 확인해 보면 for(;;) 반복문 안에 loop 함수가 있어 main 함수가 종료되지 않고 계속 반복하여 loop 함수를 호출하여 실행합니다.

for(;;)와 while(1)은 둘 다 무한 반복문입니다. 보통 while(1)로 무한 반복을 사용하나 C 언어의 초기 버전의 경우 while(1)문으로 무한 반복을 할경우 while문의 처음으로 이동할 때마다 조건문을 다시 검사하였습니다. for(;;)으로 반복할 경우 조건의 검사없이 반복을 하였습니다. 그렇기 때문에 반복할 거라면 조건의 검사가 없는 for(;;)문을 이용하여 사용하게 되었습니다. 조건을 검사할 경우 시간이 더 많이 소요되기 때문입니다. C 언어도 버전이 올라감에 있어서 while(1)문도 조건의 검사 없이 반복하여 둘 다 동일한 속도로 동작하나 프로그램의 습관처럼 for(;;)문을 사용하여 무한 반복을 하고 있습니다.

```
int main(void)
{
        init();

        initVariant();

#if defined(USBCON)
        USBDevice.attach();
#endif

        setup();

        for (;;) {
                loop();
                if (serialEventRun) serialEventRun();
        }

        return 0;
}
```

for문

for문을 이용한 반복문을 만들어 봅니다.

다음의 코드를 작성합니다.

2_7_4.ino

```
01      void setup() {
02       Serial.begin(9600);
03
04       for(int i=0; i <10; i++)
05       {
06               Serial.println(i);
07       }
08      }
09
10      void loop() {
11
12      }
```

04~07: for 반복문을 사용해서 0~9값을 출력합니다.

❶ 초기식: 보통 정수형 변수명 i 선언한 뒤 0을 대입합니다. 반복에 사용할 변수는 초기식 부분에서 선언해도 되고, for 반복문 위쪽에 변수를 만들어 선언하여도 됩니다.

❷ 조건식: 반복될 조건입니다. 조건식이 참이면 반복하며 조건식이 거짓이면 반복을 종료 합니다.

❸ 변화식: 반복문이 한 번 실행될 때마다 수행할 식입니다. 보통 ++ 증가연산자나 --감소연산자를 사용합니다.

❹ 증감값: for문안에서 증가 또는 감소하는 값입니다.

```
for(int i=0; i <10; i++)
      ❶         ❷     ❸
{
    Serial.println(i);
                   ❹
}
```

초기식의 숫자형 i 변수의 값을 0으로 초기화합니다.

조건식인 i<10 보다 작을 때까지 참이기 때문에 반복합니다. 0~9까지 10번 반복됩니다.

변화식인 i++로 for문이 한 번 수행될 때마다 값을 1씩 증가시킵니다.

```
04      for(int i=0; i <10; i++)
05      {
06              Serial.println(i);
07      }
```

업로드 버튼( )을 클릭하여 프로그램을 업로드 후 시리얼모니터( ) 버튼을 눌러 시리얼모니터를 열어 값을 확인합니다.

for문을 이용하여 0~9까지 10번 반복하였습니다.

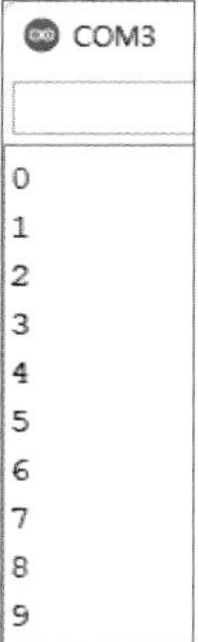

while문

while문을 이용한 반복문을 사용합니다. 다음의 코드를 작성합니다.

2_8_2.ino

```
01	void setup() {
02	 Serial.begin(9600);
03
04	 int i =0;
05	 while(i<10)
06	 {
07	 	Serial.println(i);
08	 	i++;
09	 }
10	}
11
12	void loop() {
13
14	}
```

05~09 : while 반복문입니다.
04 : 숫자형 i 변수의 값을 0으로 초기화합니다.
05 : 조건식이 참이면 while문을 반복합니다. 0<10은 참이기 때문에 동작합니다.
07 : i의 값을 출력합니다.
08 : i의 값을 1씩 증가시킵니다.

i의 값이 0~9까지 동작하다 10이 되면 10<10의 조건식이 거짓이 되기 때문에 while문은 더 이상 반복하지 않고 종료합니다.

업로드 버튼()을 클릭하여 프로그램을 업로드 후 시리얼모니터() 버튼을 눌러 시리얼모니터를 열어 값을 확인합니다.

0~9까지 10번 출력되었습니다.

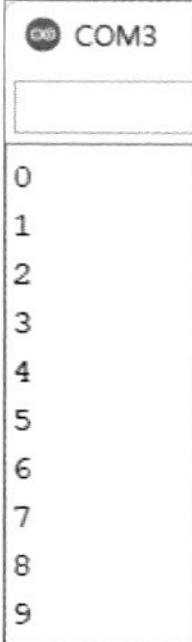

break를 이용하여 while문을 탈출할 수 있습니다. 다음의 코드를 작성합니다.

2_8_3.ino

```
01  void setup() {
02   Serial.begin(9600);
03
04   int i =0;
05   while(1)
06   {
07        Serial.println(i);
08        i++;
09
10        if(i>9)
11        {
12         break;
13        }
14   }
15  }
16
17  void loop() {
18
19  }
```

05 : while(1)로 무한 반복합니다.

07 : i의 값을 출력합니다.

08 : i의 값을 1 증가시킵니다.

10~13 : i의 값이 10이 되면 조건문이 참이 되어 12줄인 break; 를 실행합니다. 반복문에서 break;를 만나면 반복문을 탈출합니다.

i의 값이 0~9까지 동작하다 10이 되면 조건문이 참이 되어 break;문을 실행하고 while(1)문을 탈출합니다.

업로드 버튼( )을 클릭하여 프로그램을 업로드 후 시리얼모니터( ) 버튼을 눌러 시리얼모니터를 열어 값을 확인합니다.

0~9까지 10번 반복하였습니다.

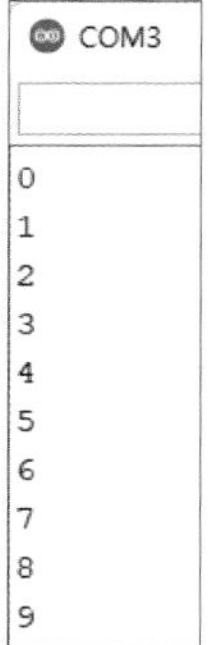

for문과 while문을 사용한 반복문을 실습하였습니다. 아두이노에서는 loop 함수가 반복문 안에 위치하여 loop 함수 안의 코드는 항상 반복하여 동작합니다.

02 _ 9 함수

함수란 이름을 가지는 코드의 집합으로 정의할 수 있습니다. 아두이노 IDE를 처음 열었을 때 나오는 setup(), loop()도 함수입니다.

여러 타입의 함수를 만들어 보면서 함수에 대해 익혀봅니다.

다음의 코드를 작성합니다.

2_9_1.ino

```
void setup() {
 Serial.begin(9600);
}

void loop() {
 sayHello();
 delay(2000);
}

void sayHello(){
 Serial.println("hello");
 Serial.println("hi");
 Serial.println("안녕하세요");
}
```

10~14 : sayHello 함수를 정의합니다. 함수를 정의할 때는 아무런 동작을 하지 않습니다. 코드에서 호출해야만 정의된 함수로 이동하여 동작합니다.

10 : sayHello란 이름으로 함수를 정의합니다. 앞의 void는 반환하는 값이 없다는 의미입니다.

11~13 : 값을 출력합니다.

06 : sayHello 함수를 호출합니다. 함수를 호출 시 함수의 위치로 이동하여 코드를 동작합니다. 즉 11~13번 줄의 sayHello 함수로 이동하여 함수 안의 코드를 실행합니다. 당연하게 코드는 위에서 아래로 실행하고 함수의 마지막 코드를 실행하면 함수가 종료됩니다.

07 : 2000mS=2초 동안 기다립니다.

2초마다 sayHello 함수를 호출하여 함수를 실행하는 코드입니다.

업로드 버튼( )을 클릭하여 프로그램을 업로드 후 시리얼모니터( ) 버튼을 눌러 시리얼모니터를 열어 값을 확인합니다.

2초마다 sayHello 함수가 호출되어 함수 안의 코드가 실행됨을 알 수 있습니다.

이처럼 함수란 코드들의 집합으로 사용할 수 있습니다.

이번에는 입력값이 있는 함수의 형태를 만들어 봅니다. 다음의 코드를 작성합니다.

2_9_2.ino

```
01  void setup() {
02   Serial.begin(9600);
03  }
04
05  void loop() {
06   add(10,20);
07   delay(2000);
08  }
09
10  void add(int a, int b){
11   Serial.println(a+b);
12  }
```

06: add 함수의 매개변수값을 10, 20을 입력하였습니다.

매개변수를 이용한 함수의 사용방법은 함수 생성 시 매개변수를 만들고 함수 호출 시 매개변수 값을 입력하여 함수에 전달합니다. 아래 그림과 같이 동작합니다.

```
void loop() {
 add(10,20);
 delay(2000);
}

void add(int a, int b){

 Serial.println(a+b);
}
```

업로드 버튼( )을 클릭하여 프로그램을 업로드 후 시리얼모니터( ) 버튼을 눌러 시리얼모니터를 열어 값을 확인합니다.

add 함수에 매개변수 10과 20을 입력하여 10+20인 30의 값이 출력되었습니다.

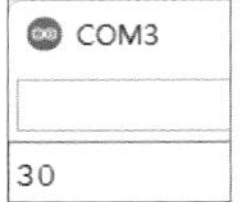

이제는 함수의 반환값이 있는 경우에 대해 알아봅니다. 다음의 코드를 작성합니다.

2_9_3.ino

```
01 void setup() {
02  Serial.begin(9600);
03 }
04
05 void loop() {
06  int result = add(20,30);
07  Serial.println(result);
08  delay(2000);
09 }
10
11 int add(int a, int b){
12  return a+b;
13 }
```

06: 함수의 매개변수를 입력하여 결과값을 반환받아 result 변수에 대입하였습니다.

07: result 변수의 값을 출력합니다.

11: int형의 반환값이 있는 함수를 생성하였습니다.

12: return을 이용하여 함수의 반환값을 넘겨줄 수 있습니다.

다음과 같이 매개변수의 값을 받아 return을 이용하여 함수에 반환값을 넘겨주었습니다.
함수의 호출 시에 함수에서 반환될 값을 저장하는 변수를 생성하여 반환값을 저장하였습니다.

```
void loop() {
 int result = add(20,30);
 Serial.println(result);
 delay(2000);
}

int add(int a, int b){

 return a+b;
}
```

업로드 버튼( )을 클릭하여 프로그램을 업로드 후 시리얼모니터( ) 버튼을 눌러 시리얼모니터를 열어 값을 확인합니다.

매개변수 20과 30을 입력하여 함수에서 계산된 20+30인 50의 값을 반환받았고 그 값을 출력하였습니다.

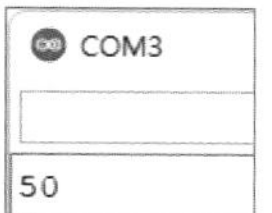

매개변수는 없고 반환값만 있는 함수를 만들 수도 있습니다. 다음의 코드를 작성합니다.

2_9_4.ino

```
01 void setup() {
02  Serial.begin(9600);
03 }
04
05 void loop() {
06  int result = add();
07  Serial.println(result);
08  delay(2000);
09 }
10
11 int add(){
12  int a =10;
13  int b =30;
14  return a+b;
15 }
```

11~15 : 반환값만 있는 함수를 정의하였습니다.
06 : add 함수의 반환값을 받아 result 변수에 대입합니다.

업로드 버튼( )을 클릭하여 프로그램을 업로드 후 시리얼모니터( ) 버튼을 눌러 시리얼모니터를 열어 값을 확인합니다.

함수내에서 반환한 값을 출력하였습니다.

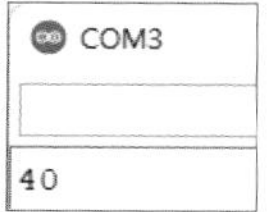

02 _ 10 배열 및 문자열

배열

배열은 하나의 변수 이름에 여러 개의 값을 저장할 수 있습니다. 기존에 배운 변수 하나에는 하나의 값뿐만 담을 수 있지만, 배열을 사용하면 하나의 변수 이름에 여러 개의 값을 넣을 수 있습니다. 배열을 만들고 사용하는 방법에 대해 알아봅니다. 다음의 코드를 작성합니다.

2_10_1.ino

```
01	void setup() {
02	 Serial.begin(9600);
03	 int a[5] = {10,20,30,40,50};
04
05	 Serial.println(a[0]);
06	 Serial.println(a[1]);
07	 Serial.println(a[2]);
08	 Serial.println(a[3]);
09	 Serial.println(a[4]);
10	}
11
12	void loop() {
13
14	}
```

03: int형 타입의 a의 이름으로 [5]개의 값을 저장하는 배열을 생성 후 10,20,30,40,50의 값을 대입하였습니다. a[5]로 5개의 공간의 배열을 생성하였습니다.
05: a[0]번지 값을 출력합니다. 배열의 값의 시작주소는 0번지부터 시작합니다.

a[5] = {10,20,30,40,50}; 의 배열을 생성 시 다음과 같이 0~4번지까지 5개의 값이 각각의 번지에 저장되었습니다. 배열의 시작번지는 0번지부터 시작합니다. a[5]라는 뜻은 5개의 공간으로 만들겠다는 뜻입니다. 0번지부터 ~ 4번지까지 총 5개의 저장공간을 가진 배열을 만들고 {10,20,30,40,50}의 값으로 채워 넣었습니다.

값	10	20	30	40	50
번지	a[0]	a[1]	a[2]	a[3]	a[4]

업로드 버튼( )을 클릭하여 프로그램을 업로드 후 시리얼모니터( ) 버튼을 눌러 시리얼모니터를 열어 값을 확인합니다.

a[0]번지부터 a[4]번지까지 저장된 값이 출력되었습니다.

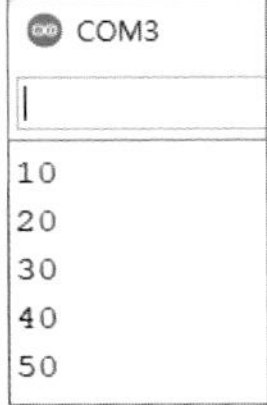

배열의 길이를 지정하지 않고 값을 채워 넣음으로써 자동으로 길이를 맞춰 사용하는 방법도 있습니다. 다음의 코드를 작성합니다.

2_10_2.ino

```
01  void setup() {
02    Serial.begin(9600);
03    int a[] = {10,20,30};
04
05    Serial.println(a[0]);
06    Serial.println(a[1]);
07    Serial.println(a[2]);
08  }
09
10  void loop() {
11
12  }
```

03: 배열의 길이를 지정하지 않고 3개의 값을 입력하였습니다. 컴파일러에서 알아서 값의 길이에 따라서 배열의 길이를 조절합니다.

업로드 버튼( )을 클릭하여 프로그램을 업로드 후 시리얼모니터( ) 버튼을 눌러 시리얼모니터를 열어 값을 확인합니다. 배열의 길이를 지정하지 않아도 값이 잘 출력되었습니다.

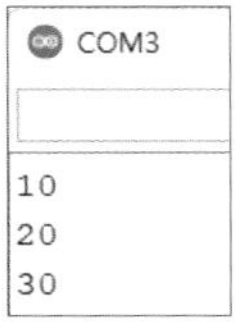

하나의 문자가 아닌 여러 개의 문자가 저장된 문자열도 배열을 이용하여 처리할 수 있습니다. 다음의 코드를 작성합니다.

2_10_3.ino

```
void setup() {
  Serial.begin(9600);
  char a[] ="hello";

  for(int i=0; i < sizeof(a)/sizeof(char); i++)
```

```
06      {
07              Serial.println(a[i]);
08      }
09    }
10
11    void loop() {
12
13    }
```

03 : char형 a[] 배열에 "hello"를 대입합니다. hello는 총 5개의 배열공간을 차지 합니다. 하나의 문자가 아닌 문자열을 입력하기 위해서는 ""쌍따옴표를 이용합니다.

05~08 : for문을 이용하여 배열의 길이 만큼 반복하여 a[] 배열에서 값을 출력합니다.

05 : sizeof(a)는 배열의 총 메모리 길이를 구합니다. sizeof(char)는 char형의 메모리 길이를 구합니다. sizeof(a)/sizeof(char)를 하면 배열의 총 갯수를 구할 수 있습니다.

※ for문을 이용한 배열에서 값을 가져오는 방법은 자주 사용하는 방법으로 코드 자체를 외워서 사용합니다.

업로드 버튼( )을 클릭하여 프로그램을 업로드 후 시리얼모니터( ) 버튼을 눌러 시리얼모니터를 열어 값을 확인합니다.

hello가 저장된 배열에서 원소를 하나씩 출력하였습니다.

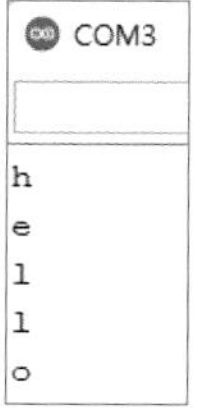

String 문자열

배열을 이용하여 문자열을 처리해도 되나 문자열 처리에만 특화된 자료형인 String형이 있습니다. String 문자열형을 이용하여 문자열의 처리를 합니다.

문자열 자료형을 만들고 출력합니다. 다음의 코드를 작성합니다.

2_10_4.ino

```
void setup() {
 Serial.begin(9600);

 String strData1 ="arduino";
 String strData2 ="car";

 Serial.println(strData1 + strData2);
}

void loop() {

}
```

04: strData1의 이름으로 String(문자열) 자료형을 생성 후 "arduino" 값을 저장합니다.
05: strData1의 이름으로 String(문자열) 자료형을 생성 후 "car" 값을 저장합니다.
07: strData1과 strData2를 더해 출력합니다.

업로드 버튼( )을 클릭하여 프로그램을 업로드 후 시리얼모니터( ) 버튼을 눌러 시리얼모니터를 열어 값을 확인합니다.

strData1과 strData2의 문자열이 더해진 값이 출력되었습니다.

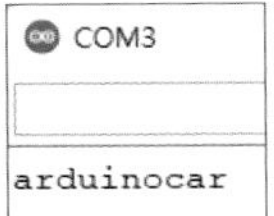

String 자료형은 문자열 자료처리에 특화되어 있습니다. 우리는 "8장. 통신 기능 응용"에서 String 자료형을 이용하여 데이터를 찾고 자르고 변형하고 더욱더 집중적으로 다룰 예정입니다.

02 _ 11 들여쓰기

아두이노 프로그램(C 언어)에서는 함수에 속해있다거나 조건문 반복문 등에 속해있는 것을 { } 중괄호 안에 작성된 코드로 판단합니다. 사실 코드의 동작은 들여쓰에는 상관없이 동작합니다. 하지만 코드에 들여쓰기가 되어 있지 않다면 가독성이 매우 나빠지게 되므로 습관적으로 들여쓰기를 통해 코드를 작성하는 연습해야 합니다. 들여쓰기는 사람마다 다르지만 탭 또는 스페이스로 합니다. 탭도 2칸 또는 4칸으로 합니다. 아두이노 IDE에서는 기본적으로 탭으로 들여쓰기를 하고 2칸을 띄웁니다.

다음의 코드를 작성합니다.

2_11_1.ino

```
void setup() {
 Serial.begin(9600);

 int i =0;
 int j =1;
 int k =2;

 if (i ==0)
 {
        if (j ==1)
        {
         if (k ==2)
         {
                Serial.println("i,j,k 모든값이 맞습니다");
         }
        }
 }
```

```
18
19        }
20
21        void loop() {
22
23        }
```

02~17: setup 함수에 속해있어 setup 함수 내에서 들여쓰기를 합니다.
10~16: if(i==0) 조건문안에 속해있어 들여쓰기를 합니다.
12~15: if(j==1) 조건문안에 속해있어 들여쓰기를 합니다.

업로드 버튼( )을 클릭하여 프로그램을 업로드 후 시리얼모니터( ) 버튼을 눌러 시리얼모니터를 열어 값을 확인합니다.

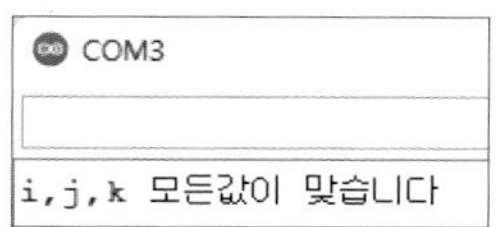

조건문 안에 조건문 또한 그 조건문 안에 조건문 등에 속해있다면 들여쓰기를 통해 코드의 가독성을 좋게 해야 합니다. 별거 아닌 거라 생각할 수 있지만 파이썬 언어에서는 속해 있다의 표현을 {} 중괄호가 아닌 들여쓰기를 통해서 합니다. 들여쓰기가 코드의 직접적인 영향이 있습니다. 다만 아두이노 프로그램(C 언어)에서는 강제는 아니지만 실무를 하기 위해서는 필수적으로 해야 합니다.
다음의 들여쓰기가 되어 있지 않은 코드를 작성합니다.

2_11_2.ino

```
void setup() {
Serial.begin(9600);

int i =0;
int j =1;
int k =2;

if (i ==0)
{
if (j ==1)
{
if (k ==2)
{
Serial.println("i,j,k 모든값이 맞습니다");
}
}
}

}
```

```
void loop() {

}
```

코드의 들여쓰기가 되어 있지 않아 조건문이 어디에 속해있는지 알 수가 없습니다. 유지보수가 정말 어려운 프로그램이 되었습니다.

더 심하게는 다음과 같이 아무런 조건없이 들여쓰기를 하거나 하지 않을 수도 있습니다.

2_11_3.ino

```
void setup() {
Serial.begin(9600);

int i =0;
int j =1;
int k =2;

 if (i ==0)
 {
if (j ==1)
{
          if (k ==2)
          {
          Serial.println("i,j,k 모든값이 맞습니다");
          }
}
 }

}

void loop() {

}
```

점점 더 해석하기가 힘들어집니다.

아두이노에서는 [툴] -> [자동 포맷] 메뉴의 단축키 [Ctrl + T 키]를 이용하여 자동으로 들여쓰기를 할 수 있습니다. [자동 포맷] 메뉴를 클릭합니다.

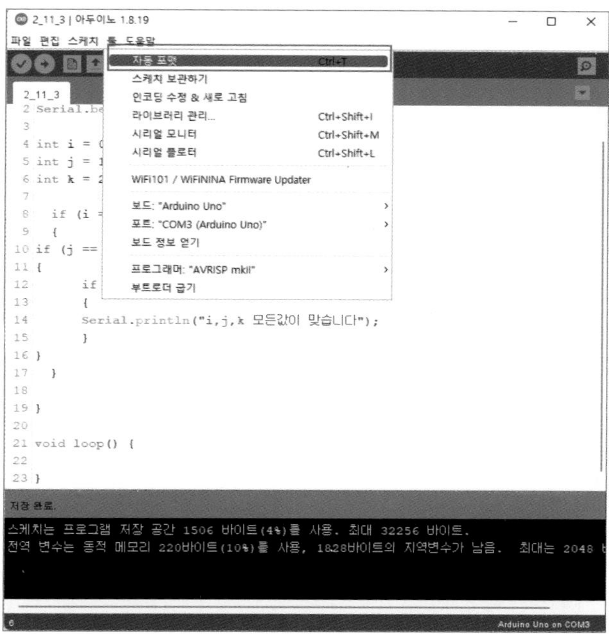

자동 포멧으로 들여쓰기가 자동으로 되었습니다. 자동으로 들여쓰기가 가능하지만 들여쓰기를 하는 연습을 꾸준히 하시길 바랍니다.

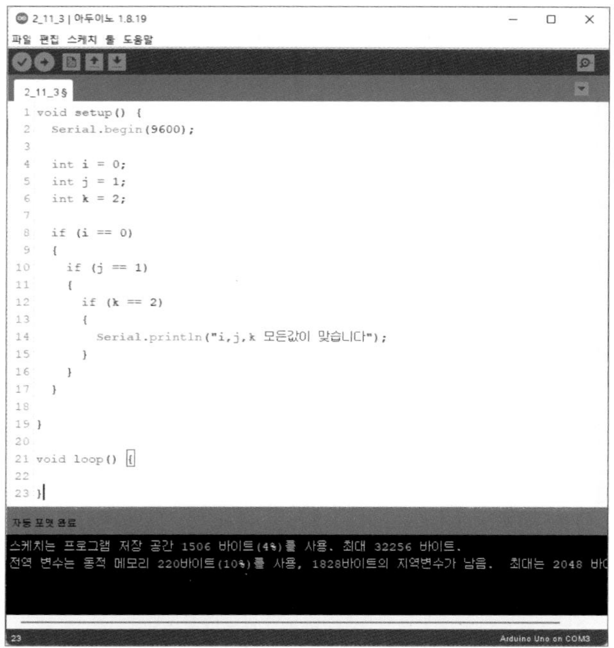

아두이노를 위한 프로그램 기초 배우기는 여기서 마치도록 합니다. 아두이노는 C/C++ 언어로 되어 있기 때문에 기초적인 C 언어 사용법에 대해서 다루었습니다. C 언어 하나만을 위한 책은 아니다 보니 모든 것을 다루지는 못하였습니다. 하지만 아두이노를 사용하고 이 책을 진행하는 데 있어 꼭 필요한 기본적인 내용을 다루었습니다.

CHAPTER 03

아두이노 기본 기능 익히기

Arduino CAR

03 디지털 출력 활용

03 _ 1 아두이노의 디지털 신호

아두이노 우노 보드에는 0~13번까지 총 14개의 디지털입출력 전용핀과 A0~A5까지 6개의 아날로그 입력 핀이 존재합니다. A0~A5번까지 6개의 아날로그 입력 핀은 디지털입출력 핀으로도 사용이 가능합니다. 그러므로 총 20개의 핀을 디지털입출력 핀으로 사용 가능합니다.

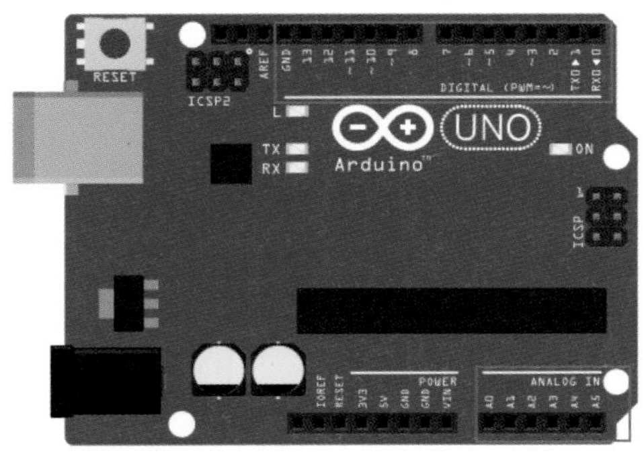

※ 디지털입출력 핀은 디지털 신호의 입력 또는 출력 핀으로 설정하여 사용 가능합니다.

아두이노 우노 보드의 경우 5V 전압으로 동작합니다. 아두이노의 입출력 핀을 출력으로 사용 시 프로그램으로 출력을 결정할 수 있습니다. 5V나 0V의 신호를 줄 수 있습니다. 0V의 신호는 주지 않는다가 맞는 표현이나 설명의 편의를 위해서 준다고 표현하였습니다. 즉 프로그램으로 디지털 출력신호를 제어할 수 있습니다. 5V 전압의 전기적 신호는 출력이 되지만 많은 전류가 출력되지는 않습니다. 작은 LED 등을 구동하는 데는 무리가 없으나 모터 등 큰 전류가 필요한 소자를 직접 구동하기에는 전류가 부족하여 구동되지 않고 아두이노가 고장 날 수 있습니다. 큰 전류를 드라이버나, TR, FET 등의 소자를 이용하여 핀에서 직접 구동하지 않고 전류를 증폭하거나 스위치의 역할로 출력 핀을 사용합니다.

전압과 전류를 쉽게 이해하는 방법으로는 전압은 물의 위치에너지 전류는 물의 양이라고 생각하면 됩니다. 물은 높은 곳에서 낮은 곳으로 흐릅니다. 즉 위치에너지의 차이가 있어야 흐를 수 있습니다. 같은 위치에 있다면 물은 흐르지 않고 고여있습니다. 전기도 마찬가지로 전압의 위치에너지의 차이인 전위차가 있어야 전기가 흐릅니다. 5V -> 0V(GND)의 회로가 구성되면 높은 곳(5V)에서 낮은 곳으로(0V) 전기가 흐릅니다.

03 _ 2 디지털 출력을 이용한 LED 제어하기

디지털 출력을 이용하여 LED를 제어합니다.

준비물

다음의 부품을 준비합니다.

아두이노 우노	1개
브레드보드	1개
330옴 저항(주주검검갈)	1개
LED 빨간색	1개
수-수 점퍼케이블	2개

회로 구성

다음의 회로를 구성합니다.

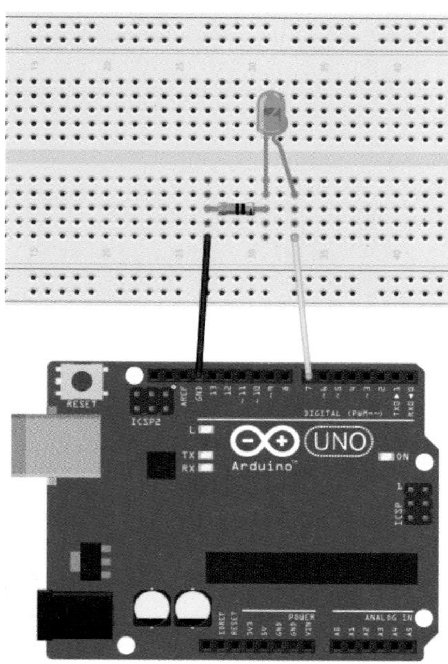

330옴 저항의 한쪽은 GND(0V)에 연결하고 나머지 한쪽은 LED의 짧은 다리와 연결합니다. LED의 긴 다리(+)는 아두이노의 7번 핀에 연결합니다.

LED 깜빡이기

아두이노의 디지털핀을 제어해 LED를 깜빡이는 코드를 만들어 봅니다. 다음의 코드를 작성합니다.

3_2_1.ino

```
01 void setup() {
02  pinMode(7,OUTPUT);
03 }
04
05 void loop() {
06  digitalWrite(7,HIGH);
07  delay(1000);
08  digitalWrite(7,LOW);
09  delay(1000);
10 }
```

02: 7번 핀을 출력 핀으로 사용하도록 설정합니다.
06: 7번 핀을 5V로 출력합니다. 핀의 출력이 HIGH이면 핀에서 5V 전압이 출력되어 LED를 켭니다.
07: 1000mS = 1초 동안 기다립니다.
08: 7번 핀을 0V로 출력합니다. 핀의 출력이 LOW이면 핀에서 0V 전압이 출력되어 LED를 끕니다. 0V는 출력되지 않으나 설명의 편의를 위해 0V가 출력된다고 표현하였습니다.
09: 1000mS = 1초 동안 기다립니다.

7번 핀에 5V를 출력 -> 1초 기다립니다. 7번 핀에 0V를 출력 -> 1초 기다립니다. 를 계속 반복합니다. 즉 LED가 1초 동안은 켜져 있고 1초 동안은 꺼지는 동작을 계속 반복합니다.

pinMode 함수 사용방법

pinMode는 사용할 핀의 용도를 결정하는 데 사용합니다. 아두이노는 핀을 입력, 또는 출력모드로 먼저 선언하고 사용할 수 있습니다.
pinMode(핀 번호,입출력모드);
❶ 핀 번호: 사용할 핀 번호를 입력합니다. 아두이노 우노의 경우 0~13번 핀을 디지털 입력 또는 출력으로 사용하고, A0~A5번까지 핀을 아날로그 입력으로 사용합니다. A0~A5번의 아날로그 입력 핀도 디지털입출력 핀으로도 사용이 가능합니다.
❷ 입출력모드:
  - OUTPUT : 출력으로 사용합니다.
  - INPUT: 입력으로 사용합니다.
  - INPUT_PULLUP: 아두이노 내부 풀업 입력으로 사용합니다.
- pinMode(10,OUTPUT);으로 했을 경우 10번 핀은 출력 핀으로 사용합니다.
출력 핀으로 사용하겠다고 선언만 한 것으로 10번 핀의 상태는 아직 결정되지 않았습니다. 출력으로 설정한 후 digitalWrite 함수를 사용하여 핀의 상태를 출력할 수 있습니다.

digitalWrite 함수 사용방법

pinMode에서 출력 핀으로 사용할 경우 digitalWrite를 사용하여 핀의 출력상태를 결정할 수 있습니다
digitalWrite(핀 번호,출력상태);
❶ 핀 번호: 출력할 핀 번호를 입력합니다. pinMode에서 출력 핀으로 설정되어 있어야 합니다.
❷ 출력상태
- HIGH: 핀에서 5V의 상태가 됩니다. HIGH 대신 숫자 1을 넣어도 동일합니다.
- LOW: 핀에서 0V의 상태가 됩니다. LOW 대신 숫자 0을 넣어도 동일합니다.
- digitalWrite(10,HIGH);로 했을 시 10번 핀에는 5V의 출력이 됩니다. digitalWrite(10,1);도 동일하게 10번 핀에는 5V의 출력이 됩니다.
- digitalWrite(10,LOW);로 했을 시 10번 핀에는 0V의 상태가 됩니다. digitalWrite(10,0);도 10번 핀에는 0V의 상태가 됩니다.

업로드 버튼(●)을 눌러 아두이노 우노 보드에 프로그램을 업로드합니다.

동작 결과

7번 핀에 연결된 빨간색의 LED가 1초마다 켜졌다 꺼졌다를 반복합니다.

❶ digitalWrite(7,HIGH); 코드의 동작

7번 핀이 HIGH일 때 7번 핀에서는 5V 전압이 출력됩니다. 5V의 전기적인 신호는 LED와 저항을 통해 GND(0V)로 전위차가 발생하여 흐릅니다. 전기가 흐르면서 LED가 켜집니다.

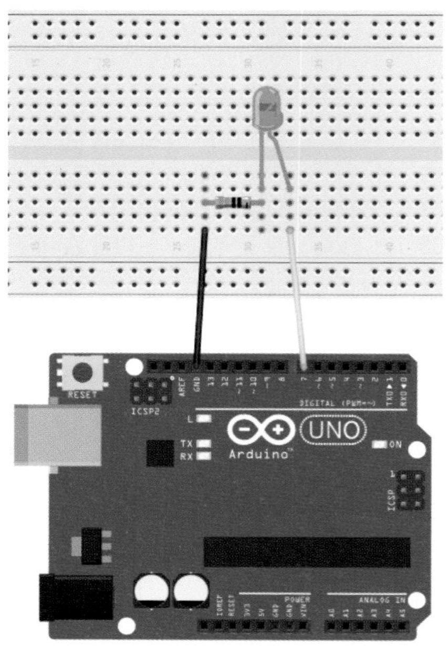

❷ digitalWrite(7,LOW); 코드의 동작

7번 핀이 LOW일 때는 7번 핀에서 0V(GND)의 신호가 출력됩니다. GND와 GND는 전위차가 발생하지 않기때문에 전기가 흐르지 않습니다. 전기가 흐르지 않기때문에 LED는 켜지지 않습니다.

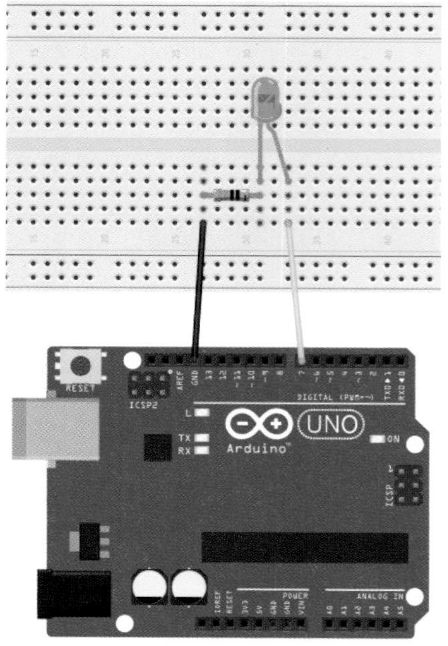

알아둡니다! 회로 구성 시 왜 330옴 저항을 사용하는지 알아보기

다음은 브레드보드에 구성된 회로입니다. 회로를 표현할 때는 다음과 같이 부품의 심볼로 표현합니다.

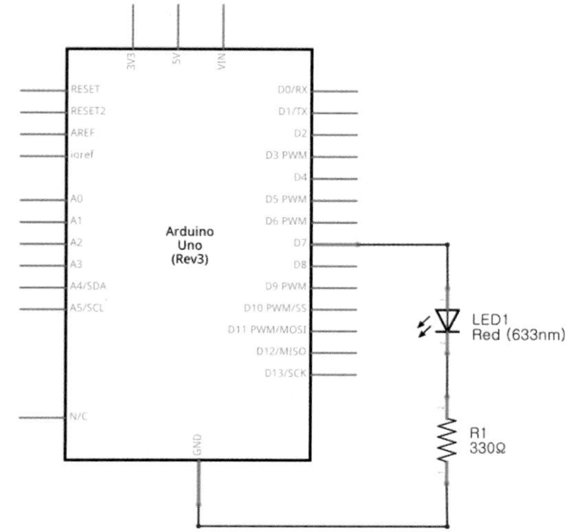

LED와 GND 사이에 330옴 저항을 연결하였습니다. 330옴 저항을 연결한 이유는 LED를 보호하기 위한 보호용 저항입니다.

- digitalWrite(7,HIGH); 프로그램 시 D7번 핀에서는 5V의 전압이 출력되어 전위차가 발생하여 전기가 흐르고 LED가 켜집니다.

우리가 사용하는 빨간색 LED의 경우 2.3V 이상의 전압을 인가하면 LED가 고장 납니다. (LED가 터질 수 있으므로 저항 없이 연결하면 안 됩니다) LED 회로에서 저항의 역할은 LED에 5V의 전압이 모두 인가되는 것을 방지하는 목적과 LED에 흐르는 전류의 양을 조절하는 보호의 용도로 필요합니다.

우리가 사용하는 일반적인 5파이 LED의 회로를 구성할 때 보통 5~20mA 사이의 전류를 흐를 수 있도록 맞춰줍니다. (LED의 종류는 다양해서 큰 전류를 필요한 LED도 있습니다)

옴의법칙인 V(전압)=I(전류)*R(저항)의 공식을 이용하여 저항값을 구합니다.
우리는 10mA의 전류가 흐를 수 있도록 합니다. 옴의법칙으로 R(저항)을 계산하기 위해서는 R = V/I로 계산됩니다.
R = 5V(공급 전압)-1.8V(LED 전압) / 0.01A(전류)로 계산하면 결과값인 R은 320옴이 됩니다. 320옴 저항은 흔하게 구할 수 없으므로 시중에서 흔하게 구할 수 있는 330옴 저항으로 맞췄습니다. 아두이노 330옴을 사용 시 약 10mA의 전류를 흐르게 하여 LED를 보호 할 수 있습니다. 330옴 또는 220옴을 많이 사용합니다. 빨간색 LED는 1.8V의 전압을 사용합니다.

LED 더 빨리 깜빡이기

LED를 더 빨리 깜빡이게 코드를 수정합니다. 다음의 코드를 작성합니다.

3_2_2.ino

```
void setup() {
 pinMode(7,OUTPUT);
}

void loop() {
 digitalWrite(7,HIGH);
 delay(100);
 digitalWrite(7,LOW);
 delay(100);
}
```

07: delay를 100mS = 0.1초로 줄였습니다.
09: delay를 100mS = 0.1초로 줄였습니다.

알아둡니다! mS의 단위

mS는 milli Second의 약자입니다. "milli"는 1000분의 1을 "Second"는 초입니다.
즉, mS는 1000분의 1초입니다. mS는 미리세컨드 또는 밀리세컨드로 읽습니다.
작은 시간 단위로 표현하기 위해 많이 사용합니다.
1mS = 0.001초
10mS = 0.01초
100mS = 0.1초
1000mS = 1초

업로드 버튼(➔)을 눌러 아두이노 우노 보드에 프로그램을 업로드합니다.

동작 결과

LED가 더 빨리 깜빡입니다.

핀을 옮겨 LED 제어하기

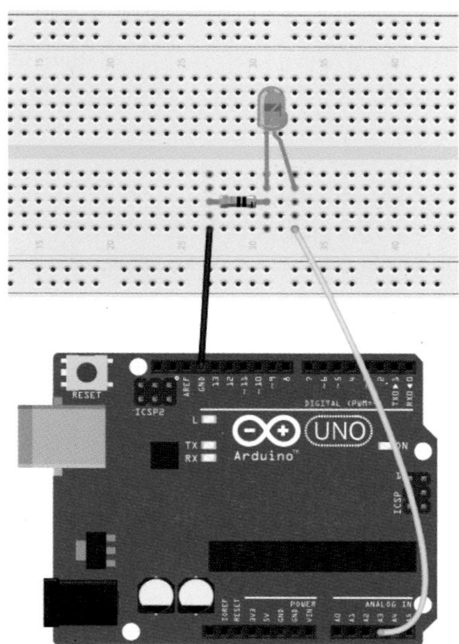

빨간색 LED의 긴 다리를 A3번 핀으로 이동하였습니다.

다음의 코드를 작성하여 LED를 제어합니다.

3_2_3.ino

```
01 void setup() {
02  pinMode(A3,OUTPUT);
03 }
04
05 void loop() {
06  digitalWrite(A3,HIGH);
07  delay(100);
08  digitalWrite(A3,LOW);
09  delay(100);
10 }
```

02: A3번 핀을 출력으로 설정합니다.
06: A3번 핀에 5V의 전압을 출력합니다.
08: A3번 핀에 0V의 전압을 출력합니다.

업로드 버튼( )을 눌러 아두이노 우노 보드에 프로그램을 업로드합니다.

동작 결과

LED가 0.1초마다 깜빡입니다. A3번 핀은 아날로그 입력 핀이나 디지털입출력 핀으로도 사용이 가능합니다.

아두이노 우노는 0~13번의 디지털입출력 핀 A0~A5까지 6개의 아날로그 입력 및 디지털입출력 핀으로 사용 가능합니다. 디지털입출력으로는 모든 핀이 사용 가능합니다. 단 0번 1번 핀은 시리얼 통신핀으로 프로그램 업로드 시에 사용됩니다. 0번 1번 핀을 사용 시에 프로그램이 업로드가 정상적으로 되지 않을 수 있으므로 0번 1번 핀은 되도록 사용하지 않습니다. 꼭 사용해야 한다면 프로그램 업로드 시에 핀을 제거 후 업로드 완료 후에 다시 회로를 연결하여 사용할 수 있습니다.

03 _ 3 디지털 출력을 이용한 LED 여러 개 제어해보기

아두이노의 디지털핀을 이용하여 여러 개의 LED를 제어해 봅니다.

다음의 부품을 준비합니다.

부품	수량
아두이노 우노	1개
브레드보드	1개
330옴 저항(주주검검갈)	1개
LED 빨간색	1개
LED 노란색	1개
LED 녹색	1개
수-수 점퍼케이블	4개

다음의 회로를 구성합니다.

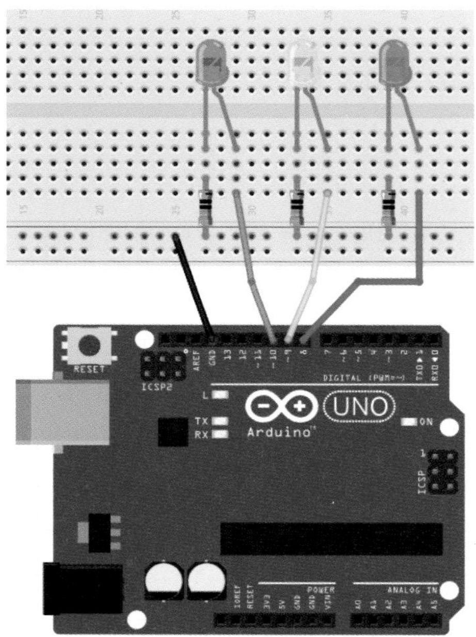

아래를 참고하여 아두이노 핀과 연결합니다.

부품	아두이노 핀
빨간색 LED 긴 다리	10
노란색 LED 긴 다리	9
녹색 LED 긴 다리	8

LED 여러 개 제어해보기

다음의 코드를 작성하여 LED를 번갈아가면서 켜는 코드를 만들어 봅니다.

3_3_1.ino

```
01 void setup() {
02  pinMode(10,OUTPUT);
03  pinMode(9,OUTPUT);
04  pinMode(8,OUTPUT);
05 }
06
07 void loop() {
08  digitalWrite(10,HIGH);
09  digitalWrite(9,LOW);
10  digitalWrite(8,LOW);
11  delay(1000);
12  digitalWrite(10,LOW);
13  digitalWrite(9,HIGH);
14  digitalWrite(8,LOW);
15  delay(1000);
16  digitalWrite(10,LOW);
17  digitalWrite(9,LOW);
18  digitalWrite(8,HIGH);
19  delay(1000);
20 }
```

02~04: 10,9,8번 핀을 출력으로 설정합니다.
08~11: 10번 핀에 연결된 빨간색 LED만 켜고 1초 기다립니다.
12~15: 9번 핀에 연결된 노란색 LED만 켜고 1초 기다립니다.
16~19: 8번 핀에 연결된 녹색 LED만 켜고 1초 기다립니다.

업로드 버튼()을 눌러 아두이노 우노 보드에 프로그램을 업로드합니다.

동작 결과

빨간색 -> 노란색 -> 녹색 LED가 번갈아 가면서 깜빡입니다. 10번 핀은 빨간색 LED, 9번 핀은 노란색 LED 8번 핀에는 녹색 LED가 연결되어 제어하였습니다.

#define 전처리문을 사용하여 코드의 가독성 높이기

아두이노는 프로그램으로 디지털 신호등을 제어해 하드웨어를 다루고 있습니다. 코드가 길어지고 사용하는 핀이 많아지면 몇번 핀에 어떤 장치가 연결되어 있는지 점점 헷갈립니다. #define문을 사용하여 하드웨어핀을 정의하여 코드의 가동성을 높여봅니다.

다음의 코드를 작성합니다.

3_3_2.ino

```
01	#define RED_LED 10
02	#define YELLOW_LED 9
03	#define GREEN_LED 8
04
05	void setup() {
06	 pinMode(RED_LED,OUTPUT);
07	 pinMode(YELLOW_LED,OUTPUT);
08	 pinMode(GREEN_LED,OUTPUT);
09	}
10
11	void loop() {
12	 digitalWrite(RED_LED,HIGH);
13	 digitalWrite(YELLOW_LED,LOW);
14	 digitalWrite(GREEN_LED,LOW);
15	 delay(1000);
16	 digitalWrite(RED_LED,LOW);
17	 digitalWrite(YELLOW_LED,HIGH);
18	 digitalWrite(GREEN_LED,LOW);
19	 delay(1000);
20	 digitalWrite(RED_LED,LOW);
21	 digitalWrite(YELLOW_LED,LOW);
22	 digitalWrite(GREEN_LED,HIGH);
23	 delay(1000);
24	}
```

01~03: #define으로 하드웨어에서 사용된 핀을 정의하였습니다.

> #define으로 정의하면 변하지 않는 상수로 상수를 표기할 때는 모두 대문자로 하는 것을 권장합니다. 권장사항은 필수가 아님으로 꼭 따르지 않아도 됩니다. 다만 많은 프로그래머들이 약속하여 사용하고 있습니다.

OUTPUT, INPUT, HIGH, LOW로 #define으로 정의되어있습니다.

아래의 폴더경로에서 Arduino.h 파일이 있습니다.

C:₩Program Files (x86)₩Arduino₩hardware₩arduino₩avr₩cores₩arduino

Arduino	2019-09-20 오후 10:48	C Header 원본 파일	8KB

[.h]의 확장명은 헤더파일로 C 언어의 문서를 참조하는 데 사용하는 헤더 파일 입니다. Arduino.h 파일을 열어 확인해 보면

```
....생략....
#define HIGH 0x1
#define LOW  0x0

#define INPUT 0x0
#define OUTPUT 0x1
#define INPUT_PULLUP 0x2
....생략....
```

HIGH, LOW, INPUT, OUTPUT〈 INPUT_PULLUP도 #define을 사용하여 정의된 것을 확인할 수 있습니다. 0x1은 1로 0x를 붙여 16진수로 정의한 것입니다. 그러므로 코드에서 HIGH 대신 1을 사용하여 같은 결과입니다. #define으로 정의한 것은 0x01보다 HIGH가 더 직관적으로 코드의 해석이 가능하기 때문입니다.

업로드 버튼(●)을 눌러 아두이노 우노 보드에 프로그램을 업로드합니다.

동작 결과

빨간색 -> 노란색 -> 녹색 LED가 번갈아 가면서 깜빡입니다.

#define으로 하드웨어 핀을 정의하고 사용하니 코드의 가독성이 훨씬 좋아졌습니다. 별거 아닌 문제로 생각할 수 있습니다. 하지만 코드가 길어지면 관리의 측면이나 에러를 줄이는데 엄청난 도움이 됩니다.

#함수 사용해서 코드의 가독성 높이기

함수를 사용하여 코드의 가독성을 더 높일 수도 있습니다. loop 함수의 동작을 더욱더 직관적으로 변경하는 코드를 만들어 봅니다.

다음의 코드를 작성합니다.

3_3_3.ino

```
#define RED_LED 10
#define YELLOW_LED 9
#define GREEN_LED 8

void setup() {
 pinMode(RED_LED, OUTPUT);
 pinMode(YELLOW_LED, OUTPUT);
 pinMode(GREEN_LED, OUTPUT);
}

void loop() {
 redOn();
 delay(1000);
 yellowOn();
 delay(1000);
 greenOn();
 delay(1000);
}

void redOn()
{
 digitalWrite(RED_LED, HIGH);
 digitalWrite(YELLOW_LED, LOW);
 digitalWrite(GREEN_LED, LOW);
}

void yellowOn()
{
```

```
29       digitalWrite(RED_LED, LOW);
30       digitalWrite(YELLOW_LED, HIGH);
31       digitalWrite(GREEN_LED, LOW);
32     }
33
34     void greenOn()
35     {
36       digitalWrite(RED_LED, LOW);
37       digitalWrite(YELLOW_LED, LOW);
38       digitalWrite(GREEN_LED, HIGH);
39     }
```

12: redOn() 함수를 불러와 사용합니다. redOn() 함수는 빨간색 LED만 켭니다.
14: yellowOn() 함수를 불러와 사용합니다. yellowOn() 함수는 노란색 LED만 켭니다.
12: greenOn() 함수를 불러와 사용합니다. greenOn() 함수는 녹색 LED만 켭니다.

업로드 버튼( )을 눌러 아두이노 우노 보드에 프로그램을 업로드합니다.

동작 결과

빨간색 -> 노란색 -> 녹색 LED가 번갈아 가면서 깜빡입니다.

loop() 함수의 동작만을 놓고 해석하면 바로 어떤 동작을 하고 있는지 훨씬 더 이해하기가 쉽니다. 함수를 사용하여 코드의 가독성을 더욱더 높였습니다.

03 _ 4 실무에서 LED를 사용하는 방법 source 전류 syne 전류

실무에서 LED의 회로를 구성하고 사용하는 방법에 대해서 알아봅니다.

다음의 부품을 준비합니다.

아두이노 우노	1개
브레드보드	1개
330옴 저항(주주검검갈)	1개
LED 빨간색	1개
수-수 점퍼케이블	4개

다음의 회로를 구성합니다.

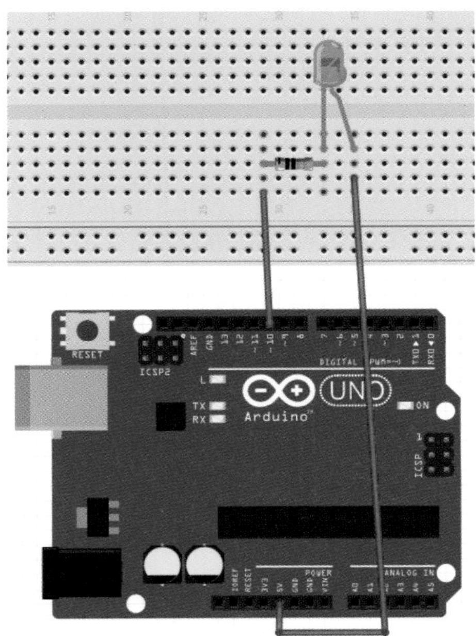

LED의 긴 다리는 5V에 연결합니다. 330옴 저항을 통해 아두이노의 10번 핀과 연결합니다.

synk 방식으로 LED 켜기

LED를 켜는 코드를 작성합니다.

3_4_1.ino

```
#define LED_ON LOW
#define LED_OFF HIGH
#define LED_PIN 10

void setup() {
 pinMode(LED_PIN, OUTPUT);
```

```
07      }
08
09      void loop() {
10       digitalWrite(LED_PIN,LED_ON);
11       delay(2000);
12       digitalWrite(LED_PIN,LED_OFF);
13       delay(500);
14      }
```

01: LOW를 LED_ON으로 정의합니다.
02: HIGH를 LED_OFF로 정의합니다.
10: 10번 핀의 출력이 LOW(0V)로 출력됩니다. LED가 켜집니다.
12: 10번 핀의 출력이 HIGH(5V)로 출력됩니다. LED가 꺼집니다.

업로드 버튼( )을 눌러 아두이노 우노 보드에 프로그램을 업로드합니다.

LED가 2초 동안 켜지고 0.5초 동안 꺼지는 동작을 반복합니다.

핀의 상태를 LOW(0V)로 출력했을 때 LED가 켜졌고 HIGH(5V)로 출력했을 때 LED가 꺼졌습니다.

전기는 전위차가 발생해야 전기가 흐릅니다. 10번 핀읜 상태가 LOW(0V)가 되면 5V -> 10번 핀(0V) 전위차가 발생하여 전기가 흐르고 LED가 켜집니다. 10번 핀의 상태가 HIGH(5V)일 때는 5V - 5V 간의 전위차가 발생하지 않아 전기가 흐르지 않고 LED가 켜지지 않습니다.

실무에서는 이 방법으로 LED를 켜고 끄는 방법을 사용합니다. 이유는 아두이노 칩의 souce(소스) 전류과 sync(싱크) 전류에 대해 알고 있어야 합니다.

souce(소스) 전류는 핀에서 출력해줄 수 있는 최대 전류량 입니다.

sync(싱크) 전류는 핀에서 받아들일 수 있는 최대 전류량 입니다.

아두이노 우노의 칩(ATmega328p)의 데이터시트를 확인결과 핀에서 출력하는 souce(소스) 전류는 최대 40mA를 넘어서면 안 되고 받아들일 수 있는 sync(싱크) 전류의 최대 합은 200mA를 넘어서면 안 됩니다.

28.1 Absolute Maximum Ratings*

Operating Temperature .... -55°C to +125°C

Storage Temperature .... -65°C to +150°C

Voltage on any Pin except $\overline{RESET}$
with respect to Ground .... -0.5V to V_{CC}+0.5V

Voltage on $\overline{RESET}$ with respect to Ground ...... -0.5V to +13.0V

Maximum Operating Voltage 6.0V

DC Current per I/O Pin .... 40.0 mA

DC Current V_{CC} and GND Pins .... 200.0 mA

출력을 내주는 souce(소스) 전류의 양보다는 받아들일 수 있는 sync(싱크) 전류가 조금 더 여유롭기 때문에 실무에서는 주로 받아들일 수 있는 sync(싱크) 전류의 방식으로 LED를 제어합니다. 제어하는 칩에게 최대한 부담을 주지 않는 방식으로 제어해야 합니다.

04 PC와 통신하기_시리얼 통신

04 _ 1 시리얼 통신이란

아두이노에는 하드웨어 시리얼 통신 기능이 있습니다. 아두이노에는 시리얼 통신을 USB통신으로 변환하는 변환장치가 있어서 PC와 아두이노를 USB로 연결하면 시리얼 통신을 사용할 수 있습니다. 아두이노는 시리얼 통신 기능을 이용하여 프로그램을 업로드하고 PC와 데이터를 주고받는 통신을 할 수 있습니다.

파이썬 프로그램을 만들어 PC와 아두이노와 통신할 때도 시리얼 통신을 사용합니다. 이번 장에서는 시리얼 통신에 대해 간단히 다루고 봅니다. [8. 통신 기능 응용] 챕터에서 시리얼 통신으로 받은 데이터를 자르고, 찾고, 통신을 통해 원하는 데이터를 얻는 과정을 집중적으로 다룹니다.

알아둡니다! Serial 통신

시리얼 통신은 직렬 통신으로 가장 쉽고 간단한 통신방식입니다. 아두이노는 시리얼 통신으로 프로그램을 아두이노 보드에 업로드하고 PC와 통신을 합니다.

아두이노의 0번, 1번 핀이 물리적인 시리얼 통신 핀이므로 0번, 1번 핀을 회로로 연결할 경우 프로그램이 업로드 안 될 수 있습니다. 0번, 1번 핀을 회로로 사용하려면 0번, 1번 핀에 연결된 회로를 해제하고 업로드 후 다시 회로를 연결하면 됩니다. 하지만 핀을 뺐다 다시 연결하는 번거로움이 있어 잘 사용하지 않습니다.

아두이노의 0번(RX) 핀은 데이터를 받는 핀입니다. 사람의 귀에 해당합니다.
아두이노의 1번(TX) 핀은 데이터를 보내는 핀입니다. 사람의 입에 해당합니다.
A와 B가 시리얼 통신을 하기 위해서는 A의 RX 핀은 B의 TX 핀과 연결하고 A의 TX 핀은 B의 RX 핀과 연결합니다. 두 사람이 전화 통신을 할 때 "귀"로 상대방의 말을 듣고 "입"으로 말을 하는 것과 같습니다.

시리얼 통신은 데이터를 보내는 곳과 받는 곳의 통신속도를 서로 맞춰서 통신합니다.
9600bps, 57600bps, 115200bps 등 비트의 개수로 속도를 맞춰 통신합니다.
bps는 bit per seconds의 약자로 1초당 보내는 비트의 개수를 의미합니다.
통신속도는 주로 9600bps를 사용합니다. 115200bps로 데이터를 보내면 초당 데이터를 더 많이 보낼 수 있지만 보낼 수 있는 거리가 짧아집니다. 즉, 데이터 개수를 적게 보내면 멀리 보낼 수 있고 데이터 개수를 많이 보내면 멀리 보낼 수 없습니다. 시리얼 통신은 통신속도에 따라 보낼 수 있는 거리에 대해 규격집에 나와 있습니다.

아두이노 우노 보드에는 시리얼 통신을 위한 시리얼 to USB 변환 칩이 있어 아두이노와 PC를 USB 케이블로 연결 시 통신이 가능합니다.

아두이노의 0번(RX) 핀, 1번(TX) 핀이 하드웨어적인 시리얼 통신 핀입니다.

이 두 개의 핀도 디지털입출력 핀으로 사용 가능하지만 아두이노 프로그램이 업로드 되지 않을 수 있어 되도록 사용하지 않습니다.

USB 커넥터 근처의 IC가 아두이노의 시리얼 통신을 USB통신으로 변환해주는 칩입니다.

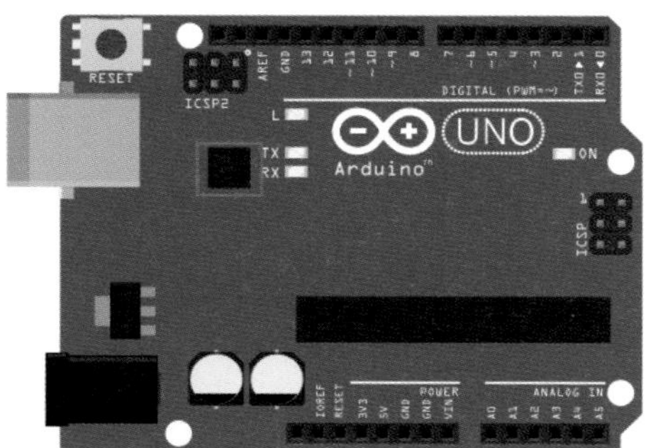

04 _ 2 시리얼 통신으로 hello 전송하기

아두이노의 시리얼 통신으로 아두이노에서 PC로 hello를 전송하는 프로그램을 만들어 봅니다.

다음의 코드를 작성합니다.

4_2_1.ino

```
1    void setup() {
2     Serial.begin(9600);
3    }
4
5    void loop() {
6     Serial.print("hello");
7     delay(1000);
8    }
```

2: 시리얼 통신을 통신속도 9600으로 시작합니다.

6: "hello"를 전송합니다.

7: 1초 기다립니다.

업로드 버튼( )을 눌러 아두이노 우노 보드에 프로그램을 업로드합니다.

업로드 완료 후 시리얼모니터( ) 버튼을 클릭하여 시리얼모니터 창을 엽니다.

동작 결과

시리얼모니터 통신속도를 [9600 보드레이트]로 맞춥니다. (아두이노 처음 설치 시 9600으로 되어 있습니다)

연속적으로 hello가 1초마다 출력되고 있습니다.

아두이노에서 전송된 hello를 PC에서 받아 출력하였습니다.

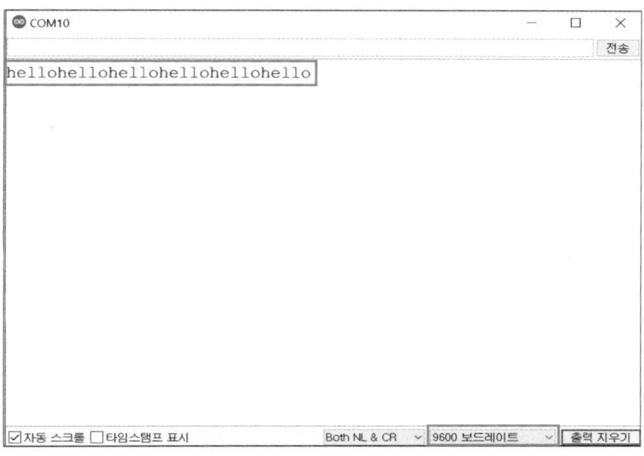

04 _ 3 시리얼 통신으로 hello 줄바꿈하여 전송하기

hello를 줄바꿈하여 출력하는 코드를 만들어 봅니다.

다음의 코드를 작성합니다.

4_3_1.ino

```
1	void setup() {
2	 Serial.begin(9600);
3	}
4
5	void loop() {
6	 Serial.println("hello");
7	 delay(1000);
8	}
```

6: Serial.println 으로 ln을 붙였습니다. ln은 line의 약자로 줄바꿈을 의미합니다.

업로드 버튼( )을 눌러 아두이노 우노 보드에 프로그램을 업로드합니다.

시리얼모니터 창을 열어둔 상태로 업로드하면 자동으로 시리얼 통신 창이 업로드 중에는 비활성화 되고 업로드가 됩니다. 다만 여러 개의 아두이노 IDE를 실행하고 시리얼모니터 창을 열어두었다면 다른 아두이노 IDE의 시리얼모니터 창은 닫아 줍니다. 시리얼 통신은 하드웨어 통신으로 누군가 점유를 하고 있으면 사용하지 못합니다. 프로그램을 업로드 할 때 시리얼 통신을 사용하므로 다른 아두이노 IDE나 시리얼 통신 프로그램의 포트 접속을 끊어야 합니다.

업로드 완료 후 시리얼모니터( ) 버튼을 클릭하여 시리얼모니터 창을 엽니다.

동작 결과

hello가 줄바꿈이 되어 시리얼모니터에 출력되었습니다.

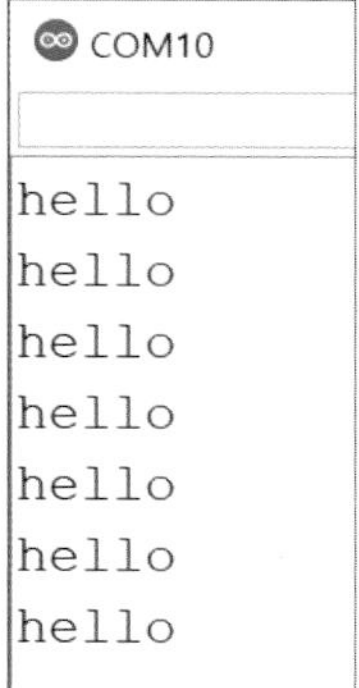

04 _ 4 시리얼 통신 통신속도 변경하여 통신하기

시리얼 통신의 통신속도를 115200으로 변경 후 통신을 해보도록 합니다.

다음의 코드를 작성합니다.

4_4_1.ino

```
1    void setup() {
2     Serial.begin(115200);
3    }
4
5    void loop() {
6     Serial.println("hello");
7     delay(1000);
8    }
```

2: 시리얼 통신속도를 115200으로 변경하였습니다.

업로드 버튼( )을 눌러 아두이노 우노 보드에 프로그램을 업로드합니다.

업로드 완료 후 시리얼모니터( ) 버튼을 클릭하여 시리얼모니터 창을 엽니다.

동작 결과

아두이노에서 PC로 보내는 통신속도는 115200인데 받는 통신속도는 9600이기 때문에 정상적으로 데이터를 받지 못합니다. 시리얼모니터 보드레이트를 115200으로 변경합니다.

시리얼 통신속도를 115200으로 변경 후 데이터를 잘 받는 것을 확인할 수 있습니다.

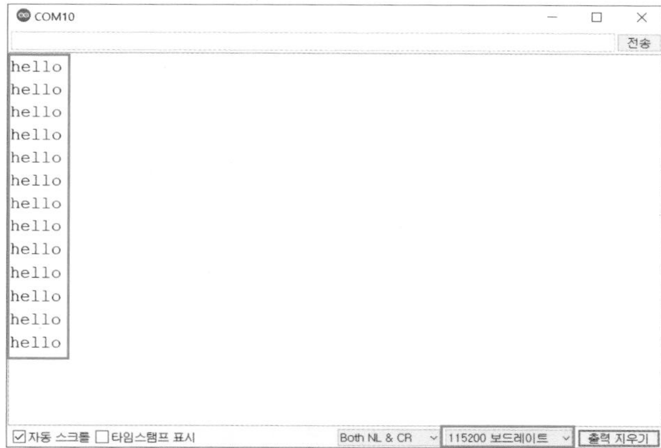

아두이노에서 PC로 보내는 전송속도와 PC에서 받는 전송속도를 맞추어 통신해야 정상적으로통신할 수 있습니다.

아두이노의 많은 라이브러리가 시리얼 통신으로 데이터를 확인합니다. 라이브러리들의 기본 통신속도는 9600, 115200 등 각각 다릅니다. 코드상에서 통신속도를 확인 후 시리얼모니터 창의 통신속도를 맞추어 주어야 합니다.

04 _ 5 시리얼 통신으로 PC에서 데이터 받아서 되돌려주기

PC에서 아두이노로 데이터를 전송하여 아두이노에서 받은 데이터를 다시 PC로 전송하는 프로그램을 만들어 봅니다. 다음의 코드를 작성합니다.

4_5_1.ino

```
01	void setup() {
02	 Serial.begin(9600);
03	}
04	
05	void loop() {
06	 if(Serial.available() > 0)
07	 {
08	        char readData = Serial.read();
09	
10	        Serial.print("read:");
11	        Serial.println(readData);
12	 }
13	}
```

02 : 시리얼 통신속도를 9600으로 시작합니다.

06~12 : 아두이노가 시리얼 통신으로 받은 데이터가 있다면 조건이 참이 됩니다. 아두이노에서 시리얼 통신으로 받은 데이터는 버퍼에 쌓입니다. Serial.available() 함수는 버퍼에 쌓인 데이터의 갯수를 반환해줍니다. 즉 데이터가 1개 이상이면 데이터를 받았다고 할 수 있습니다.

08 : 데이터를 읽어 readData 변수에 대입합니다. Serial.read()로 데이터를 읽으면 Serial.available() 버퍼의 숫자가 하나 줄어듭니다.

10 : "read:"를 PC로 전송합니다.

11 : 받은 데이터를 PC로 전송합니다.

업로드 버튼( )을 눌러 아두이노 우노 보드에 프로그램을 업로드합니다.

업로드 완료 후 시리얼모니터( ) 버튼을 클릭하여 시리얼모니터 창을 엽니다.

동작 결과

[새 줄] [9600 보드레이트]로 설정합니다. 시리얼모니터 입력창에 "hello"를 입력 후 [전송] 버튼을 눌러 hello를 아두이노로 전송합니다.

아두이노에서는 [h, e, l, l, o, 공백]를 받아 출력하였습니다.

한 글자가 입력될 때마다 조건문에 만족하여 동작합니다. 마지막 빈 문자는 PC에서 hello를 보낼 때 [새줄]도 함께 보낸 것을 다시 PC로 전송한 것입니다. [새줄]은 문자가 아니기에 보이지 않습니다.

04 _ 6 시리얼 통신으로 PC에서 명령어 받아서 LED 제어하기

PC에서 아두이노로 명령을 받아서 LED를 제어하는 프로그램을 만들어 봅니다.

다음의 부품을 준비합니다.

부품	수량
아두이노 우노	1개
브레드보드	1개
330옴 저항(주주검검갈)	1개
LED 빨간색	1개
LED 녹색	1개
LED 파란색	1개
수-수 점퍼케이블	4개

다음의 회로를 구성합니다.

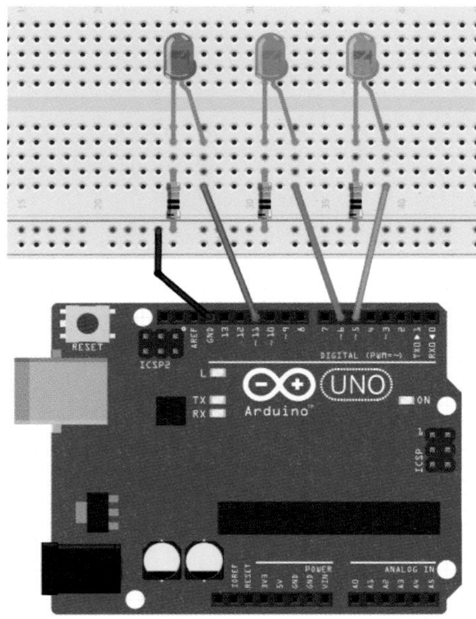

아래를 참고하여 아두이노 핀과 연결합니다.

부품	아두이노 핀
빨간색 LED 긴 다리	5
노란색 LED 긴 다리	6
녹색 LED 긴 다리	11

아두이노 코드 작성

PC에서 r,g,b,o를 입력받아 r일 때 빨간색 LED를 켜고, g일 때는 녹색 LED를 켜고, b일 때는 파란색 LED를 켜고, o일 때는 모든 LED를 끄는 코드를 만들어 봅니다.

다음의 코드를 작성합니다.

4_6_1.ino

```
#define LED_RED 5
#define LED_GREEN 6
#define LED_BLUE 11

void setup() {
 Serial.begin(9600);
 pinMode(LED_RED, OUTPUT);
 pinMode(LED_GREEN, OUTPUT);
 pinMode(LED_BLUE, OUTPUT);
}

void loop() {
 if (Serial.available() > 0)
 {
         char readData = Serial.read();

         if (readData == 'r')
         {
          digitalWrite(LED_RED, HIGH);
          digitalWrite(LED_GREEN, LOW);
          digitalWrite(LED_BLUE, LOW);
         }
         else if (readData == 'g')
         {
          digitalWrite(LED_RED, LOW);
          digitalWrite(LED_GREEN, HIGH);
          digitalWrite(LED_BLUE, LOW);
         }
         else if (readData == 'b')
         {
          digitalWrite(LED_RED, LOW);
          digitalWrite(LED_GREEN, LOW);
          digitalWrite(LED_BLUE, HIGH);
         }
         else if (readData == 'o')
         {
          digitalWrite(LED_RED, LOW);
          digitalWrite(LED_GREEN, LOW);
          digitalWrite(LED_BLUE, LOW);
         }
 }
}
```

01~03: 3색 LED 핀을 정의합니다.
07~09: LED 핀들을 출력으로 사용합니다.
17~22: 아두이노에서 시리얼 통신으로 받은 데이터가 r 이라면 빨간색 LED만 켭니다.
23~28: 아두이노에서 시리얼 통신으로 받은 데이터가 g 이라면 녹색 LED만 켭니다.
29~34: 아두이노에서 시리얼 통신으로 받은 데이터가 b 이라면 파란색 LED만 켭니다.
35~40: 아두이노에서 시리얼 통신으로 받은 데이터가 o 이라면 모든 LED를 끕니다.

업로드 버튼( )을 눌러 아두이노 우노 보드에 프로그램을 업로드합니다.
업로드 완료 후 시리얼모니터( ) 버튼을 클릭하여 시리얼모니터 창을 엽니다.

동작 결과

시리얼 통신으로 r,b,g,o를 입력하여 3색 LED를 제어할 수 있습니다.
지금은 단순히 하나의 문자만을 받아 조건문을 이용하여 LED를 제어하였습니다. 문자열이나 서로 약속된 통신규칙을 통해 데이터를 주고받는 방법은 8. 통신 기능 응용] 챕터에서 중점적으로 다루겠습니다.

05 디지털 입력 활용

05 _ 1 디지털 입력

아두이노 우노의 모든 핀은 디지털 입력 핀으로 사용 가능합니다. 0~13번의 디지털핀 A0~A5번까지 모든 핀을 디지털 입력 핀으로 사용 가능합니다. 디지털 신호는 0 또는 1로 프로그램에서 입력 핀으로 설정 후 0V 또는 5V의 전압값을 입력받아 0 또는 1의 디지털 값으로 확인할 수 있습니다. 아두이노 우노의 경우 5V 전압으로 동작합니다. 동작 전압을 넘어선 전압이 입력되면 아두이노가 고장날 수 있으므로 주의합니다.

디지털 입력으로 전압을 입력받아 확인

8번 핀을 디지털 입력으로 설정 후 값을 확인하여 시리얼 통신으로 전송하는 프로그램을 만들어 봅니다.

5_1_1.ino

```
01        void setup() {
02         Serial.begin(9600);
03         pinMode(8,INPUT);
04        }
05
06        void loop() {
07         int dValue =digitalRead(8);
08         Serial.println(dValue);
09         delay(10);
10        }
```

02: 시리얼 통신을 통신속도 9600으로 시작합니다.
03: 8번 핀을 입력 핀으로 설정합니다.
07: 8번 핀의 값을 읽어 dValue 변수에 대입합니다.
08: 8번 핀의 값이 저장된 dValue 변수의 값을 출력합니다.
09: 10mS 동안 기다립니다.

업로드 버튼( )을 눌러 아두이노 우노 보드에 프로그램을 업로드합니다.

아두이노의 8번 핀 수-수 점퍼케이블을 이용해서 5V와 연결합니다.

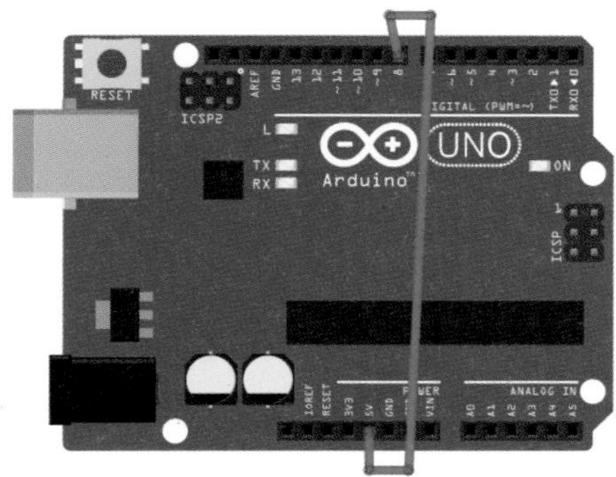

동작 결과

8번 핀에서 5V의 전압값을 읽어 디지털 값인 1이 출력되었습니다.

아두이노의 8번 핀 수-수 점퍼케이블을 이용해서 GND(0V)와 연결합니다.

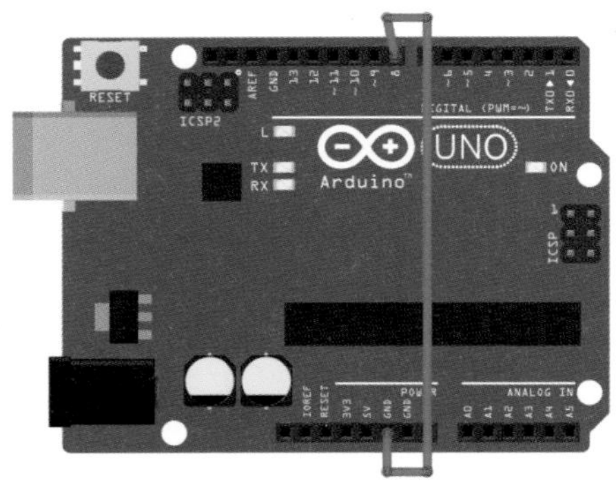

동작 결과

8번 핀에서 GND(0V)의 전압값을 읽어 디지털 값인 0이 출력되었습니다.

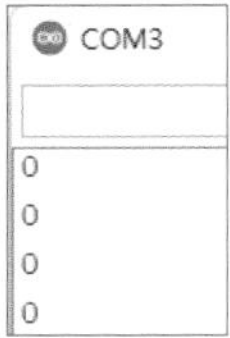

이처럼 디지털입력으로 0V 또는 5V의 전압값을 읽어 디지털 값인 0 또는 1로 확인할 수 있습니다.

05 _ 2 풀다운 스위치 회로 구성

스위치를 통해 전압을 입력받을 수 있는 회로를 구성하고 값을 받아봅니다.

다음의 부품을 준비합니다.

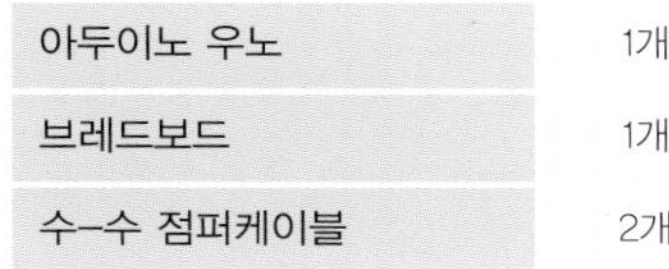

부품	수량
아두이노 우노	1개
브레드보드	1개
수-수 점퍼케이블	2개

다음의 회로를 구성합니다.

스위치의 한 곳은 5V 나머지 한 곳은 아두이노의 9번 핀에 연결합니다.

회로의 연결은 다음과 같습니다. 스위치를 누르면 5V의 전압이 D9번 핀에 입력됩니다.

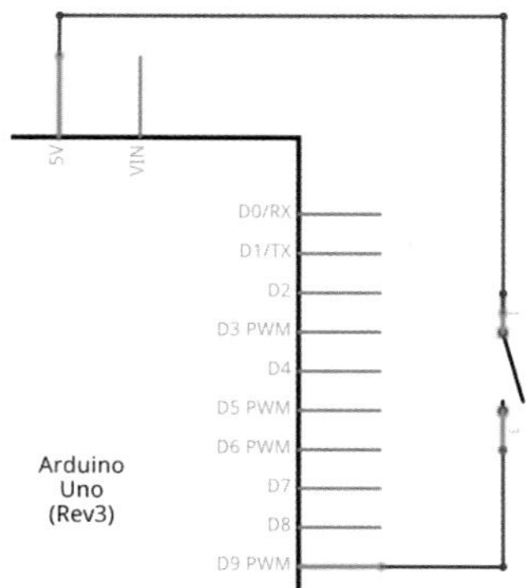

알아둡니다! **텍 스위치 구조 살펴보기**

TACK SWITCH (택 스위치)는 다음과 같은 모양입니다.

택 스위치의 ❶, ❷번은 내부적으로 연결되어 있습니다. ❸, ❹번도 내부적으로 연결되어 있습니다. 스위치를 누르면 ❶, ❷번과 ❸, ❹번이 물리적으로 연결되어 전기가 흐를 수 있습니다.

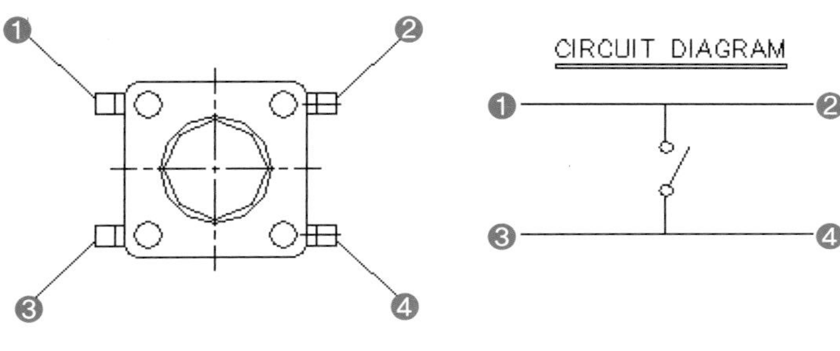

풀다운회로 없는 디지털입력 값 확인

다음의 코드를 작성하여 스위치의 값을 시리얼모니터로 확인하여 봅니다.

5_2_1.ino

```
#define SW_PIN 9

void setup() {
 Serial.begin(9600);
 pinMode(SW_PIN,INPUT);
}

void loop() {
 int swValue =digitalRead(SW_PIN);
 Serial.println(swValue);
 delay(10);
}
```

업로드 버튼()을 클릭하여 프로그램을 업로드 후 시리얼모니터() 버튼을 눌러 시리얼모니터를 열어 값을 확인합니다.

동작 결과

• 스위치를 누르지 않음

값이 0,1 무작위 값이 나옵니다. D9번 핀에는 아무것도 연결되어 있지 않아서 0도 1도 아닌 값이 입력된 것입니다.

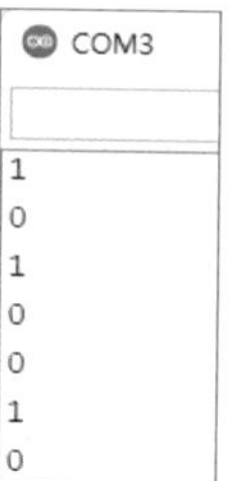

• 스위치를 누름

5V의 전압이 스위치를 통해 D9번 핀에 입력되어 1의 값으로 확인되었습니다.

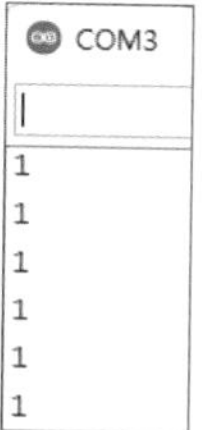

다음과 같은 결과를 확인하였습니다.

스위치 상태	결과
스위치를 누르지 않았을 때	0도 1도 아님
스위치를 누름	1 (5V 전압값이 입력됨)

스위치를 누르지 않았을 때는 1의 값을 입력받았을 것 같았으나 0도 1도 아닌 애매한 상태가 되었습니다. 이러한 상태를 floating(플로팅)이라고 합니다.

누르지 않았을 때 애매한 상태를 없애도록 풀다운 저항을 추가한 회로를 구성합니다.

준비물

다음의 부품을 준비합니다.

부품	수량
아두이노 우노	1개
브레드보드	1개
스위치	1개
10k옴 저항(갈검검빨갈)	1개
수-수 점퍼케이블	2개

회로 구성

다음의 회로를 구성합니다.

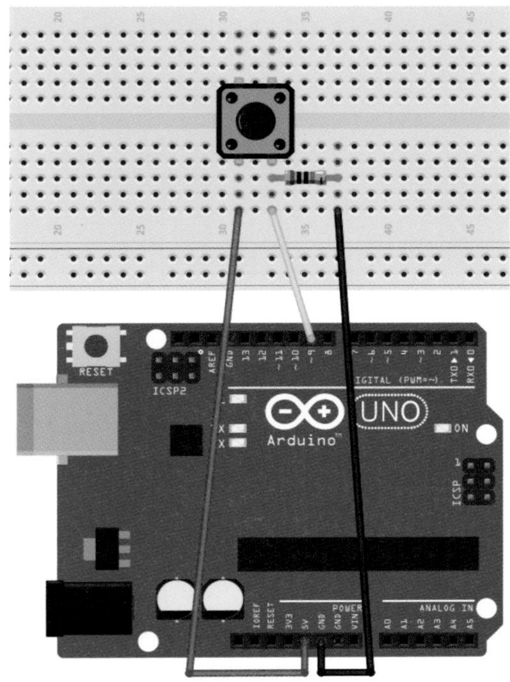

스위치와 9번 핀의 저항을 연결 후 저항은 반대쪽은 GND(0V)에 연결합니다.

저항을 아래쪽으로(GND) 연결한다고 해서 풀다운 이라고 합니다.

회로적으로 확인하였을 때는 다음과 같습니다.

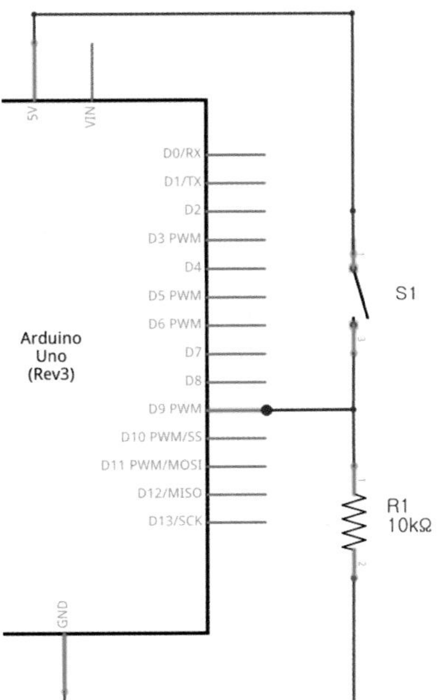

풀다운 저항의 역할은 스위치를 누르지 않았을 때는 풀다운 저항을 통해 GND(0V)의 값이 아두이노의 9번 핀에 연결되고 스위치를 누르면 스위치를 통해 5V의 전압값이 9번 핀에 연결됩니다.

풀다운회로 있는 디지털입력 값 확인

다음의 코드를 작성하여 값을 확인하여 봅니다.

5_2_2.ino

```
#define SW_PIN 9

void setup() {
 Serial.begin(9600);
 pinMode(SW_PIN,INPUT);
}

void loop() {
 int swValue =digitalRead(SW_PIN);
 Serial.println(swValue);
 delay(10);
}
```

업로드 버튼( )을 클릭하여 프로그램을 업로드 후 시리얼모니터( ) 버튼을 눌러 시리얼모니터를 열어 값을 확인합니다.

동작 결과

- 스위치를 누르지 않음

풀다운 저항을 통해 GND(0V)와 연결되어 0의 값으로 확인됩니다.

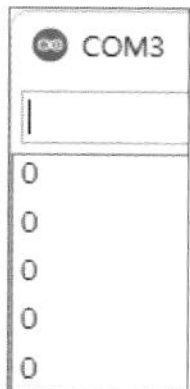

- 스위치를 누름

5V의 전압이 스위치를 통해 D9번 핀에 입력되어 1의 값으로 확인되었습니다.

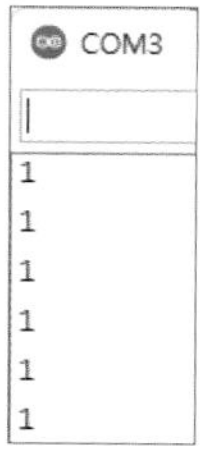

풀다운 저항을 추가하였을 때 다음과 같은 결과를 확인하였습니다.

스위치 상태	결과
스위치를 누르지 않았을 때	0 (풀다운 저항을 통해 0V의 전압값이 입력됨)
스위치를 누름	1 (5V 전압값이 입력됨)

풀다운 저항을 추가하여 애매한 상태가 없는 스위치 회로를 구성하였습니다

05 _ 3 풀업 스위치 회로 구성

스위치를 통해 전압을 입력받을 수 있는 회로를 구성하고 값을 받아봅니다.

준비물

다음의 부품을 준비합니다.

부품	수량
아두이노 우노	1개
브레드보드	1개
스위치	1개
수-수 점퍼케이블	2개

동작 결과

다음의 회로를 구성합니다.

스위치의 한 곳은 GND 나머지 한 곳은 아두이노의 9번 핀에 연결합니다.

회로의 연결은 다음과 같습니다. 스위치를 누르면 GND(0V) 전압이 D9번 핀에 입력됩니다.

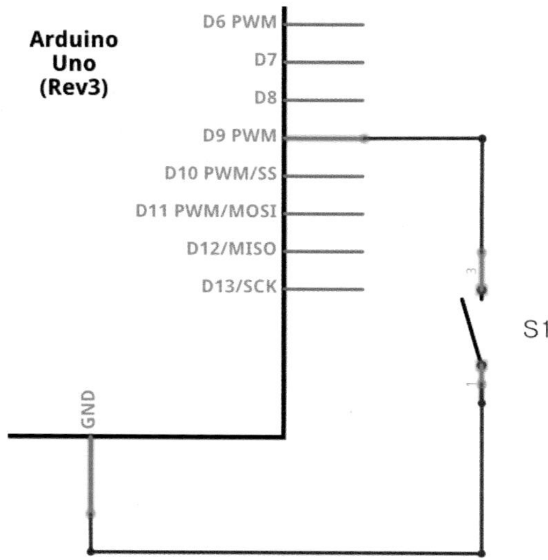

풀업회로 없는 디지털입력 값 확인

다음의 코드를 작성하여 스위치의 값을 시리얼모니터로 확인하여 봅니다.

5_3_1.ino

```
#define SW_PIN 9

void setup() {
 Serial.begin(9600);
 pinMode(SW_PIN,INPUT);
}

void loop() {
 int swValue =digitalRead(SW_PIN);
 Serial.println(swValue);
 delay(10);
}
```

업로드 버튼( )을 클릭하여 프로그램을 업로드 후 시리얼모니터( ) 버튼을 눌러 시리얼모니터를 열어 값을 확인합니다.

동작 결과

- **스위치를 누르지 않음**

값이 0,1 무작위 값이 나옵니다. D9번 핀에는 아무것도 연결되어 있지 않아서 0도 1도 아닌 값이 입력된 것입니다.

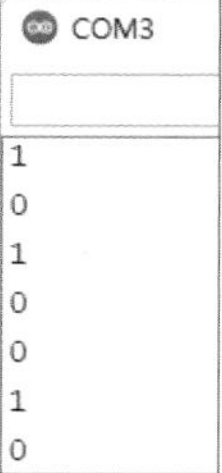

- **스위치를 누름**

GND(0V)의 전압이 스위치를 통해 D9번 핀에 입력되어 0의 값으로 확인되었습니다.

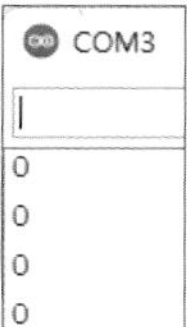

다음과 같은 결과를 확인하였습니다.

스위치 상태	결과
스위치를 누르지 않았을 때	0도 1도 아님
스위치를 누름	0 (GND(0V)전압값이 입력됨)

누르지 않았을 때 애매한 상태를 없애도록 풀업 저항을 추가한 회로를 구성합니다.

준비물

다음의 부품을 준비합니다.

아두이노 우노	1개
브레드보드	1개
스위치	1개
10k옴 저항(갈검검빨갈)	1개
수-수 점퍼케이블	3개

회로 구성

다음의 회로를 구성합니다.

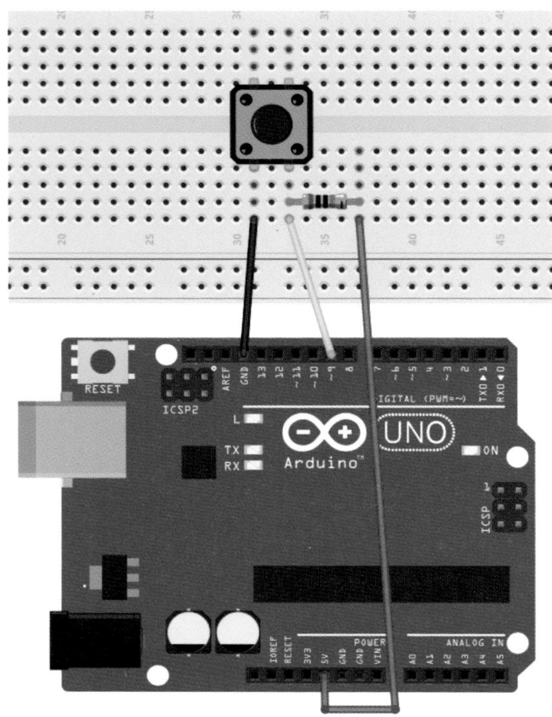

스위치와 9번 핀의 저항을 연결 후 저항은 반대쪽은 5V에 연결합니다.

저항을 위쪽(5V)에 연결한다고 해서 풀업 이라고 합니다.

회로적으로 확인하였을 때는 다음과 같습니다.

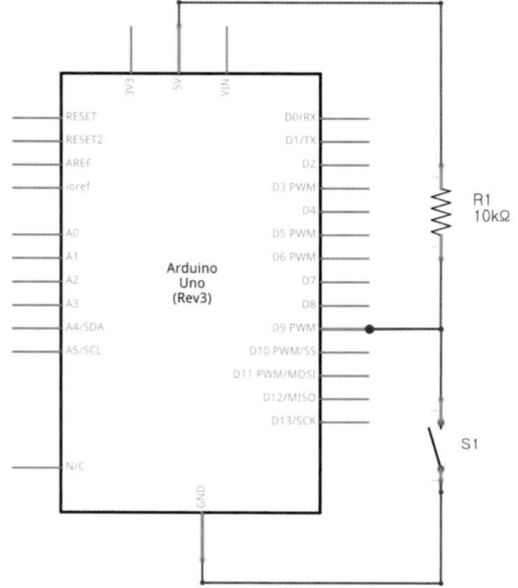

풀업 저항의 역할은 스위치를 누르지 않았을 때는 풀업 저항을 통해 5V의 값이 아두이노의 9번 핀에 연결되고 스위치를 누르면 스위치를 통해 GND(0V)의 전압값이 9번 핀에 연결됩니다.

풀업회로 있는 디지털입력 값 확인

다음의 코드를 작성하여 값을 확인하여 봅니다.

5_3_2.ino

```
#define SW_PIN 9

void setup() {
 Serial.begin(9600);
 pinMode(SW_PIN,INPUT);
}

void loop() {
 int swValue =digitalRead(SW_PIN);
 Serial.println(swValue);
 delay(10);
}
```

업로드 버튼( )을 클릭하여 프로그램을 업로드 후 시리얼모니터( ) 버튼을 눌러 시리얼모니터를 열어 값을 확인합니다.

동작 결과

• **스위치를 누르지 않음**

풀업 저항을 통해 5V와 연결되어 1의 값으로 확인됩니다.

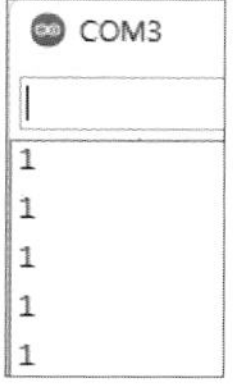

• **스위치를 누름**

GND(0V)의 전압이 스위치를 통해 D9번 핀에 입력되어 0의 값으로 확인되었습니다.

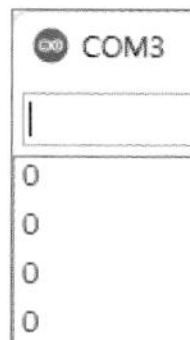

풀업 저항을 추가하였을 때 다음과 같은 결과를 확인하였습니다.

스위치 상태	결과
스위치를 누르지 않았을 때	1 (풀업 저항을 통해 5V의 전압값이 입력됨)
스위치를 누름	0 (GND(0V)전압값이 입력됨)

풀업 저항 추가하여 애매한 상태가 없는 스위치 회로를 구성하였습니다.

풀업의 경우 스위치를 누르지 않았을 때 1 눌렀을 때 0으로 헷갈릴 수 있으므로 주의합니다. 일반적으로 생각하기에 누르면 1 누르지 않았을 때 0으로 생각하기 쉽기 때문입니다.

풀다운, 풀업 저항을 스위치의 회로 시 아래의 표로 값을 정리할 수 있습니다.

풀다운 or 풀업	스위치 상태	디지털 입력	전압값
풀다운	누름	1	5V
	누르지 않음	0	GND(0V)
플압	누름	0	GND(0V)
	누르지 않음	1	5V

알아둡니다! **왜 10K옴 저항을 사용하였는지 알아보기**

옴의 법칙인 V(전압)=I(전류)*R(저항)로 계산할 수 있습니다.

풀업, 풀다운 저항을 사용하지 않고 그냥 선으로만 연결할 경우 저항의 값이 0이되며, I = V / R 로 R의 값이 0이 되면 I(전류)의 값이 무한대가 됨으로 아두이노가 고장날 수 있습니다. 적당한 값의 저항값을 선정하여 풀업 또는 풀다운 저항을 선정해야 합니다.

10K값으로 풀업 또는 풀다운의 저항값을 선정한 이유는 I(전류) = V(전압) / R(저항) 으로 계산하였을 때 I = 5V / 10000옴으로 계산됩니다. 흐르는 전류는 0.0005A(0.5mA)입니다. 풀업, 풀다운의 기능은 필요한데 전류를 많이 사용하지 않는 적당한 수준에서 선정하였습니다.
보통 풀업 저항은 4.7k~100k 수준으로 정합니다. 더 큰값을 선택하면 전류가 더 적게 소모하여 에너지를 아낄 수 있지만 100k옴을 초과해서는 보통 사용하지 않습니다. 이유로는 아두이노에서는 신호를 입력받을 때 입력 임피던스가 존재합니다. 입력임피던스는 이론상은 무한대이지만 실제로는 무한대이지는 않습니다. 그렇지 때문에 너무 큰 저항의 값으로 풀업, 풀다운 저항을 사용하면 입력 입피던스와 풀업 또는 풀더운 저항 간 전압 분배공식에 의해 전압값이 줄어들어 신호값을 제대로 받지 못할 수 있습니다.

05 _ 4 아두이노의 내부 풀업 사용하여 디지털 신호 입력받기

아두이노의 기능 중에는 내부에 풀업 저항을 선택하여 사용할 수 있습니다. 아두이노의 내부 풀업 기능을 이용하여 스위치의 입력을 받아봅니다.

준비물

다음의 부품을 준비합니다.

부품	수량
아두이노 우노	1개
브레드보드	1개
스위치	1개
수-수 점퍼케이블	2개

회로 구성

다음의 회로를 구성합니다.

스위치의 한 곳은 GND 나머지 한 곳은 아두이노의 9번 핀에 연결합니다.

아두이노 내부 풀업 사용

아두이노에서 내부 풀업 기능을 사용하여 스위치의 값을 읽는 코드는 만들어 봅니다.

다음의 코드를 작성합니다.

5_4_1.ino

```
01 #define SW_PIN 9
02
03 void setup() {
04  Serial.begin(9600);
05  pinMode(SW_PIN,INPUT_PULLUP);
06 }
07
08 void loop() {
09  int swValue =digitalRead(SW_PIN);
10  Serial.println(swValue);
11  delay(10);
12 }
```

05: 9번 핀을 INPUT_PULLUP으로 설정하였습니다. 입력 핀으로 설정하고 내부 풀업 저항을 활성화 시킵니다.

업로드 버튼( )을 클릭하여 프로그램을 업로드 후 시리얼모니터( ) 버튼을 눌러 시리얼모니터를 열어 값을 확인합니다.

동작 결과

- 스위치를 누르지 않음

내부 풀업 저항을 통해 5V가 입력되어 1의 값을 확인할 수 있습니다.

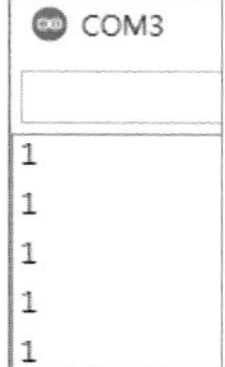

- 스위치를 누름

GND(0V)의 전압이 스위치를 통해 입력되어 0의 값으로 확인되었습니다.

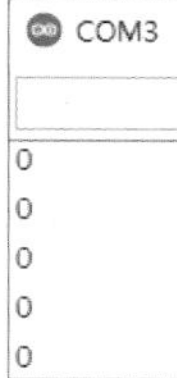

내부 풀업 저항을 사용하여 외부에 저항을 사용하지 않아도 애매한 상태(floating)를 없앨 수 있습니다. 그럼 내부에 풀다운 저항으로 설정도 가능할까라고 생각할 수 있습니다. 아두이노에 사용되는 칩은 Atmega328P로 출시된 지 20년이 넘었습니다. 아쉽게도 풀업만 설정하여 사용 가능합니다. 다만 비교적 최근에 출시된 칩들은 풀업, 풀다운 모두 설정 가능한 것들이 많습니다.

소프트웨어로 신호 값 반전시켜 읽기

풀업을 이용해서 값을 받으면 누를 때 0, 누르지 않을 때는 1 값으로 사람이 이해하기 헷갈릴 수 있습니다. 프로그램적으로 값을 반전시켜 받도록 합니다. 다음의 코드를 작성합니다.

5_4_2.ino

```
01  #define SW_PIN 9
02
03  void setup() {
04   Serial.begin(9600);
05   pinMode(SW_PIN,INPUT_PULLUP);
06  }
07
08  void loop() {
09   int swValue =!digitalRead(SW_PIN);
10   Serial.println(swValue);
11   delay(10);
12  }
```

09: !digitalRead(SW_PIN);로 값을 읽을 때 앞에 !를 붙여 값을 반전시켰습니다. !는 not 연산자로 값을 반전시킵니다.

업로드 버튼( )을 클릭하여 프로그램을 업로드 후 시리얼모니터( ) 버튼을 눌러 시리얼모니터를 열어 값을 확인합니다.

• 스위치를 누르지 않음

내부 풀업 저항에 의해서 5V의 값이 입력되었으나 !로 값을 반전시켜 0이 출력되었습니다.

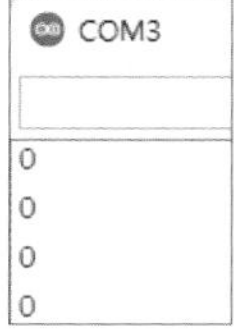

• 스위치를 누름

GND(0V)의 전압이 스위치를 통해 입력되었으나 !로 값을 반전시켜 1이 출력되었습니다.

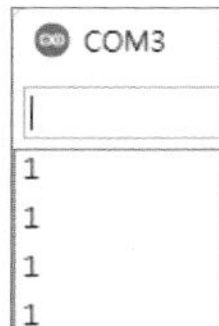

if 조건문과 #define으로 정의하여 스위치값 확인하기

스위치의 값을 반전시키지 않고 if 조건문과 #define을 정의하여 원하는 동작을 만들 수 있습니다.

5_4_3.ino

```
01 #define SW_PIN 9
02 #define IS_SW_ON 0
03 #define IS_SW_OFF 1
04
05 void setup() {
06  Serial.begin(9600);
07  pinMode(SW_PIN,INPUT_PULLUP);
08 }
09
10 void loop() {
11  int swValue =digitalRead(SW_PIN);
12
13  if(swValue == IS_SW_ON) Serial.println("on");
14  else if(swValue == IS_SW_OFF) Serial.println("off");
15
16  delay(10);
17 }
```

02 : IS_SW_ON을 0으로 정의합니다. 스위치가 눌렀을 때 판단합니다.
03 : IS_SW_OFF를 1로 정의합니다. 스위치를 누르지 않았을 때 판단합니다.
07 : 스위치의 입력을 풀업으로 설정합니다.
11 : 스위치의 값을 입력받아 swValue 변수에 대입합니다.
13~14 : 스위치가 눌렸으면 on을 출력하고 누르지 않았으면 off를 출력합니다.

업로드 버튼( )을 클릭하여 프로그램을 업로드 후 시리얼모니터( ) 버튼을 눌러 시리얼모니터를 열어 값을 확인합니다.

동작 결과

스위치를 누르지 않았을 경우 off가 출력됩니다.

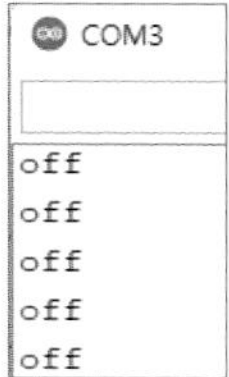

스위치를 눌렀을 경우 on이 출력됩니다.

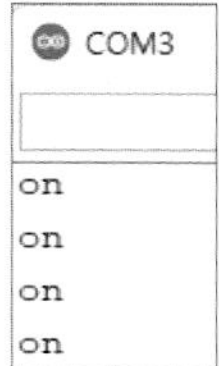

05 _ 5 스위치를 눌렀을 때 한 번만 동작하는 코드 만들기

스위치를 눌렀을 때만 한 번 동작하는 코드를 만들어 봅니다.

준비물

다음의 부품을 준비합니다.

아두이노 우노	1개
브레드보드	1개
스위치	1개
수-수 점퍼케이블	2개

회로 구성

다음의 회로를 구성합니다.

스위치의 한 곳은 GND 나머지 한 곳은 아두이노의 9번 핀에 연결합니다.

스위치를 눌렀을 때 한 번만 동작하는 코드 만들기

스위치를 눌렀을 때만 한 번 동작하는 코드를 만들어 봅니다.

다음의 코드를 작성합니다.

5_5_1.ino

```
01      #define SW_PIN 9
02
03      int currSw =1;
04      int prevSw =1;
05
06      void setup() {
07       Serial.begin(9600);
08       pinMode(SW_PIN,INPUT_PULLUP);
09      }
10
11      void loop() {
12       currSw =digitalRead(SW_PIN);
13
14       if(currSw != prevSw)
15       {
16               prevSw = currSw;
17               Serial.println("sw on");
18       }
19      }
```

03 : 새로운 스위치의 값을 저장하는 변수인 currSw 변수를 선언 후 1로 초기화합니다. curr은 current의 약자로 current는 흐르는 이라는 뜻을 가집니다. 흐르는 값이기 때문에 항상 최신의 값이 저장할 때 이름으로 많이 사용합니다. 1로 초기화한 이유는 스위치가 눌리지 않았을 때 1의 값을 가지고 있기 때문입니다.

04 : 이전 스위치의 값을 저장하는 변수인 prevSw 변수를 선언 후 1로 초기화합니다. prev는 previous의 약자로 previous는 이전의 이라는 뜻을 가집니다. 이전의 값을 저장할 때 이름으로 많이 사용합니다. 1로 초기화한 이유는 스위치가 눌리지 않았을 때 1의 값을 가지고 있기 때문입니다.

12 : currSw 변수에 현재 스위치의 값을 입력받습니다.

14~18 : currSw(최신의) 스위치의 값과 prevSw(이전)의 스위치의 값이 틀리면 조건이 참이 됩니다. 즉 스위치가 눌렀거나 눌렀다 뗄 때 조건에 만족합니다.

16 : prevSw(이전) 변수에 currSw(최신)의 값을 대입합니다.

17 : sw on을 출력합니다.

코드의 동작은 스위치의 값이 변경될 때만 동작하는 코드입니다.

업로드 버튼()을 클릭하여 프로그램을 업로드 후 시리얼모니터() 버튼을 눌러 시리얼모니터를 열어 값을 확인합니다.

버튼을 누를 때와 눌렀다 떼었을 때 sw on이 출력되는 것을 확인할 수 있습니다.

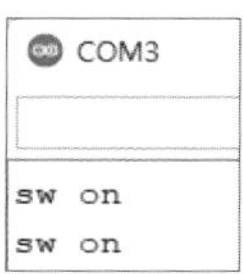

버튼을 한 번만 눌렀거나 눌렀다 떼었는데 값이 여러 번 출력되는 경우가 있습니다. 이는 채터링이라고 하는 노이즈 신호가 발생한 것입니다.

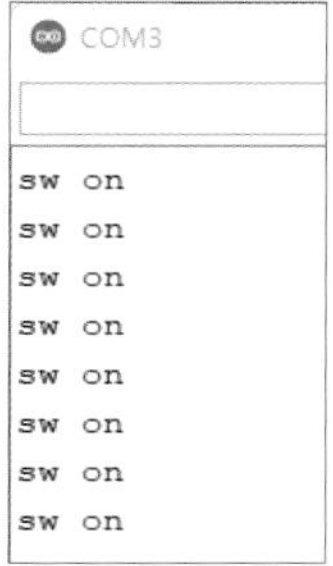

알아둡니다! 채팅이란?

우리가 사용하는 스위치는 물리적인 소자입니다. 물리적인 접점의 연결로 전기를 연결 시켜 동작합니다. 물리적으로 스위치를 누를 때 채터링이라는 노이즈가 발생합니다. 노이즈의 발생 시간은 짧으나 우리가 사용하는 아두이노는 짧은 시간에 신호의 값을 여러 번 읽을 수 있습니다. 그렇기 때문에 스위치를 한 번 눌렀지만 여러 번 눌린 것으로 판단하여 동작합니다.
빨간색 원안의 신호가 채터링으로 5V -> 0V로 변경될 때 0V -> 5로 변경될 때 노이즈가 발생됩니다. 아래 채터링 신호는 간략하게 표현된 것으로 실제 채터링 신호는 더 지저분하게 발생됩니다.

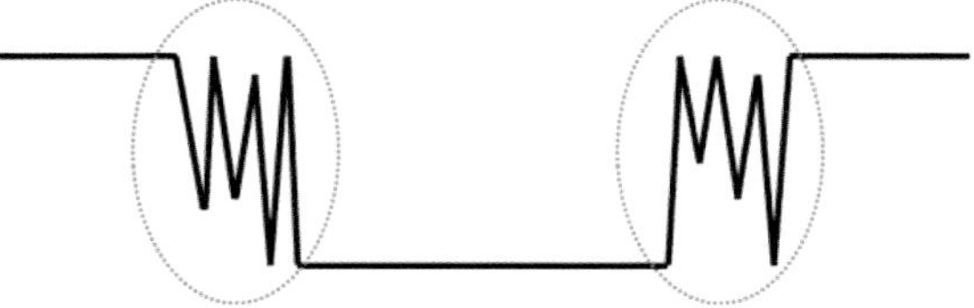

◈ 채터링 신호의 표현

채터링을 방지하는 방법은 두 가지입니다.
첫 번째 하드웨어적으로 스위치와 병렬로 캐패시터를 장착합니다. 캐패시터를 창착하는 방법으로는 채터링은 완전히 제거할 수는 없고 채터링 신호를 줄일 수 있습니다. (단. 큰 용량의 캐패시터를 쓰면 완전히 줄일 수 있으나 캐패시터의 충전시간으로 인해 스위치입력의 지연시간이 발생합니다. 즉 응답성이 느려집니다.)
두 번째 소프트웨어적으로 채터링이 발생하는 시간 동안에 의도적으로 스위치 입력을 받지 않아 무시하는 방법이 있습니다.

보통 실무에서는 첫 번째 방법과 두 번째 방법을 모두 사용합니다. 적당한 캐패시터 용량으로 채터링 신호를 약하게 만들고 소프트웨어로 스위치가 입력되었을 때 무시합니다.

채터링 신호 제거하기

소프트웨어적으로 채터링이 발생하는 시간은 의도적으로 무시하여 채터링을 방지하여 스위치의 입력을 받아봅니다.

다음의 코드를 작성합니다.

5_5_2.ino

```
01 #define SW_PIN 9
02 
03 int currSw =1;
04 int prevSw =1;
05 
06 void setup() {
07  Serial.begin(9600);
08  pinMode(SW_PIN,INPUT_PULLUP);
09 }
10 
11 void loop() {
12  currSw =digitalRead(SW_PIN);
13 
14  if(currSw != prevSw)
15  {
16          prevSw = currSw;
17          Serial.println("sw on");
18          delay(50);
19  }
20 }
```

18: 스위치의 값이 변경되었을 때 50mS 동안 의도적으로 기다립니다.

> **알아둡니다! 왜 50mS 동안 기다리는가?**
>
> 50mS는 0.05초입니다. 1초에 20번의 스위치를 입력받을 수 있는 지연시간입니다. 일반적으로 타이핑을 할 때 분당 몇타로 기록합니다. 분당 1200타를 칠 수 있는 시간입니다. 50mS 동안 의도적으로 기다려 채터링 신호를 무시하더라도 충분히 사람이 입력하는 키값을 받기에는 적당한 시간이기 때문에 50mS의 지연시간을 주었습니다.

업로드 버튼( )을 클릭하여 프로그램을 업로드 후 시리얼모니터( ) 버튼을 눌러 시리얼모니터를 열어 값을 확인합니다.

스위치를 눌렀을 때 한 번 눌렀다 떼었을 때 한 번 동작하는 것을 확인할 수 있습니다.

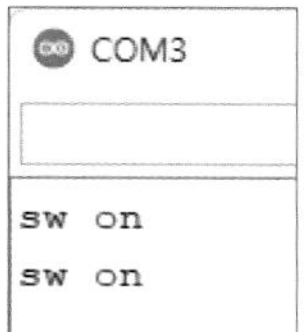

스위치가 눌렸을 때만 동작하기

스위치가 눌렸을 때만 동작하는 코드를 만들어 봅니다. 눌러다 떼었을 때는 동작하지 않습니다.

다음의 코드를 작성합니다.

5_5_3.ino

```
01 #define SW_PIN 9
02
03 int currSw =1;
04 int prevSw =1;
05
06 void setup() {
07  Serial.begin(9600);
08  pinMode(SW_PIN,INPUT_PULLUP);
09 }
10
11 void loop() {
12  currSw =digitalRead(SW_PIN);
13
14  if(currSw != prevSw)
15  {
16         prevSw = currSw;
17         if(currSw ==0)
18         {
19          Serial.println("sw on");
20         }
21         delay(50);
22  }
23 }
```

17~20: 스위치의 값이 0일 때 조건을 추가하였습니다. 즉 스위치의 값이 변경되었고 그 값이 0일 때 조건에 만족하여 sw on을 출력합니다.

업로드 버튼( )을 클릭하여 프로그램을 업로드 후 시리얼모니터( ) 버튼을 눌러 시리얼모니터를 열어 값을 확인합니다.

동작 결과

스위치를 눌렀을 때만 동작합니다. 눌렀다 떼었을 때는 동작하지 않습니다.

딜레이가 없는 스위치 입력

채터링을 방지하기 위해서 delay(50)로 의도적으로 기다려 채터링을 방지하였습니다. 프로그램에서 아무것도 하지 않고 기다리는 시간은 매우 낭비되는 시간으로 50mS 동안 기다리는 것은 아두이노의 입장에서는 엄청나게 긴 시간입니다. 필자의 테스트 결과 숫자를 더하는 코드를 실행하였을 때 50mS 동안 14400번 실행되었습니다. 0.05초 동안 더하기를 1만 4천 번가량 수행한 것입니다. 이처럼 매우 낭비되는 시간으로 delay가 없이 채터링을 방지하는 코드를 만들어 보도록 합니다.

5_5_4.ino

```
01 #define SW_PIN 9
02
03 int currSw =1;
04 int prevSw =1;
05 unsigned long swOnTime =0;
06
07 void setup() {
08  Serial.begin(9600);
09  pinMode(SW_PIN, INPUT_PULLUP);
10 }
11
12 void loop() {
13  currSw =digitalRead(SW_PIN);
14
15  if ( (currSw != prevSw) && (millis() - swOnTime >=50) )
16  {
17          swOnTime =millis();
18          prevSw = currSw;
19          if (currSw ==0)
20          {
21           Serial.println("sw on");
22          }
23  }
24 }
```

05 : 스위치가 눌린 시간을 기록하는 변수를 선언합니다. unsigned long 타입으로 부호 없는 long 타입입니다.

15~23 : &&(and) 조건으로 (currSw != prevSw) 스위치의 값이 변경되었고, (millis() - swOnTime >=50) 스위치의 값이 변경된 지 50mS가 지났다면 참이 됩니다. (millis() - swOnTime >=50)를 설명하면 아두이노의 시간-스위치가 눌린 시간이 50mS초 보다 크다면 참이 됩니다.

17 : 스위치가 눌린 시간을 swOnTime에 기록합니다.

스위치가 눌린 시간을 기록하고 그 시간보다 50mS를 지나야 다시 스위치의 값을 입력받을 수 있도록 코드를 수정하였습니다.

알아둡니다! millis()

아두이노가 켜진 시점부터 1ms(0.001)초 단위로 켜진 시간을 반환합니다. 계속 증가되어 시간을 반환합니다.
unsigned long 타입으로 담을 수 있는 값의 크기는 0 ~ 4,294,967,295입니다.
하루는 86,400초입니다. ms로 변환하면 86,400,000ms입니다.
unsigned long 타입이 큰 수를 담을 수 있으나 하루에 86,400,000씩 증가되므로 4,294,967,295 / 86,400,000 = 49.7로 아두이노가 켜지고 약 49.7일이 되면 millis()의 값이 다시 0으로 초기화됩니다. 즉 49.7일마다 오동작할 수 있습니다. 그러므로 이점 유의하여 사용하시길 바랍니다.

업로드 버튼( )을 클릭하여 프로그램을 업로드 후 시리얼모니터( ) 버튼을 눌러 시리얼모니터를 열어 값을 확인합니다.

동작 결과

스위치를 눌렀을 때만 동작합니다. delay를 사용하지 않고 완성하였습니다.

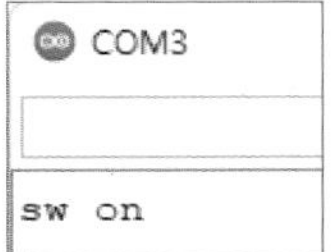

05 _ 6 여러 개의 스위치를 함수를 사용하여 코드 간략화하기 (static변수 사용)

여러 개의 스위치를 함수를 사용하여 만들어 봅니다.

아두이노 우노	1개
브레드보드	1개
스위치	3개
수-수 점퍼케이블	7개

회로 구성

다음의 회로를 구성합니다.

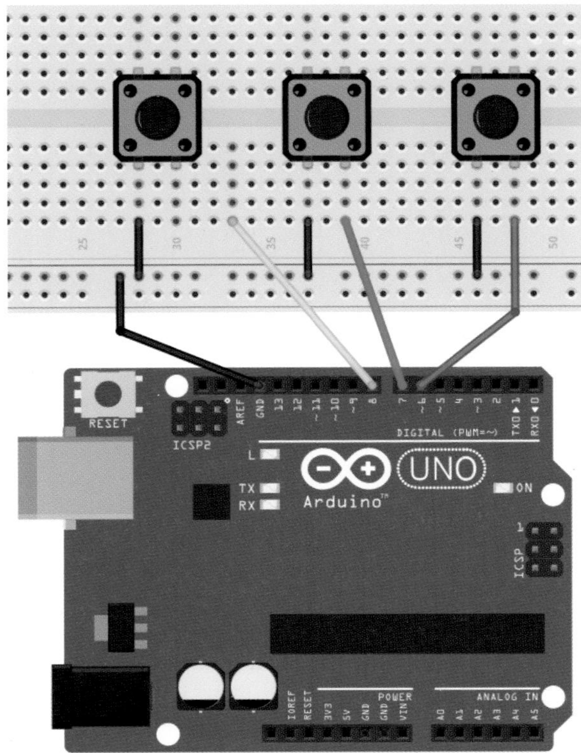

다음 표를 참고하여 스위치와 아두이노와 연결 합니다.

스위치 1(왼쪽)	8
스위치 2(가운데)	7
스위치 3(오른쪽)	6

하나의 스위치 입력 함수로 만들기

우선 하나의 스위치만 함수를 사용하여 동작하는 코드를 만들어 봅니다.

다음의 코드를 작성합니다.

5_6_1.ino

```
#define SW_1 8
#define SW_2 7
#define SW_3 6

void setup() {
 Serial.begin(9600);
 pinMode(SW_1, INPUT_PULLUP);
 pinMode(SW_2, INPUT_PULLUP);
 pinMode(SW_3, INPUT_PULLUP);
}

void loop() {
 if(sw1() ==1) Serial.println("sw1 click");
}

int sw1()
{
 static int currSw =1;
 static int prevSw =1;
 static unsigned long swOnTime =0;

 currSw =digitalRead(SW_1);

 if ( (currSw != prevSw) && (millis() - swOnTime >=50) )
 {
        swOnTime =millis();
        prevSw = currSw;

        if (currSw ==0) return 1;
 }

 return 0;
}
```

01~03 : 스위치에서 사용하는 핀을 정의합니다.
07~09 : 스위치들을 풀업 입력으로 사용합니다.
13 : 8번 핀에 연결된 스위치 1이 눌렸다면 sw1 click을 출력합니다.
16~33 : 스위치의 값을 확인하여 스위치가 눌리면 1 눌리지 않으면 0을 반환하는 함수입니다.
18~20 : 변수 앞에 static을 붙였습니다. static을 함수 안에서 선언하면 한 번만 초기화됩니다. 함수 안에서 선언했기 때문에 지역변수이지만 값을 매번 초기화하지 않습니다. 지역변수로 선언되었기 때문에 다른 함수에서는 보이지 않습니다.
29 : 스위치가 눌리면 1을 반환합니다.
32 : 평소에는 0을 반환합니다. 즉, 스위치가 눌리지 않을 때는 항상 0을 반환합니다.

알아둡니다! static(정적변수)의 의미

static으로 선언된 변수는 선언된 함수 내에서만 사용 가능합니다. 지역변수의 특성을 가집니다. 선언 시점에 한 번 초기화됩니다. 매번 초기화하지 않습니다.
지역변수로 선언했기 때문에 다른 함수에서는 보이지 않습니다.
사용하는 이유는 전역변수가 많아지면 관리가 힘듭니다. 또 전역변수로 선언 시 동일한 기능을 하지만 이름을 변경해야 합니다. 그렇기 때문에 함수내에서 static으로 선언하여 전역변수처럼 한 번 초기화되고 다음 함수에서는 보이지 않는 지역변수처럼 사용하기 위함입니다.

업로드 버튼( )을 클릭하여 프로그램을 업로드 후 시리얼모니터( ) 버튼을 눌러 시리얼모니터를 열어 값을 확인합니다.

동작 결과

스위치가 눌렸을 때만 sw1 click을 출력합니다.

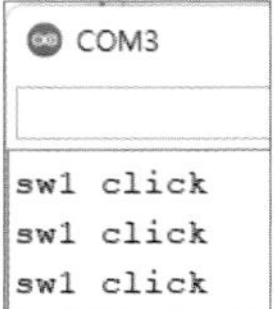

함수를 복사하여 여러 개의 스위치 입력받기

이제 함수를 복사하여 나머지 두 개의 스위치도 입력받아봅니다.

다음의 코드를 작성합니다. 코드가 길어서 해석이 어려울 것 같지만 sw1() 함수를 복사하여 sw2() 함수와 sw3() 함수를 생성하였습니다. 다음의 코드를 작성합니다.

5_6_2.ino

```
#define SW_1 8
#define SW_2 7
#define SW_3 6

void setup() {
 Serial.begin(9600);
 pinMode(SW_1, INPUT_PULLUP);
```

```
 pinMode(SW_2, INPUT_PULLUP);
 pinMode(SW_3, INPUT_PULLUP);
}

void loop() {
 if(sw1() ==1) Serial.println("sw1 click");
 if(sw2() ==1) Serial.println("sw2 click");
 if(sw3() ==1) Serial.println("sw3 click");
}

int sw1()
{
 static int currSw =1;
 static int prevSw =1;
 static unsigned long swOnTime =0;

 currSw =digitalRead(SW_1);

 if ( (currSw != prevSw) && (millis() - swOnTime >=50) )
 {
         swOnTime =millis();
         prevSw = currSw;

         if (currSw ==0) return 1;
 }

 return 0;
}

int sw2()
{
 static int currSw =1;
 static int prevSw =1;
 static unsigned long swOnTime =0;

 currSw =digitalRead(SW_2);

 if ( (currSw != prevSw) && (millis() - swOnTime >=50) )
 {
         swOnTime =millis();
         prevSw = currSw;

         if (currSw ==0) return 1;
 }

 return 0;
}

int sw3()
{
```

```
58        static int currSw =1;
59        static int prevSw =1;
60        static unsigned long swOnTime =0;
61
62        currSw =digitalRead(SW_3);
63
64        if ( (currSw != prevSw) && (millis() - swOnTime >=50) )
65        {
66                swOnTime =millis();
67                prevSw = currSw;
68
69                if (currSw ==0) return 1;
70        }
71
72        return 0;
73    }
```

37: 함수의 이름이 sw2입니다.
43: 스위치 2번 핀에서 값을 입력받습니다.
56: 함수의 이름이 sw3입니다.
62: 스위치 3번 핀에서 값을 입력받습니다.

업로드 버튼( )을 클릭하여 프로그램을 업로드 후 시리얼모니터( ) 버튼을 눌러 시리얼모니터를 열어 값을 확인합니다.

동작 결과

스위치 1, 스위치 2, 스위치 3이 각각 잘 동작합니다.

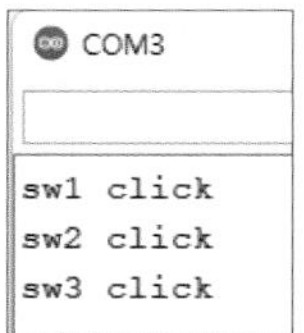

함수와 static을 사용하여 스위치를 입력받는 코드를 단순화하였습니다. static 변수를 사용하지 않고 전역변수로 선언하였다면 다음과 같이 이름이 다른 전역변수가 많이 필요로 했을 것입니다.

```
int currSw1 = 1;
int prevSw1 = 1;
unsigned long swOnTime1 = 0;
int currSw2 = 1;
int prevSw2 = 1;
unsigned long swOnTime2 = 0;
int currSw3 = 1;
int prevSw3 = 1;
unsigned long swOnTime3 = 0;
```

06 아날로그 출력 활용

06 _ 1 디지털 신호를 이용해 LED 밝기 제어해보기

LED의 밝기를 조절하는 코드를 디지털 신호를 이용하여 만들어 봅니다.

부품	수량
아두이노 우노	1개
브레드보드	1개
330옴 저항(주주검검갈)	1개
LED 빨간색	1개
수-수 점퍼케이블	2개

회로 구성

다음의 회로를 구성합니다.

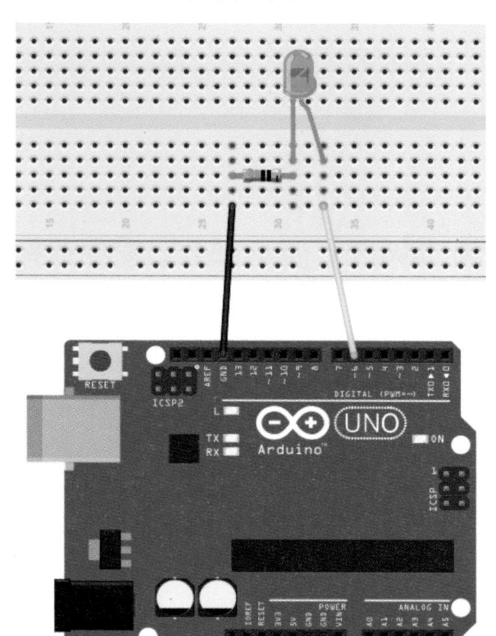

빨간색 LED의 긴 다리는 아두이노의 6번 핀에 연결합니다.

디지털 출력으로 LED의 ON, OFF 시간 조절하기

LED가 0.9초 동안은 켜져 있고 0.1초 동안은 꺼져있는 코드를 만들어 봅니다.

다음의 코드를 작성합니다.

6_1_1.ino

```
01      #define LED_PIN 6
02
03      void setup() {
04       Serial.begin(9600);
05       pinMode(LED_PIN, OUTPUT);
06      }
07
08      void loop() {
09       digitalWrite(LED_PIN,HIGH);
10       delay(900);
11       digitalWrite(LED_PIN,LOW);
12       delay(100);
13      }
```

09~12: 900mS 동안은 LED가 켜져 있고 100mS 동안은 LED가 꺼져있습니다.

업로드 버튼( )을 클릭하여 프로그램을 업로드합니다.

동작 결과

LED가 0.9초 동안 켜져 있고 0.1초 동안은 꺼짐을 반복합니다.

디지털 출력으로 더 빨리 LED의 ON, OFF 시간 조절하기

LED를 더욱더 빨리 제어해 봅니다. LED는 9mS(0.009초) 동안은 켜져 있고 1mS(0.001초) 동안은 꺼져있는 코드를 만들어 봅니다.

다음의 코드를 작성합니다.

6_1_2.ino

```
#define LED_PIN 6

void setup() {
 Serial.begin(9600);
 pinMode(LED_PIN, OUTPUT);
}

void loop() {
```

```
 digitalWrite(LED_PIN,HIGH);
 delay(9);
 digitalWrite(LED_PIN,LOW);
 delay(1);
}
```

업로드 버튼()을 클릭하여 프로그램을 업로드합니다.

동작 결과

0.1초 동안은 LED가 꺼지도록 프로그램되어있으나 꺼져있는 것을 인지하지 못하고 계속 켜져 있는 것으로 보입니다. 사람은 눈은 빠르게 변하는 것을 알아차리지 못합니다. 그래서 계속 켜져 있는 것으로 보입니다.

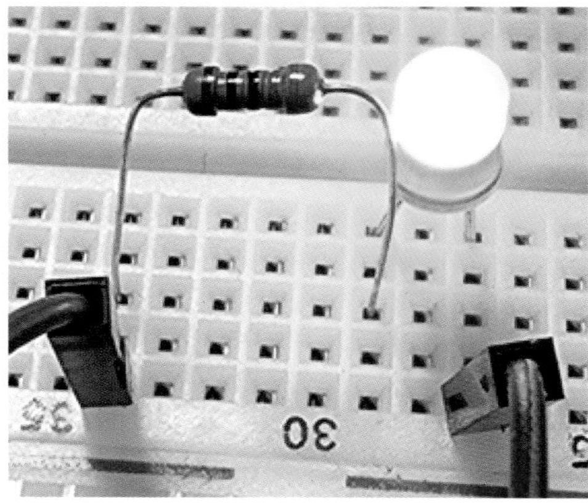

디지털 출력으로 LED의 밝기 조절하기

이제 LED가 0.001초 동안 켜져 있고 0.009초 동안 꺼지는 코드를 작성합니다.

6_1_3.ino

```
#define LED_PIN 6

void setup() {
 Serial.begin(9600);
 pinMode(LED_PIN, OUTPUT);
}

void loop() {
 digitalWrite(LED_PIN,HIGH);
 delay(1);
 digitalWrite(LED_PIN,LOW);
 delay(9);
}
```

업로드 버튼(■)을 클릭하여 프로그램을 업로드합니다.

동작 결과

LED는 계속 켜져 있고 어두워졌습니다.

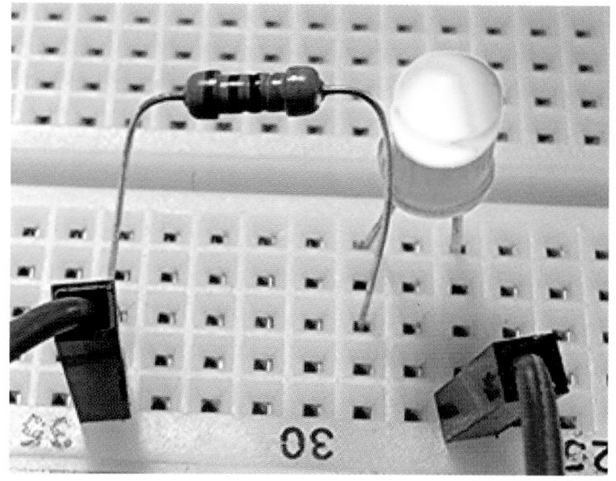

디지털 신호를 이용해서 켜져 있는 시간과 꺼져있는 시감의 비를 조절하여 LED의 밝기를 조절하였습니다. 다음 표와 같이 더 오랜 시간 동안 켜있는 왼쪽의 코드에서 LED의 밝기가 더 밝음을 확인할 수 있습니다.

`digitalWrite(LED_PIN,HIGH);`
`delay(9);`
`digitalWrite(LED_PIN,LOW);`
`delay(1);`
	`digitalWrite(LED_PIN,HIGH);`
	`delay(1);`
	`digitalWrite(LED_PIN,LOW);`
	`delay(9);`

06 _ 2 아날로그 출력으로 LED 밝기 제어해보기

디지털 신호를 이용해서 핀의 ON 시간과 OFF 시간을 조절하여 LED의 밝기를 조절해보았습니다. 아두이노에서는 하드웨어로 PWM이라는 기능을 제공해 디지털 신호의 ON OFF 시간을 조절하는 기능을 제공합니다. 소프트웨어로 처리하는 게 아닌 하드웨어 자원을 이용하여 처리하면 소프트웨어에서는 설정만 해주면 되기 때문에 소프트웨어의 자원을 많이 아낄 수 있습니다.

PWM은 Pulse Width Modulation의 약자로 펄스 폭 변조입니다. 즉 펄스의 폭을 변경하여 에너지의 양을 조절할 수 있습니다. 실제 디지털 신호로 펄스의 폭을 조절하지만 에너지적인 측면에서 봤을 때는 연속된 값으로 출력을 조절할 수 있기 때문에 아두이노에서는 analogWirte라는 함수명으로 사용합니다.

알아둡니다! PWM 신호의 출력 신호

다음은 PWM 신호의 출력 신호 사진입니다.

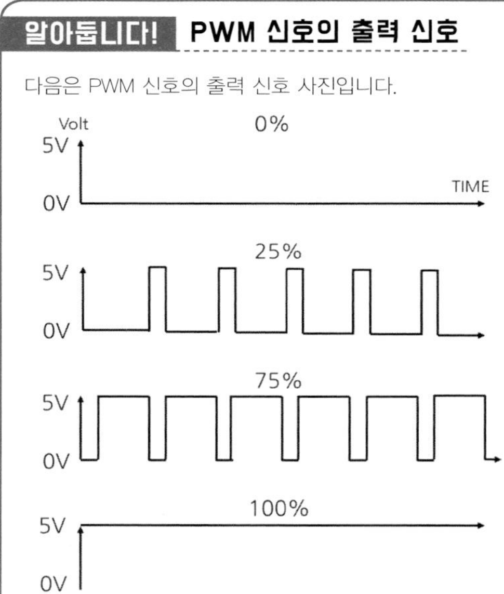

5V(HIGH) 신호와 0V(LOW) 신호의 비를 조절하여 에너지의 양을 조절합니다.
조절하는 비율은 DUTY(듀티비)라고 부릅니다.
매우 빠른 주파수(1초에 펄스가 나오는 횟수)로 신호가 출력되기 때문에 사람이 느끼기에 아날로그 출력처럼 보입니다.

아날로그 출력(PWM)을 이용하여 LED를 제어할 경우 LED의 밝기 조절이 가능하고 모터를 제어할 경우 모터의 속도 조절이 가능합니다. 실제론 디지털 신호를 이용하여 아날로그 출력처럼 사용 가능합니다.

실제 아날로그 출력은 연속전인 전압 출력입니다. 실제 연속전인 전압 출력이 가능한 칩들도 존재하고 있습니다. DAC라는 Digital to Analog Conver라는 기능으로 제공합니다.

우리가 사용하는 아두이노 우노는 실제 아날로그 출력의 DAC의 기능이 아닌 디지털 신호인 PWM 기능입니다. 아두이노 프로그램에서 사용하는 함수명이 analogWrite라서 혼동할 수 있습니다.

알아둡니다! 아두이노의 포트별 PWM 주파수 및 timer 채널

아두이노 우노에서 PWM으로 사용 가능한 핀은 핀 번호 앞에 ~(물결) 표시가 있습니다.
3, 5, 6, 9, 10, 11번 총 6개 핀만 PWM 출력으로 사용 가능합니다.

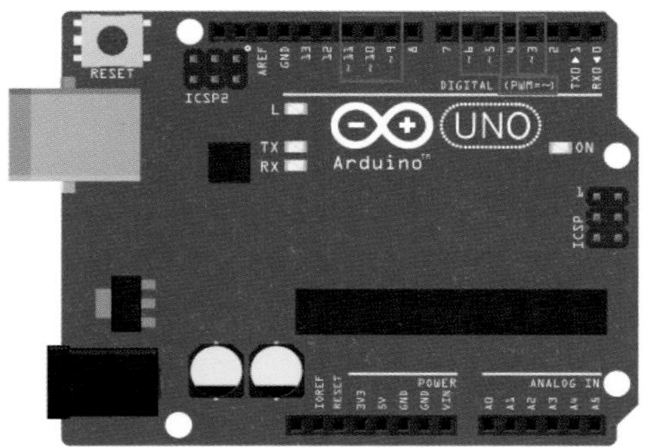

아두이노의 PWM핀은 아두이노의 내부자원인 Timer 채널을 이용하고 있습니다.
아래의 채널별 주파수 표를 확인할 수 있습니다.

Timer 채널	아두이노 핀	PMW 주파수
0	5	980Hz
	6	980Hz
1	9	490Hz
	10	490Hz
2	3	490Hz
	11	490Hz

총 3개의 채널을 사용하여 하나의 채널당 2개의 핀이 연결되어 있습니다. PWM의 출력주파수는 5, 6번 핀 980Hz 나머지 9, 10, 3, 11번은 490Hz를 사용합니다. 아두이노 내부타이머는 자주 사용하는 자원으로 일반적인 서보모터를 사용할 때 Timer 0번 채널의 자원을 서보모터라이브러리에서 사용합니다. 서보모터를 사용 시 아두이노의 Timer0을 사용하는 PWM인 5,6은 피해서 사용해주셔야 합니다. 많은 라이브러리에서 Timer가 필요합니다. PWM을 사용할 때는 내가 사용하는 라이브러리의 Timer와 겹치지 않는지 확인해야 합니다.

준비물

다음의 부품을 준비합니다.

아두이노 우노	1개
브레드보드	1개
330옴 저항(주주검검갈)	1개
LED 빨간색	1개
수-수 점퍼케이블	2개

회로 구성

다음의 회로를 구성합니다.

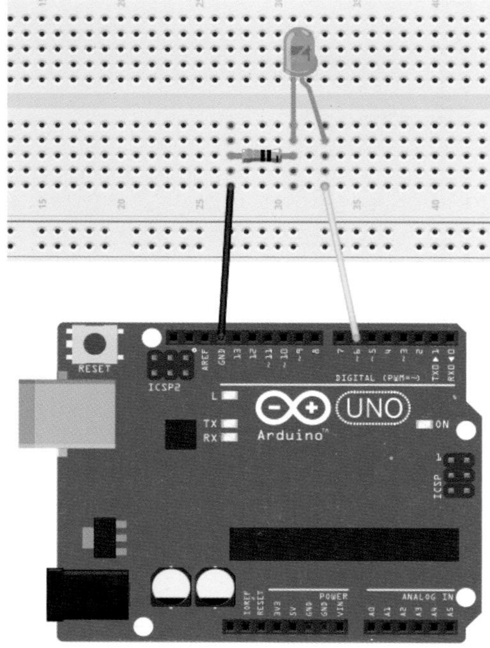

빨간색 LED의 긴 다리는 아두이노의 6번 핀에 연결합니다.

아날로그 출력(PWM)으로 LED의 밝기 조절하기

아두이노의 아날로그 출력(PWM)을 이용하여 LED의 밝기를 제어해보도록 합니다.

다음의 코드를 작성합니다.

6_2_1.ino

```
#define LED_PIN 6

void setup() {
 Serial.begin(9600);
}

void loop() {
 analogWrite(LED_PIN,0);
 delay(1000);
 analogWrite(LED_PIN,50);
 delay(1000);
 analogWrite(LED_PIN,150);
 delay(1000);
 analogWrite(LED_PIN,255);
 delay(1000);
}
```

08: 아날로그 출력을 0으로 설정합니다. 0%의 듀티비로 출력합니다. 항상 0V 신호를 출력합니다.
10: 아날로그 출력을 50으로 설정합니다. 50/255 * 100%의 듀티비로 출력합니다. 약 20%의 듀티비로 5V의 신호를 출력합니다.
12: 아날로그 출력을 150으로 설정합니다. 150/255 * 100% 듀티비로 출력합니다. 약 59%의 듀티비로 5V의 신호를 출력합니다.
14: 아날로그 출력을 255로 설정합니다. 100%의 듀티비로 출력합니다. 항상 5V의 신호를 출력합니다. 아날로그 출력으로 사용 시 pinMode를 이용하여 출력으로 설정하지 않아도 됩니다. analogWrite로 사용 시 자동으로 출력 핀으로 사용됩니다.

알아둡니다! 아날로그 출력(PWM) 사용방법

아두이노 우노의 아날로그 출력은 실제 전압이 변하는 것이 아니라 PWM이라는 펄스의 폭을 조절하여 에너지의 총량을 조절합니다. 매우 빠르게 켜졌다 꺼졌다를 반복하면서 켜져 있는 시간의 양을 조절하여 출력에너지를 조절합니다. 10%동안은 켜있고 90%동안 꺼져있다면 LED는 10%의 밝기로 켜져 있습니다. 90%동안 켜져 있고 10%동안 꺼져있다면 LED는 90%의 밝기로 켜져 있습니다. 실제로는 디지털 출력을 빠르게 켜고 끄며 동작합니다. 하지만 매우 빠르게 켜지고 꺼짐의 시간을 조절하여 아날로그 출력처럼 보이게 합니다. 아날로그 출력은 8bit 값으로 출력됩니다.

analogWrite(핀,값)
❶ 핀: ~3,~5,~6,~9,~10,~11번 핀이 사용 가능합니다. 아두이노 우노 기준
❷ 값: 0~255 사이의 값
0의 값을 주면 항상 꺼져있고, 255의 값을 주면 항상 켜져 있습니다. 127의 값을 주면 약 50%동안은 켜져 있고 50%동안은 꺼져있습니다. 즉 50%의 아날로그 출력이 됩니다
아날로그 출력으로 사용 시 pinMode에서 출력 핀으로 설정하지 않아도 됩니다. analogWrite 함수를 사용하면 함수 내부에 pinMode에 출력으로 정해져 있습니다.

업로드 버튼(⊙)을 클릭하여 프로그램을 업로드합니다.

동작 결과

LED가 설정된 값에 따라 조절됩니다.

결과적으로 디지털 출력을 빠르게 조절하여 아날로그인 것처럼 사용하였습니다.

06 _ 3 RGB LED를 이용하여 LED의 색상 제어해보기

아두이노의 PWM 기능을 이용하여 3색 LED의 밝기를 조절하고 밝기를 조절하여 원하는 색상을 출력합니다.

준비물

다음과 같은 부품을 준비합니다.

아두이노 우노	1개
브레드보드	1개
RGB LED 모듈	1개
수-수 점퍼케이블	5개

회로 구성

브레드보드에 아래의 회로를 꾸며 연결합니다.

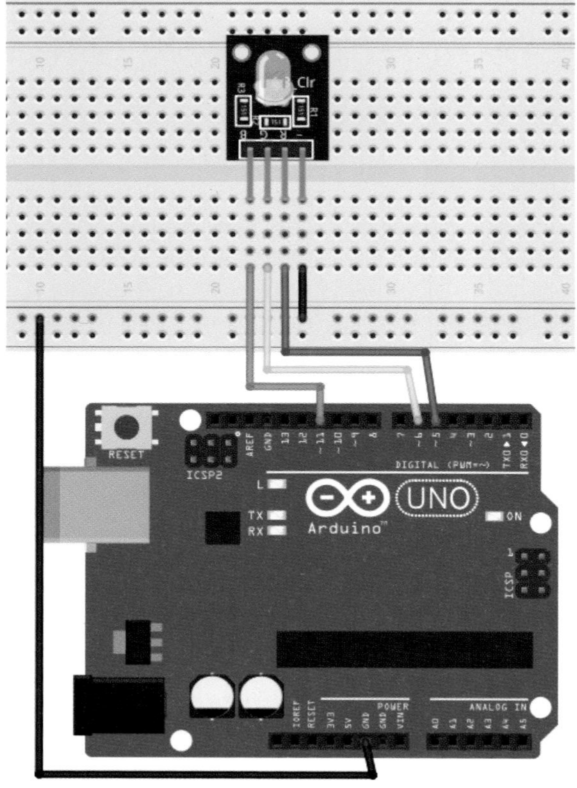

❝ RGB LED 모듈의 경우 R,G,B,- 의 글자가 모듈핀에 표시되어 있습니다.
핀이 [R,G,B,-] 타입 [B,G,R,-] 타입 등이 있으므로 핀에 표기된 글자를 확인 후 연결합니다. R= 빨간색, G=녹색, B=파란색, -=GND 핀에 연결하면 됩니다. 위의 회로의 이미지보다는 모듈의 글자를 보며 연결합니다.
아두이노와 3색 LED의 핀 연결은 위의 표를 참조합니다. D5, D6, D11 3개의 핀은 모두 PWM이 사용 가능한 핀입니다

아두이노	3색 LED
D5	빨간색
D6	녹색
D11	파란색

아날로그 출력(PWM)으로 하나의 LED 밝기 조절하기

빨간색 LED의 밝기를 조절하는 코드를 만들어 봅니다. PWM 출력을 위해서는 analogWrite 함수를 이용합니다.

다음의 코드를 작성합니다.

6_3_1.ino

```
01 #define LED_RED 5
02
03 void setup() {
04 }
05
06 void loop() {
07  analogWrite(LED_RED,0);
08  delay(1000);
09  analogWrite(LED_RED,50);
10  delay(1000);
11  analogWrite(LED_RED,100);
12  delay(1000);
13  analogWrite(LED_RED,150);
14  delay(1000);
15  analogWrite(LED_RED,200);
16  delay(1000);
17  analogWrite(LED_RED,255);
18  delay(1000);
19 }
```

01: #define 으로 LED_RED는 5로 정의하였습니다. LED_RED는 5와 같습니다.
07: LED_RED의 핀의 출력값을 0으로 합니다. 0이 최소값입니다.
09: LED_RED의 핀의 출력값을 50으로 합니다.
11: LED_RED의 핀의 출력값을 100으로 합니다.
13: LED_RED의 핀의 출력값을 150으로 합니다.
15: LED_RED의 핀의 출력값을 200으로 합니다.
17: LED_RED의 핀의 출력값을 255으로 합니다. 아날로그 출력 최대값은 255입니다.

업로드 버튼( )을 눌러 아두이노 우노 보드에 프로그램을 업로드합니다.

동작 결과

5번 핀에 연결된 빨간색 LED의 밝기가 1초마다 점점 밝아지고 다시 꺼지고를 반복합니다.

실제 출력은 PWM 디지털 출력이지만 아날로그 출력처럼 동작하기에 아두이노에서는 analogWrite의 이름으로 사용합니다. analogWrite를 사용할 경우 출력 핀으로만 사용 가능하므로 pinMode로 출력을 설정하지 않아도 됩니다.

아날로그 출력(PWM)으로 LED 색상 조합하기

3색의 LED를 제어하여 세 가지 색상을 조합해 봅니다.

다음의 코드를 작성합니다.

6_3_2.ino

```
01        #define LED_RED 5
02        #define LED_GREEN 6
03        #define LED_BLUE 11
04
05        void setup() {
06        }
07
08        void loop() {
09         analogWrite(LED_RED,255);
10         analogWrite(LED_GREEN,255);
11         analogWrite(LED_BLUE,0);
12         delay(1000);
13         analogWrite(LED_RED,0);
14         analogWrite(LED_GREEN,255);
15         analogWrite(LED_BLUE,255);
16         delay(1000);
17         analogWrite(LED_RED,255);
18         analogWrite(LED_GREEN,0);
19         analogWrite(LED_BLUE,255);
20         delay(1000);
21        }
```

09~11: 빨간색과 녹색을 조합하여 노란색이 출력됩니다.
13~15: 녹색과 파란색을 조합하여 하늘색이 출력됩니다.
17~19: 빨간색과 파란색을 조합하여 분홍색이 출력됩니다.

업로드 버튼(➡)을 눌러 아두이노 우노 보드에 프로그램을 업로드합니다.

동작 결과

노란색 -> 하늘색 -> 보라색 순으로 색이 조합되어 LED에 출력되었습니다.

우리가 3색 LED를 이용하여 출력할 수 있는 색은 빨간색 256 x 녹색 256 x 파란색 256 = 16,777,216가지 조합이 가능합니다. 윈도우의 [그림판]을 열어 [색 편집] 버튼을 클릭합니다. 그림판은 윈도우의 [찾기] 기능을 이용하여 그림판을 찾을 수 있습니다.

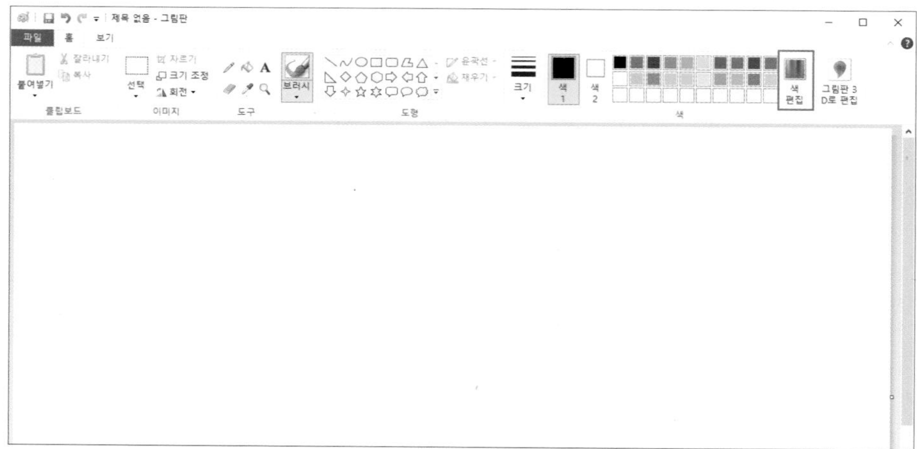

다음의 값을 변경하여 보여지는 색상을 확인할 수 있습니다. 0부터 255로 총 256단계의 값을 입력할 수 있습니다.

빨간색 255, 녹색 255일 경우 노란색이 출력됩니다.

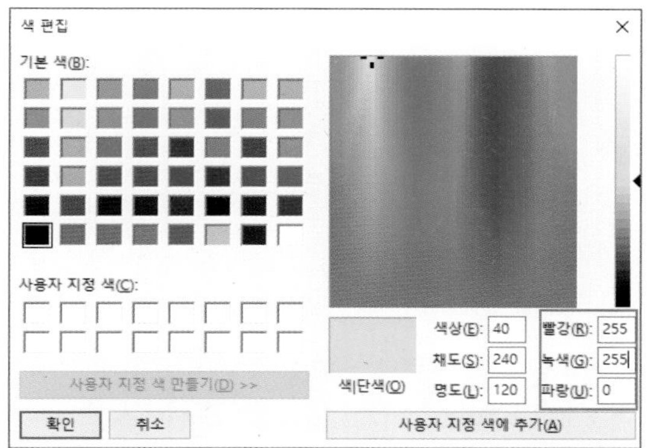

빨간색, 녹색, 파란색 모두 255일경우 흰색이 출력됩니다.

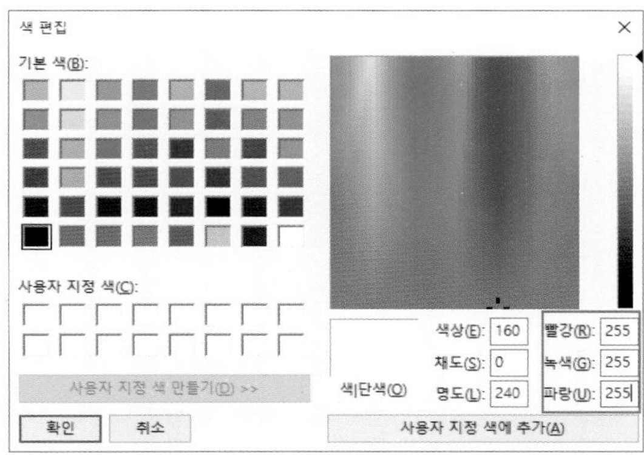

아날로그 출력(PWM)으로 무지개 색상 출력하기

3색 LED를 이용하여 빨주노초파남보의 무지개 색상을 표현합니다.

다음의 코드를 작성합니다.

6_3_3.ino

```
#define LED_RED 5
#define LED_GREEN 6
#define LED_BLUE 11

void setup() {
}

void loop() {
 analogWrite(LED_RED,255);
```

```
10      analogWrite(LED_GREEN,0);
11      analogWrite(LED_BLUE,0);
12      delay(1000);
13      analogWrite(LED_RED,255);
14      analogWrite(LED_GREEN,125);
15      analogWrite(LED_BLUE,0);
16      delay(1000);
17      analogWrite(LED_RED,255);
18      analogWrite(LED_GREEN,255);
19      analogWrite(LED_BLUE,0);
20      delay(1000);
21      analogWrite(LED_RED,0);
22      analogWrite(LED_GREEN,255);
23      analogWrite(LED_BLUE,0);
24      delay(1000);
25      analogWrite(LED_RED,0);
26      analogWrite(LED_GREEN,0);
27      analogWrite(LED_BLUE,255);
28      delay(1000);
29      analogWrite(LED_RED,0);
30      analogWrite(LED_GREEN,125);
31      analogWrite(LED_BLUE,255);
32      delay(1000);
33      analogWrite(LED_RED,125);
34      analogWrite(LED_GREEN,0);
35      analogWrite(LED_BLUE,255);
36      delay(1000);
37    }
```

09~11: 빨간색을 출력합니다.
13~15: 주황색을 출력합니다.
17~19: 노란색을 출력합니다.
21~23: 초록색을 출력합니다.
25~27: 파란색을 출력합니다.
29~31: 남색을 출력합니다.
33~35: 보라색을 출력합니다.

업로드 버튼( )을 눌러 아두이노 우노 보드에 프로그램을 업로드합니다.

동작 결과

빨강->주황->노랑->초록->파랑->남색->보라색이 1초마다 3색 LED에 순서대로 출력됩니다.

07 아날로그 입력 활용

07 _ 1 가변저항을 통해 아날로그 전압 입력받기

아두이노에서 A0~A5까지 6개의 아날로그 전압을 입력받을 수 있는 아날로그 입력 핀이 있습니다. 0V에서부터 동작 전압인 5V까지의 전압을 입력받을 수 있습니다. ADC라는 기능으로 Analog to Digital Converter의 약자입니다. 0~5V사이의 전압값을 0~1023의 10Bit의 디지털 값으로 환산하여 읽을 수 있습니다. A0~A5번 핀으로만 아날로그 입력 핀으로 사용할 수 있습니다. A0~A5번 핀은 디지털입출력 핀으로도 사용 가능합니다.

가변저항을 이용하여 A0번 핀에 전압을 변경하여 읽어보도록 합니다.

준비물

다음의 부품을 준비합니다.

부품	수량
아두이노 우노	1개
브레드보드	1개
가변저항	1개
수-수 점퍼케이블	5개

회로 구성

다음의 회로를 구성합니다.

가변저항의 가운데 핀을 아두이노의 A0번 핀에 연결합니다. 가변저항은 브레드보드에 연결이 핀이 한 칸씩 띄어져 있음에 주의하여 연결합니다.

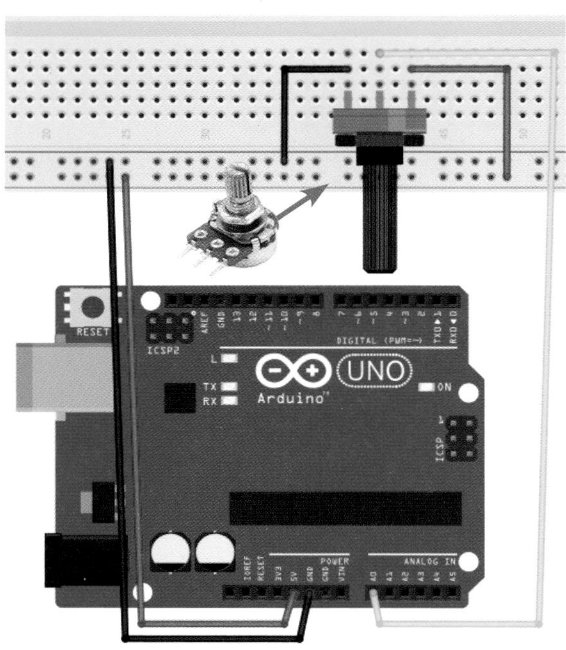

A0번 핀에서 전압을 읽어 확인

다음의 코드를 작성합니다.

7_1_1.ino

```
01    #define VR_PIN A0
02
03    void setup() {
04     Serial.begin(9600);
05    }
06
07    void loop() {
08     int aValue =analogRead(VR_PIN);
09     Serial.println(aValue);
10     delay(100);
11    }
```

01: A0을 VR_PIN 이름으로 정의하였습니다. VR 은 Variable Register 로 가변저항의 약자로 사용하였습니다.
08: A0핀에서 0~5V사이의 전압값을 읽어 디지털 값인 0~1023으로 변환 후 aValue 변수에 대입니다.
09: 값을 출력합니다.

업로드 버튼()을 클릭하여 프로그램을 업로드 후 시리얼모니터() 버튼을 눌러 시리얼모니터를 열어 값을 확인합니다.

가변저항을 왼쪽 끝으로 돌려 값을 확인합니다. 최소값인 0이 출력되었습니다.

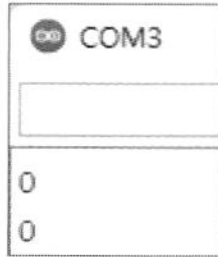

가변저항을 대략 가운데로 맞춰 값을 확인합니다. 중간값인 512가 출력되었습니다.

가변저항을 오른쪽 끝으로 돌려 값을 확인합니다. 최대값인 1023이 출력되었습니다.

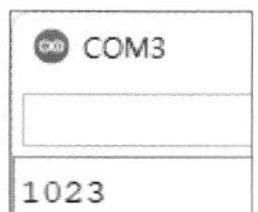

알아둡니다! **회로 이해하기(저항 분배 공식)**

우리가 사용하는 가변저항의 경우 10K옴을 사용하고 있으며 1, 3번 핀의 저항값이 10K옴 이라는 뜻입니다. (가변저항의 용량도 다양하게 존재합니다.)

1번과 3번 핀을 측정하면 항상 10K옴이지만 가변저항의 노브를 돌려 1, 2번 사이의 저항값과 2, 3번 사이의 저항값을 조절할 수 있습니다.

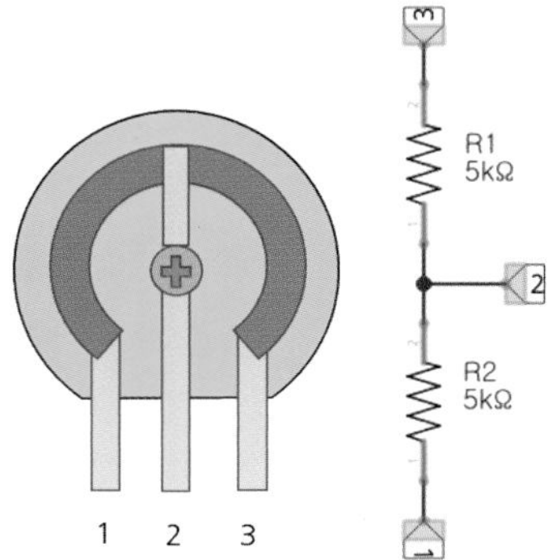

가변저항을 가장 왼쪽으로 돌렸을 때 A0번 핀에 걸리는 전압을 측정하여 봅니다.

가변저항의 내부 구성모습과 등가 회로입니다.

우리가 사용하는 가변저항의 경우 10K옴을 사용하고 있으며 1, 3번 핀의 저항값이 10K옴 이라는 뜻입니다. (가변저항의 용량도 다양하게 존재합니다.)

1번과 3번 핀을 측정하면 항상 10K옴이지만 가변저항의 노브를 돌려 1, 2번 사이의 저항값과 2, 3번 사이의 저항값을 조절할 수 있습니다.

가변저항을 가장 왼쪽으로 돌렸을 때 A0번 핀에 걸리는 전압을 측정하여 봅니다.

가변저항의 내부 구성모습과 등가 회로입니다.

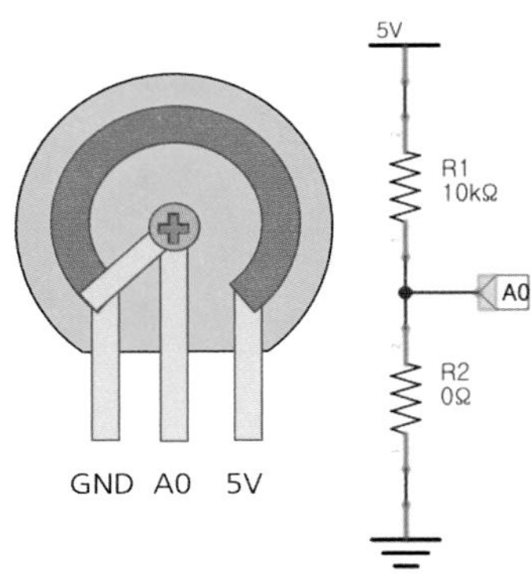

저항분배공식을 이용하여 A0핀에 걸리는 계산공식은 다음과 같습니다.

R2/(R1+R2) * 5V(VCC)

0/(0+10k) * 5V = 0V 입니다.
A0번 핀에는 0V 전압이 측정됩니다.
가변저항을 가운데이 돌렸을 때 A0번 핀에 걸리는 전압을 측정하여 봅니다.
가변저항의 내부 구성모습과 등가 회로입니다.

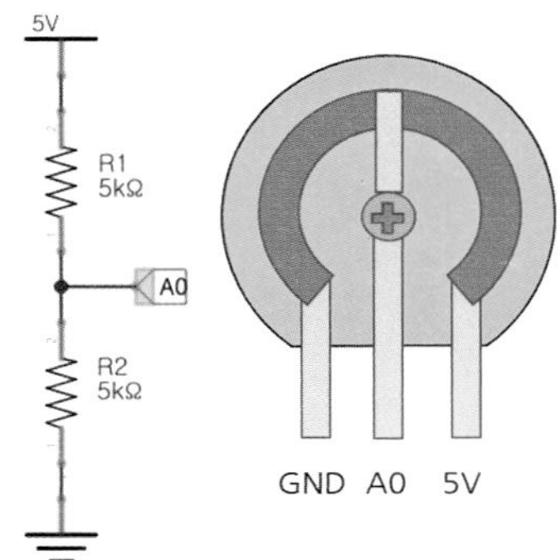

5k/(5k+5k) * 5V = 2.5V 입니다. 5V의 중간값이 2.5V가 측정됩니다.

가변저항을 가장 오른쪽으로 돌렸을 때 A0번 핀에 걸리는 전압을 측정하여 봅니다.
가변저항의 내부 구성모습과 등가 회로입니다.

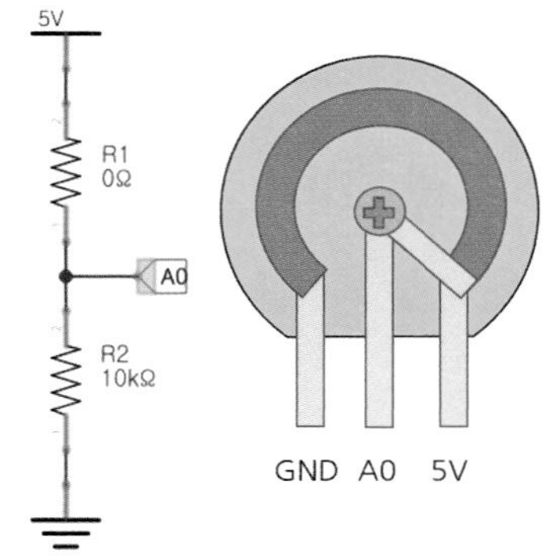

10k/(0+10k) * 5V = 5V 입니다. 5V의 전압값이 측정됩니다.
이처럼 가변저항으로 회로를 구성하여 전압값을 변경시킬 수 있습니다.

전압값으로 환산하여 출력

아두이노의 아날로그 핀은 0~5V의 전압값을 입력받아 0~1023의 디지털 값으로 환산합니다. 계산을 통해 원래의 측정된 전압값을 출력합니다. 다음의 코드를 작성합니다.

7_1_2.ino

```
01 #define VR_PIN A0
02 
03 const float RESOLUTION =5.0/1024.0;
04 
05 void setup() {
06  Serial.begin(9600);
07 }
08 
09 void loop() {
10  int aValue =analogRead(VR_PIN);
11  float voltage = (float)aValue * RESOLUTION;
12  Serial.println(voltage);
13  delay(100);
14 }
```

03: 0~5V의 전압값으로 다시 환산하기 위해서 분해능의 값을 RESOLUTION 변수에 대입합니다. RESOLUTION은 분해능이라는 뜻으로 값이 변하면 안 되는 상수여서 const로 정의하였고 변수명은 모두 대문자로 선언하였습니다. 상수의 경우 필수는 아니지만 대문자로 선언합니다. 5/1024 로 계산하면 int(정수형)으로 계산되므로 5.0/1024.0 으로 float(소수점형)으로 계산되도록 하였습니다. 분해능은 10Bit로 총 1024단계로 이루어져 있으므로 전압/비트로 계산하였습니다.

11: (float)aValue 로 aValue는 원래 int(정수형) 변수이지만 float(소수점)형으로 형변환하여 사용하겠다는 뜻입니다. 0~1023의 디지털 값에 5V를 1024로 나눈 분해능을 곱해서 전압으로 변환하였습니다.

업로드 버튼( )을 클릭하여 프로그램을 업로드 후 시리얼모니터( ) 버튼을 눌러 시리얼모니터를 열어 값을 확인합니다. 가변저항을 돌려 0.00V~ 5.00V까지 출력되는지 확인합니다.

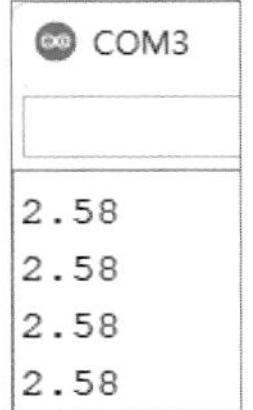

07 _ 2 조도센서 회로 구성하고 값 읽기

빛의 세기를 측정할 수 있는 CDS 조도센서를 이용하여 회로를 구성하고 값을 측정하여 봅니다.

CDS 조도센서는 빛의 세기에 따라서 저항값이 변하는 소자입니다. 빛이 강하면 저항값이 낮아지고 빛이 약하면 저항값이 커지는 특성이 있습니다. 가격이 저렴하고 정밀하지 않아서 정확한 빛을 측정하는 계측의 용도로 사용하지 않습니다. 밝은지 어두운지 알기 위해 주로 사용합니다.

다음의 부품을 준비합니다.

부품	수량	부품	수량
아두이노 우노	1개	10k옴 저항(갈검검빨갈)	1개
브레드보드	1개	수-수 점퍼케이블	5개
CDS 조도센서	1개		

다음의 회로를 구성합니다.

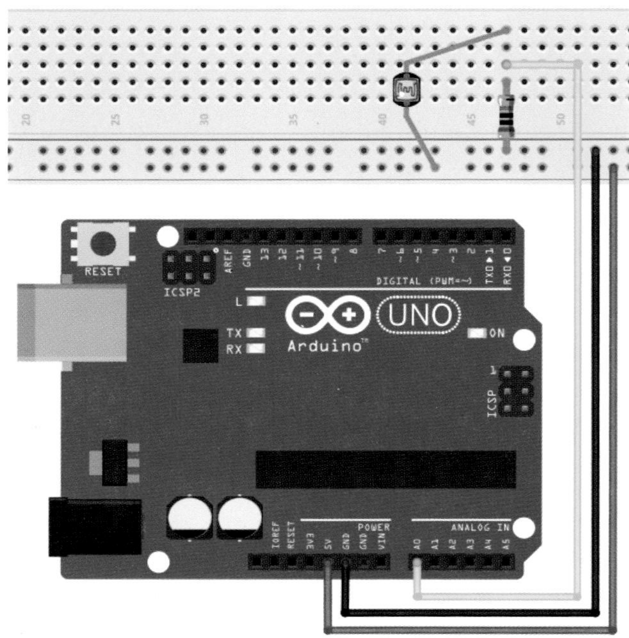

CDS의 조도센서는 5V와 연결 후 반대쪽은 A0번과 10k옴 저항과 연결합니다. 조도센서는 빛의 세기에 따라서 저항값이 바뀌는 소자로 저항과 같이 극성이 없습니다.

조도센서의 밝기값을 출력

다음의 코드를 작성합니다.

7_2_1.ino

```
#define CDS_PIN A0

void setup() {
 Serial.begin(9600);
}

void loop() {
 int ligthValue =analogRead(CDS_PIN);
 Serial.println(ligthValue);
 delay(100);
}
```

업로드 버튼( )을 클릭하여 프로그램을 업로드 후 시리얼모니터( ) 버튼을 눌러 시리얼모니터를 열어 값을 확인합니다..

손으도 CDS 조도센서를 가렸을 때 값이 작아졌습니다.

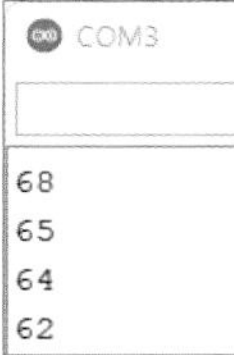

빛이 있을 때는 값이 커졌습니다.

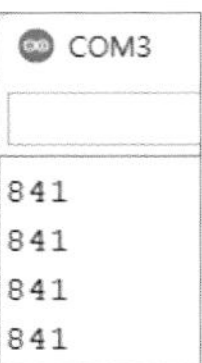

알아둡니다! CDS 조도센서의 회로 및 동작 원리

다음은 CDS 조도센서의 회로 및 동작 원리입니다.

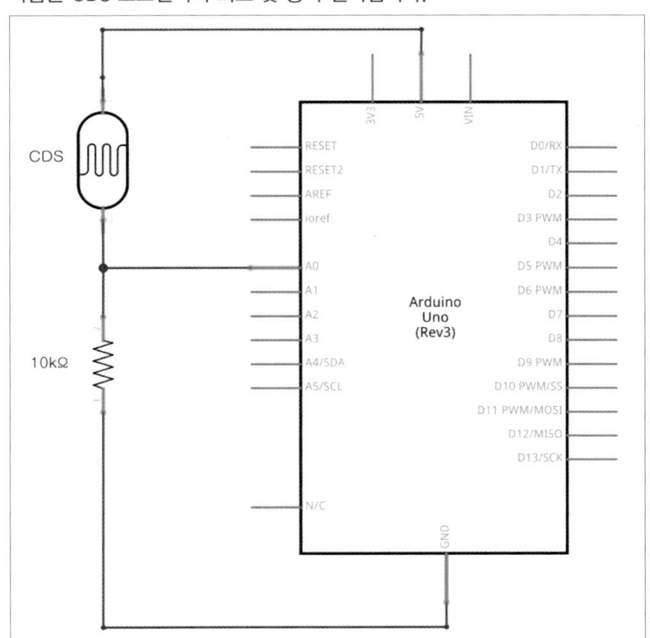

10k의 기준저항(변하지 않는 값)을 두고 빛에 따라서 저항이 변하는 CDS 조도센서를 연결하면 빛의 세기에 따라서 저항분배 공식에 의해 A0핀에 걸리는 전압이 바뀝니다.

빛이 강해져 CDS 조도센서의 저항값이 낮아지면 A0에 걸리는 전압이 커지고 빛이 약해져 CDS 조도센서의 저항값이 커지면 A0에 걸리는 전압이 작아집니다.

조도센서 값을 0~100% 변환

0~1023의 디지털 값으로 출력되는 CDS 조도센서의 값을 0~100%로 변환하여 봅니다.

다음의 코드를 작성합니다.

7_2_2.ino

```
01 #define CDS_PIN A0
02
03 void setup() {
04  Serial.begin(9600);
05 }
06
07 void loop() {
08  int ligthValue =analogRead(CDS_PIN);
09  int lightPercent =map(ligthValue,0,1023,0,100);
10  Serial.println(lightPercent);
11  delay(100);
12 }
```

09: map 함수를 사용해서 조도센서의 0~1024 값을 0~100으로 변환 후 lightPercent 변수에 대입합니다.

알아둡니다! map 함수 사용방법

map(입력변수,입력시작값,입력끝값,출력시작값,출력끝값)
입력변수의 값은 입력시작값~입력끝값 사이의 값을 출력시작값~출력끝값 사이의 값으로 매핑하여 출력됩니다.
map 함수에 입력되는 값은 정수형태만 가능합니다.
map(100,0,200,0,100)으로 하였다면 출력값이 50이 됩니다.
0~200사이의 입력변수 100의 값이 출력값인 0~100으로 매핑되기 때문에 50으로 출력됩니다.

업로드 버튼( )을 클릭하여 프로그램을 업로드 후 시리얼모니터( ) 버튼을 눌러 시리얼모니터를 열어 값을 확인합니다..

손으로 CDS 조도센서를 가렸을 때 퍼센트 값이 작아졌습니다.

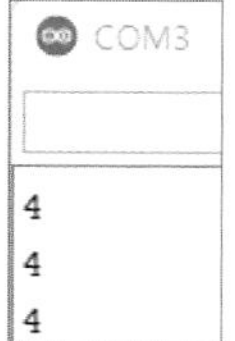

빛이 있을 때는 퍼센트 값이 커졌습니다.

```
COM3

81
81
81
82
```

07 _ 3 어두워지면 자동으로 켜지는 전등 만들기

CDS 조도센서와 LED를 이용하여 어두워지면 자동으로 켜지는 LED 전등을 만들어 봅니다.

준비물

다음의 부품을 준비합니다.

부품	수량
아두이노 우노	1개
브레드보드	1개
흰색 LED	1개
330옴 저항(주주검검갈)	1개
CDS 조도센서	1개
10k옴 저항(갈검검빨갈)	1개
수-수 점퍼케이블	4개

회로 구성

다음의 회로를 구성합니다.

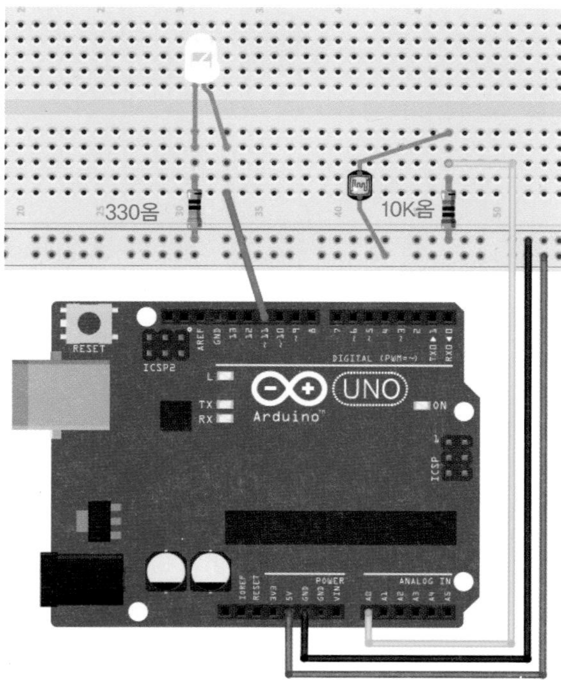

어두워지면 자동으로 켜지는 전등 만들기

이제 어두워지면 흰색 LED를 켜는 코드를 만들어 봅니다. 다음의 코드를 작성합니다.

7_3_1.ino

```
01 #define LED_WHITE 11
02 #define CDS_PIN A0
03
04 void setup() {
05  Serial.begin(9600);
06  pinMode(LED_WHITE,OUTPUT);
07 }
08
09 void loop() {
10  int lightValue =analogRead(CDS_PIN);
11  Serial.println(lightValue);
12  if(lightValue <500) digitalWrite(LED_WHITE,HIGH);
13  else digitalWrite(LED_WHITE,LOW);
14 }
```

12: 밝기센서의 값이 500미만이면 LED를 켭니다.
13: 그렇지 않다면 즉 500이상 이라면 LED를 끕니다.

업로드 버튼()을 눌러 아두이노 우노 보드에 프로그램을 업로드합니다.

동작 결과

센서를 손으로 가렸을 때 LED가 켜지는 것을 확인할 수 있습니다.

어두워지면 3초 후 켜지는 전등 만들기

어두워졌을 때 바로 LED를 켜지 않고 어두워지고 3초가 지났을 때부터 LED를 켜는 코드를 만들어 봅니다.

다음의 코드를 작성합니다.

7_3_2.ino

```
#define LED_WHITE 11
#define CDS_PIN A0

unsigned long currTime =0;
unsigned long prevTime =0;
int sec =0;

void setup() {
 Serial.begin(9600);
 pinMode(LED_WHITE, OUTPUT);
}

void loop() {
 int lightValue =analogRead(CDS_PIN);
```

```
15        Serial.println(lightValue);
16
17        currTime =millis();
18        if ( currTime - prevTime >=1000 )
19        {
20                prevTime = currTime;
21                sec++;
22        }
23
24        if ( (lightValue <500) && (sec >=3) )
25        {
26                sec =3;
27                digitalWrite(LED_WHITE, HIGH);
28        }
29        else
30        {
31                sec =0;
32                digitalWrite(LED_WHITE, LOW);
33        }
34      }
```

17~22: 1초마다 sec 변수를 값을 1씩 증가시킵니다.
30~37: 500미만으로 어두워지고 3초가 지나면 LED를 켭니다.
38~42: 그렇지 않다면 LED를 끕니다. sec를 0으로 항상 초기화하기 때문에 어두울 때는 sec가 항상 0의 값을 가집니다.

업로드 버튼()을 눌러 아두이노 우노 보드에 프로그램을 업로드합니다.

동작 결과

센서를 손으로 3초 이상 가렸을 때만 LED가 켜집니다.

08 통신 기능 응용하기

String 문자열과 통신 기능을 이용하여 프로토콜을 만들어 통신해 봅니다.

08 _ 1 String 문자열

String은 문자열을 저장할 수 있는 타입으로 String형은 문자열을 찾거나 자를 수 있는 다양한 기능이 있습니다. String을 잘 다룰 줄 알아야 통신을 통해 원하는 데이터를 주고받기 쉽습니다.

다음의 링크 주소에서 String 클래스에서 사용 가능한 모든 함수 및 연산자를 확인할 수 있습니다.

- https://www.arduino.cc/reference/ko/language/variables/data-types/stringobject/

스크롤을 아래로 내리면 [함수] 부분에서 String에서 사용 가능한 함수의 목록을 확인할 수 있습니다. 홈페이지에서 확인하면 더 많은 함수를 확인할 수 있습니다.

함수

LANGUAGE charAt()

LANGUAGE compareTo()

LANGUAGE concat()

LANGUAGE c_str()

LANGUAGE endsWith()

LANGUAGE equals()

자주 사용하는 String 클래스의 함수에 대해 예제를 작성하며 배워봅니다. 실제 시리얼 통신으로 데이터를 주고받을 때 필요한 String 기능들입니다.

String 문자열 더하기

String으로 문자열을 저장하고 문자열을 더하는 코드를 작성합니다.

다음의 코드를 작성합니다.

8_1_1.ino

```
01	String strData1 = "hello";
02	String strData2 = "arduino";
03
04	void setup() {
05	  Serial.begin(9600);
06	}
07
08	void loop() {
09	  String strData3 = strData1 + strData2;
10	  Serial.println(strData3);
11	  delay(2000);
12	}
```

01: String 타입으로 strData1의 이름으로 변수를 생성하고 "hello" 문자열을 대입하여 초기화합니다.
02: String 타입으로 strData2의 이름으로 변수를 생성하고 "arduino" 문자열을 대입하여 초기화합니다.
09: strData1 과 strData2 를 더해 strData3 변수에 대입합니다.
10: strData3을 시리얼 통신으로 출력합니다.

String 타입의 변수를 만들 때 str을 앞이나 뒤에 붙여 타입이 String 타입의 변수임을 강조합니다.

업로드 버튼( )을 눌러 아두이노 우노 보드에 프로그램을 업로드합니다.

업로드 완료 후 시리얼모니터( ) 버튼을 클릭하여 시리얼모니터 창을 엽니다.

동작 결과

hello와 arduino 가 더해진 helloarduino가 출력되는 것을 확인할 수 있습니다.

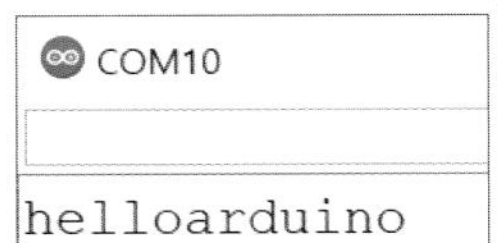

String 문자열 공백 넣어 더하기

hello와 arduino 사이에 공백을 넣는 코드를 만들어 봅니다.

다음의 코드를 작성합니다.

8_1_2.ino

```
01	String strData1 = "hello";
02	String strData2 = "arduino";
03
04	void setup() {
05	 Serial.begin(9600);
06	}
07
08	void loop() {
09	 String strData3 = strData1 + " " + strData2;
10	 Serial.println(strData3);
11	 delay(2000);
12	}
```

09: strData1 과 strData2 사이에 " "공백을 한 칸 더했습니다.

업로드 버튼( )을 눌러 아두이노 우노 보드에 프로그램을 업로드합니다.

업로드 완료 후 시리얼모니터( ) 버튼을 클릭하여 시리얼모니터 창을 엽니다.

동작 결과

hello와 arduino 사이에 공백이 더해져 출력되었습니다.

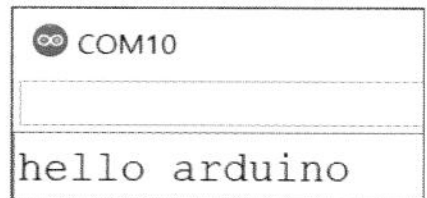

String 문자열 공백 계속 더하기

String 타입은 문자열을 연결하기 쉽습니다. String 타입은 문자열을 더하기 연산으로 계속 더할 수 있습니다. 다음의 코드를 작성합니다.

8_1_3.ino

```
01	String strData1 = "hello";
02	String strData2 = "arduino";
03
04	void setup() {
05	 Serial.begin(9600);
06	}
07
08	void loop() {
09	 String strData3 = strData1 + " " + strData2;
10	 strData3 = strData3 + " python";
11	 Serial.println(strData3);
12	 delay(2000);
13	}
```

10: hello arduino가 저장된 strData3 변수에 " python"을 더합니다.

업로드 버튼()을 눌러 아두이노 우노 보드에 프로그램을 업로드합니다.

업로드 완료 후 시리얼모니터() 버튼을 클릭하여 시리얼모니터 창을 엽니다.

동작 결과

"python" 이 더해져 출력되었습니다.

```
COM10

hello arduino python
```

String 문자열 equals() 함수 사용하여 문자열 비교하기

String.equals() 함수를 사용하는 코드를 작성합니다.

다음의 코드를 작성합니다.

8_1_4.ino

```
01	String strData1 = "hello arduino";
02
03	void setup() {
04	 Serial.begin(9600);
05	}
06
07	void loop() {
08	 if(strData1.equals("hi") == 1)
09	 {
10	 	Serial.println("hi를 찾았습니다");
11	 }
12
13	 if(strData1.equals("hello") == 1)
14	 {
15	 	Serial.println("hello를 찾았습니다");
16	 }
17
18	 if(strData1.equals("hello arduino") == 1)
19	 {
20	 	Serial.println("hello arduino를 찾았습니다");
21	 }
22	 delay(2000);
23	}
```

08: "hi"를 비교합니다.

13: "hello"를 비교합니다.

18: "hello arduino"를 비교합니다.

알아둡니다! **String.equals("비교할 값")**

문자열이 같으면 1 다르면 0을 반환하는 함수입니다.
비교할 값과 100% 같아야 1을 반환합니다.

업로드 버튼( )을 눌러 아두이노 우노 보드에 프로그램을 업로드합니다.

업로드 완료 후 시리얼모니터( ) 버튼을 클릭하여 시리얼모니터 창을 엽니다.

동작 결과

"hello arduino" 와 100% 동일하기 때문에 다음과 같이 출력되었습니다.

String 문자열 lenght() 함수 사용하여 문자열 길이 구하기

.length() 함수로 문자열의 길이를 출력합니다.

다음의 코드를 작성합니다.

8_1_5.ino

```
01  String strData1 = "hello arduino";
02  String strData2 = "hello";
03  String strData3 = "arduino";
04
05  void setup() {
06   Serial.begin(9600);
07  }
08
09  void loop() {
10   Serial.print(strData1 + " 길이는: ");
11   Serial.println(strData1.length());
12
13   Serial.print(strData2 + " 길이는: ");
14   Serial.println(strData2.length());
15
16   Serial.print(strData3 + " 길이는: ");
17   Serial.println(strData3.length());
18   delay(2000);
19  }
```

11: strData1.length()로 strData1 문자열의 길이를 출력합니다.
14: strData2.length()로 strData2 문자열의 길이를 출력합니다.
17: strData3.length()로 strData3 문자열의 길이를 출력합니다.

알아둡니다! String.length()

String 객체의 문자열 길이를 반환합니다.
String으로 문자열을 만드는 경우 끝에

'₩0' Null 문자는 길이에 포함시키지 않습니다.
'₩0' Null 문자 하나가 항상 붙습니다.
'₩0' Null 문자는 문자열의 끝을 의미합니다.

업로드 버튼( )을 눌러 아두이노 우노 보드에 프로그램을 업로드합니다.

업로드 완료 후 시리얼모니터( ) 버튼을 클릭하여 시리얼모니터 창을 엽니다.

동작 결과

문자열의 길이를 출력하였습니다. 공백도 하나의 문자열입니다. 공백도 길이에 포함됩니다.

문자열 객체는 끝에 '₩0' Null 문자가 항상 포함되어 있습니다. '₩0' Null과 문자의 공백은 다릅니다. [아무것도 없는 것]과 [빈 공간]은 다르듯이 다릅니다.

```
COM10

hello arduino 길이는: 13
hello 길이는: 5
arduino 길이는: 7
```

String 문자열 indexOf() 함수 사용하여 문자열 찾기

.indexOf() 함수로 문자열에서 특정 문자를 찾아 출력하는 코드를 작성합니다.

다음의 코드를 작성합니다.

8_1_6.ino

```
String strData1 = "hello arduino python";

void setup() {
 Serial.begin(9600);
}

void loop() {
 Serial.print("hello의 위치: ");
 Serial.println(strData1.indexOf("hello"));

 Serial.print("arduino의 위치: ");
 Serial.println(strData1.indexOf("arduino"));

 Serial.print("python의 위치: ");
 Serial.println(strData1.indexOf("python"));

 Serial.print("hi의 위치: ");
 Serial.println(strData1.indexOf("hi"));
 delay(2000);
}
```

08: "hello arduino python"에서 "hello"의 위치를 반환합니다.
11: "hello arduino python"에서 "arduino"의 위치를 반환합니다.
14: "hello arduino python"에서 "python"의 위치를 반환합니다.
17: "hello arduino python"에서 "hi"의 위치를 반환합니다. "hi"는 찾지 못합니다. 찾지 못할 경우 –1을 반환합니다.

알아둡니다! String.indexOf("찾을 문자열")

String.indexOf("찾을 문자열", from)
String 객체의 문자열에서 "찾을 문자열" 문자열을 찾아서 첫 문자의 인덱스 값을 반환합니다. 두 번째 인수인 from은 String 문자열에서 "찾을 문자열" 문자열을 찾기 시작할 인덱스 위치를 지정할 수 있습니다.
.indexOf() 함수는 문자열의 시작 위치에서부터 문자열을 찾습니다.

업로드 버튼()을 눌러 아두이노 우노 보드에 프로그램을 업로드합니다.

업로드 완료 후 시리얼모니터() 버튼을 클릭하여 시리얼모니터 창을 엽니다.

동작 결과

hello의 위치는 0번째입니다. 문자열의 위치는 0번째부터 시작합니다. 0이 반환되면 0번째 위치에 찾은 것입니다.

arduino와 python도 위치를 찾아 반환하였습니다.

hi의 경우 찾지 못했기 때문에 –1을 반환하였습니다.

```
COM10

hello의 위치: 0
arduino의 위치: 6
python의 위치: 14
hi의 위치: -1
```

String 문자열 indexOf() 함수 인자 넣어서 특정 위치부터 찾기

.indexOf("찾을 문자열",from) 함수에 from 인자를 넣어 from부터 시작하여 문자열을 찾을 수 있습니다. 다음의 코드를 작성합니다.

8_1_7.ino

```
String strData1 = "hello,arduino,python";

void setup() {
 Serial.begin(9600);
}

void loop() {
 Serial.print(",(콤마)의 위치: ");
 int index1 = strData1.indexOf(",");
 Serial.println(index1);
```

```
11
12        Serial.print("두 번째 ,(콤마)의 위치: ");
13        Serial.println(strData1.indexOf(",",index1 + 1));
14        delay(2000);
15      }
```

01: "hello,arduino,python" 문자열을 대입합니다.
09: 첫 번째 찾은 콤마의 위치를 index1에 대입합니다.
10: 첫 번째 콤마의 위치를 출력합니다.
13: 첫 번째 찾은 콤마의 위치 + 1부터 콤마를 찾아 위치를 반환합니다. 찾기 위한 같은 문자가 여러 개 있을 때 첫 번째를 찾고 찾은 위치 다음부터 또 찾습니다.

업로드 버튼()을 눌러 아두이노 우노 보드에 프로그램을 업로드합니다.

업로드 완료 후 시리얼모니터() 버튼을 클릭하여 시리얼모니터 창을 엽니다.

동작 결과

첫 번째 콤마를 찾고 첫 번째 찾은 콤마의 위치+1부터 검색하여 다음 콤마의 위치를 찾았습니다.

```
COM10

,(콤마)의 위치: 5
두번째 ,(콤마)의 위치: 13
```

String 문자열 indexOf() 함수 if 조건문과 함께 사용하기

if 조건문과 .indexOf() 함수를 주로 사용하는 프로그램을 작성합니다.

다음의 코드를 작성합니다.

8_1_8.ino

```
01      String strData1 = "hello arduino python";
02
03      void setup() {
04       Serial.begin(9600);
05      }
06
07      void loop() {
08       if(strData1.indexOf("arduino") != -1)
09       {
10              Serial.println("arduino를 찾았습니다");
11       }
12       delay(2000);
13      }
```

08: strData1.indexOf("arduino") "arduino"의 값이 –1이 아니라면 조건이 참이 됩니다. 즉 값을 찾았다면 참조건이 됩니다.

업로드 버튼( )을 눌러 아두이노 우노 보드에 프로그램을 업로드합니다.
업로드 완료 후 시리얼모니터( ) 버튼을 클릭하여 시리얼모니터 창을 엽니다.

동작 결과
"hello arduino python"에는 "arduino"가 포함되어 있기 때문에 조건문이 참이 되어 다음을 출력하였습니다.

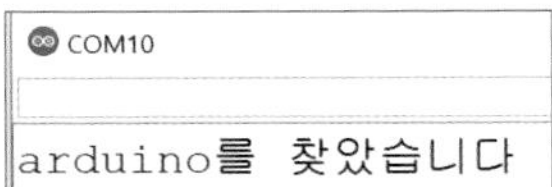

String 문자열 lastIndexOf() 함수 사용하여 문자열의 끝에서부터 찾기

.lastIndexOf() 함수를 사용하여 문자열의 끝에서부터 특정 문자를 찾아 출력하는 코드를 작성합니다.
다음의 코드를 작성합니다.

8_1_9.ino

```
String strData1 = "hello arduino python";

void setup() {
 Serial.begin(9600);
}

void loop() {
 Serial.print("hello의 위치(뒤에서부터): ");
 Serial.println(strData1.lastIndexOf("hello"));

 Serial.print("arduino의 위치(뒤에서부터): ");
 Serial.println(strData1.lastIndexOf("arduino"));

 Serial.print("python의 위치(뒤에서부터): ");
 Serial.println(strData1.lastIndexOf("python"));

 Serial.print("hi의 위치(뒤에서부터): ");
 Serial.println(strData1.lastIndexOf("hi"));
 delay(2000);
}
```

뒤에서부터 찾는 lastIndexOf를 사용하였습니다.

알아둡니다! String.lastIndexOf()("찾을 문자열")

String.lastIndexOf("찾을 문자열", from)

String 문자열에서 "찾을 문자열" 문자열을 뒤에서부터 찾습니다. from 값을 설정하면 해당 인덱스부터 찾습니다.

업로드 버튼()을 눌러 아두이노 우노 보드에 프로그램을 업로드합니다.

업로드 완료 후 시리얼모니터() 버튼을 클릭하여 시리얼모니터 창을 엽니다.

동작 결과

indexOf 함수와 결과는 동일합니다. 찾는 속도의 차이로 문자열의 길이가 엄청 길다면 뒤에서부터 찾는 것이 빠를지 앞에서부터 찾는 것이 빠를지 선택하여 사용합니다.

```
COM10

hello의 위치(뒤에서부터): 0
arduino의 위치(뒤에서부터): 6
python의 위치(뒤에서부터): 14
hi의 위치(뒤에서부터): -1
```

String 문자열 substring() 함수 사용하여 문자열 자르기

문자열을 자르는 .substring() 함수에 대해 알아봅니다. 다음의 코드를 작성합니다.

8_1_10.ino

```
01 String strData1 = "hello arduino python";
02
03 void setup() {
04  Serial.begin(9600);
05 }
06
07 void loop() {
08  Serial.print("6부터 끝까지:");
09  Serial.println(strData1.substring(6));
10
11  Serial.print("6부터 13전까지:");
12  Serial.println(strData1.substring(6,13));
13
14  Serial.print("0부터 5전까지:");
15  Serial.println(strData1.substring(0,5));
16  delay(2000);
17 }
```

09: .substring() 함수를 이용하여 6번지부터 끝까지 문자열을 반환합니다.

12: .substring() 함수를 이용하여 6번지부터 13번지 전까지 문자열을 반환합니다. 즉 6~12위치의 문자열을 반환합니다.

15: .substring() 함수를 이용하여 0번지부터 5번지 전까지 문자열을 반환합니다. 즉 0~4위치의 문자열을 반환합니다.

알아둡니다! String.substring(start)

String.substring(start, end)

String 객체에서 start의 위치부터 end 이전까지 새로운 String 객체로 반환합니다. end를 넣어주지 않는다면 start부터 끝까지 반환합니다.

업로드 버튼(➡)을 눌러 아두이노 우노 보드에 프로그램을 업로드합니다.
업로드 완료 후 시리얼모니터(🔍) 버튼을 클릭하여 시리얼모니터 창을 엽니다.

동작 결과

```
COM10

6부터 끝까지:arduino python
6부터 13전까지:arduino
0부터 5전까지:hello
```

String 문자열 toInt() 함수 사용하여 문자열을 숫자형으로 변환하기

toInt() 함수로 문자열을 숫자형으로 변환하여 출력하는 코드를 작성합니다.
다음의 코드를 작성합니다.

8_1_11.ino

```
01    String strData = "123";
02
03    void setup() {
04     Serial.begin(9600);
05    }
06
07    void loop() {
08     Serial.print("strData:");
09     Serial.print(strData);
10     Serial.print(" size:");
11     Serial.println(sizeof(strData));
12
13     int numData = strData.toInt();
14     Serial.print("numData:");
15     Serial.print(numData);
16     Serial.print(" size:");
17     Serial.println(sizeof(numData));
18
19     delay(2000);
20    }
```

알아둡니다! String.toInt()

String 문자열을 정수 숫자형으로 변환하여 반환합니다.
13. 문자열을 .toInt()를 사용하여 정수형 숫자로 변환합니다.

업로드 버튼(➡)을 눌러 아두이노 우노 보드에 프로그램을 업로드합니다.
업로드 완료 후 시리얼모니터(🔍) 버튼을 클릭하여 시리얼모니터 창을 엽니다.

동작 결과

값의 출력은 123 동일합니다. 문자열이나 숫자형이나 시리얼 통신으로 전송 시에는 모두 문자열로 전송하여 보여지기 때문입니다. 데이터의 크기를 확인하면 strData는 6바이트이고 numData의 크기는 2바이트인 것을 알 수 있습니다.

```
COM10

strData:123 size:6
numData:123 size:2
```

String 문자열 toFloat() 함수 사용하여 문자열을 소수점형으로 변환하기

.toFloat() 함수로 문자열을 소수점형으로 변환하여 출력하는 코드를 작성합니다.

다음의 코드를 작성합니다.

8_1_12.ino

```
01 String strPi = "3.141592";
02
03 void setup() {
04  Serial.begin(9600);
05 }
06
07 void loop() {
08  Serial.print("strPi:");
09  Serial.print(strPi);
10  Serial.print(" size:");
11  Serial.println(sizeof(strPi));
12
13  float numPi = strPi.toFloat();
14  Serial.print("numData:");
15  Serial.print(numPi);
16  Serial.print(" size:");
17  Serial.println(sizeof(numPi));
18
19  delay(2000);
20 }
```

13: 소수점형태의 문자열을 소수점형 float 타입으로 변환합니다.

알아둡니다! String.toFloat()

String 문자열이 실수라면 실수형으로 변환하여 반환합니다.

업로드 버튼( )을 눌러 아두이노 우노 보드에 프로그램을 업로드합니다.

업로드 완료 후 시리얼모니터( ) 버튼을 클릭하여 시리얼모니터 창을 엽니다.

동작 결과

소수점 문자 "3.141592"가 3.14로 변환되었습니다. 소수점 2자리까지 변환됩니다.

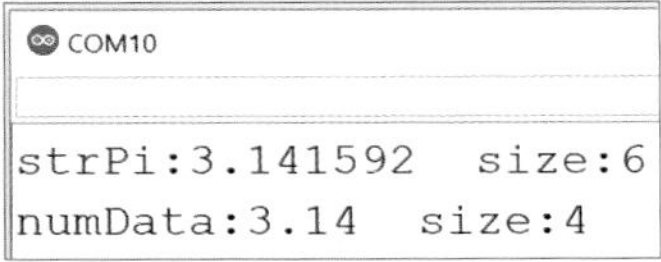

String 문자열 trim() 함수 사용하여 문자열의 좌우 공백 제거하기

trim() 함수로 문자열에서 공백을 제거하고 출력하는 코드를 작성합니다.

다음의 코드를 작성합니다.

8_1_13.ino

```
01    void setup() {
02      Serial.begin(9600);
03    }
04
05    void loop() {
06      String strData = " hello arduino python ";
07
08      Serial.print("strData: ");
09      Serial.println(strData);
10      Serial.print("공백제거: ");
11      strData.trim();
12      Serial.println(strData);
13      delay(2000);
14    }
```

11: strData의 문자열의 공백을 제거합니다. 공백을 제거한 문자열은 strData에 다시 대입합니다.

> **알아둡니다! String.trim()**
>
> 앞, 뒤에 있는 공백 문자를 제거합니다.

업로드 버튼()을 눌러 아두이노 우노 보드에 프로그램을 업로드합니다.

업로드 완료 후 시리얼모니터() 버튼을 클릭하여 시리얼모니터 창을 엽니다.

동작 결과

문자열의 앞뒤 공백이 제거되었습니다.

```
COM10

strData:    hello arduino python
공백제거: hello arduino python
```

08 _ 2 프로토콜 만들어 RGB LED 제어하기

시리얼 통신으로 통신규칙을 만들고 RGB LED를 제어해 봅니다.

준비물

다음과 같은 부품을 준비합니다.

부품	수량
아두이노 우노	1개
브레드보드	1개
RGB LED 모듈	1개
수-수 점퍼케이블	5개

회로 구성

브레드보드에 아래의 회로를 꾸며 연결합니다.

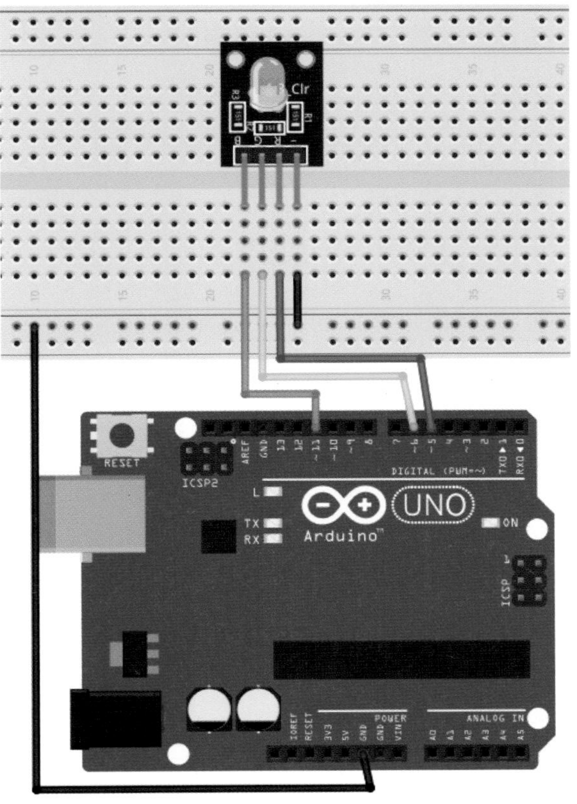

" RGB LED 모듈의 경우 R,G,B,- 의 글자가 모듈핀에 표시되어 있습니다.
핀이 [R,G,B,-] 타입 [B,G,R,-] 타입 등이 있으므로 핀에 적혀있는 글자를 확인 후 연결합니다.
R= 빨간색, G=녹색, B=파란색, -=GND 핀에 연결하면 됩니다. 위의 회로의 이미지보다는 모듈의 글자를 보며 연결합니다.

아두이노와 3색 LED의 핀 연결은 위의 표를 참조합니다. D5, D6, D11 3개의 핀은 모두 PWM이 사용 가능한 핀입니다.

아두이노	3색 LED
D5	빨간색
D6	녹색
D11	파란색

시리얼 통신으로 하나의 문자를 받아 RGB LED 제어하기

시리얼 통신으로 LED를 제어하는 부분은 2장에서 다루었습니다. 문자 'r', 'g', 'b', 'o'로 LED를 제어합니다. 시리얼 통신으로 RGB LED를 제어하는 코드를 작성합니다.

다음의 코드를 작성합니다.

8_2_1.ino

```
#define LED_RED 5
#define LED_GREEN 6
#define LED_BLUE 11

void setup() {
 Serial.begin(9600);
 pinMode(LED_RED, OUTPUT);
 pinMode(LED_GREEN, OUTPUT);
 pinMode(LED_BLUE, OUTPUT);
}

void loop() {
 if (Serial.available() > 0)
 {
         char sData = Serial.read();

         if (sData == 'r')
         {
          digitalWrite(LED_RED, HIGH);
          digitalWrite(LED_GREEN, LOW);
          digitalWrite(LED_BLUE, LOW);
         }
         else if (sData == 'g')
         {
          digitalWrite(LED_RED, LOW);
          digitalWrite(LED_GREEN, HIGH);
          digitalWrite(LED_BLUE, LOW);
         }
         else if (sData == 'b')
         {
          digitalWrite(LED_RED, LOW);
          digitalWrite(LED_GREEN, LOW);
          digitalWrite(LED_BLUE, HIGH);
         }
         else if (sData == 'o')
         {
          digitalWrite(LED_RED, LOW);
          digitalWrite(LED_GREEN, LOW);
          digitalWrite(LED_BLUE, LOW);
         }
 }
}
```

동작 결과

r을 시리얼 통신으로 통해 아두이노로 전송하면 빨간색 LED만 켜집니다.

g을 시리얼 통신으로 통해 아두이노로 전송하면 녹색 LED만 켜집니다.

b을 시리얼 통신으로 통해 아두이노로 전송하면 파란색 LED만 켜집니다.

o을 시리얼 통신으로 통해 아두이노로 전송하면 모든 LED가 꺼집니다.

자주 일어나는 일은 아니지만, 시리얼 통신으로 노이즈 신호가 들어와 b가 전송되면 파란색 LED가 켜질 것입니다. 의도치 않은 동작을 할 것입니다. 그리고 LED의 색상과 밝기를 조절해야 한다면 어떻게 해야 할까요? 한 글자만을 이용하여 데이터 통신을 하기에는 제약사항이 너무 많습니다.
통신할 때는 통신규칙을 정하고 통신을 하는 게 좋습니다.

RGB LED를 제어하는 통신규칙 만들기

RGB=	빨간색 LED 0~255	녹색 LED 0~255	파란색 LED 0~255	줄바꿈 ₩n

RGB=255,50,0

RGB= 문자열을 시작으로 빨간색 LED, 녹색 LED, 파란색 LED의 값을 찾습니다. 값의 구분은 ,(콤마)로 합니다. 종료 문자는 ₩n으로 줄 바꿈입니다.

각각 위치의 LED의 값에 따라서 LED의 밝기를 조절합니다.

아두이노에서 메시지를 잘 받았다면 "OKRGB"를 응답합니다.

시리얼 통신으로 ₩n 종료 문자까지 문자열을 입력받기

시리얼 통신으로 ' ₩n ' 종료 문자 전까지 값을 읽는 코드를 만들어 봅니다.

다음의 코드를 작성합니다.

8_2_2.ino

```
void setup() {
 Serial.begin(9600);
}

void loop() {
 if (Serial.available() > 0)
 {
        String strRead = Serial.readStringUntil('\n');

        Serial.print("read:");
        Serial.print(strRead);
 }
}
```

08: Serial.readStringUntil('₩n') 으로 종료 문자 ₩n(줄바꿈)을 찾기 전까지의 값을 반환합니다.
11: 받은 데이터를 다시 PC로 전송합니다.

업로드 버튼( )을 눌러 아두이노 우노 보드에 프로그램을 업로드합니다.
업로드 완료 후 시리얼모니터( ) 버튼을 클릭하여 시리얼모니터 창을 엽니다.

동작 결과

hello를 전송합니다. 시리얼모니터 창에서 [새줄]은 종료 문자인 ₩n이므로 새 줄로 설정합니다.
₩n 종료 문자 전까지 받은 값을 다시 PC로 전송하여 보여주었습니다.

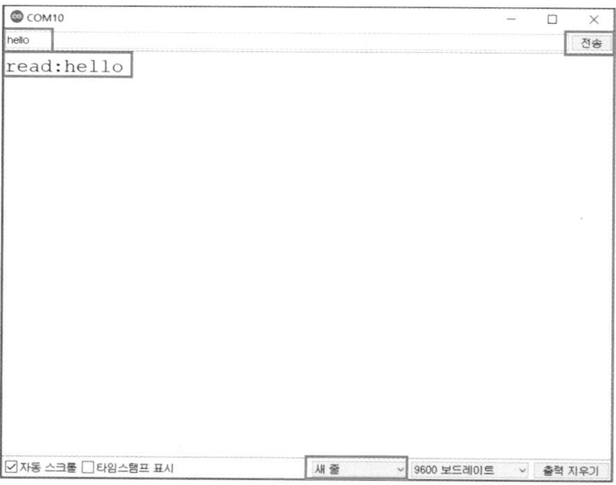

시리얼 통신으로 RGB=255,50,0값 입력받아 255,50,0의 값 찾아 분리하기

시리얼 통신으로 받은 데이터를 String 타입으로 저장하였기 때문에 이제부터는 String의 기능을 이용하여 문자를 찾거나 자르거나 숫자, 소수점 형태로 자유롭게 변환 가능합니다.
RGB=255,50,0의 값에서 255, 50, 0의 값을 찾는 코드를 만들어 봅니다.
다음의 코드를 작성합니다.

8_2_3.ino

```
void setup() {
 Serial.begin(9600);
}

void loop() {
 if (Serial.available() > 0)
 {
         String strRead = Serial.readStringUntil('\n');
         if(strRead.indexOf("RGB=") != -1)
         {
          int commaIndex1 = strRead.indexOf(",");
          int commaIndex2 = strRead.indexOf(",",commaIndex1 + 1);
```

```
13
14                int redValue = strRead.substring(4,commaIndex1).toInt();
15                int greenValue = strRead.substring(commaIndex1 + 1,commaIndex2).toInt();
16                int blueValue = strRead.substring(commaIndex2 + 1,strRead.length()).toInt();
17
18                Serial.print("red:"); Serial.println(redValue);
19                Serial.print("green:"); Serial.println(greenValue);
20                Serial.print("blue:"); Serial.println(blueValue);
21            }
22      }
23    }
```

09~21 : 받은 문자열에서 RGB=을 찾으면 조건이 참이 되어 동작합니다.
11 : 첫 번째 콤마를 찾아 위치를 commaIndex1에 저장합니다
12 : 두 번째 콤마를 찾아 위치를 commaIndex2에 저장합니다.
14 : 4부터 첫 번째 콤마위치까지의 문자열을 잘라 .toInt()로 숫자형으로 변환하여 redValue에 저장합니다. 4부터 시작하는 이유는 "RGB="의 문자열 다음부터 값을 찾기 위해서 입니다. "RGB="은 변경되지 않는 값입니다.
15 : 첫 번째 콤마+1 위치부터 두 번째 콤마 전까지 문자열을 잘라 .toInt()로 숫자형으로 변환하여 greenValue에 저장합니다.
16 : 두 번째 콤마+1 위치부터 strRead.length() 길이 즉, 마지막 전까지 문자열을 잘라 .toInt()로 숫자형으로 변환하여 bluValue에 저장합니다.
18~20 : 각각의 값을 출력합니다.

통신규칙을 통해 원하는 부분의 값을 자르고 변경하는 코드로 과정을 잘 이해하고 다음 단계로 진행합니다.

업로드 버튼( )을 눌러 아두이노 우노 보드에 프로그램을 업로드합니다.

업로드 완료 후 시리얼모니터( ) 버튼을 클릭하여 시리얼모니터 창을 엽니다.

동작 결과

RGB=255,50,0을 입력합니다.

255,50,0의 값이 분리되어 숫자 형태로 변환되었습니다.

RGB=0,255,255을 입력합니다.

문자의 길이가 변하더라도 ','(콤마) 위치를 찾기 때문에 잘 동작합니다.

시리얼 통신으로 RGB=빨간색,녹색,파란색의 숫자값 입력받아 RGB LED 제어하기

시리얼 통신으로 받은 데이터를 RGB LED를 제어하는 코드를 만들어 봅니다.

RGB LED는 코드의 해석이 편해지도록 함수로 만듭니다.

다음의 코드를 작성합니다.

8_2_4.ino

```
01	#define LED_RED 5
02	#define LED_GREEN 6
03	#define LED_BLUE 11
04
05	void setup() {
06	 Serial.begin(9600);
07	}
08
09	void loop() {
10	 if (Serial.available() > 0)
11	 {
12	         String strRead = Serial.readStringUntil('\n');
13	         if(strRead.indexOf("RGB=") != -1)
14	         {
15	          int commaIndex1 = strRead.indexOf(",");
16	          int commaIndex2 = strRead.indexOf(",",commaIndex1 + 1);
17
18	          int redValue = strRead.substring(4,commaIndex1).toInt();
19	          int greenValue = strRead.substring(commaIndex1 + 1,commaIndex2).toInt();
20	          int blueValue = strRead.substring(commaIndex2 + 1,strRead.length()).toInt();
21
22	          redLedSet(redValue,greenValue,blueValue);
23	          Serial.println("OKRGB");
24	         }
25	 }
26	}
27
28	void redLedSet(int red, int green, int blue)
29	{
30	 analogWrite(LED_RED,red);
31	 analogWrite(LED_GREEN,green);
32	 analogWrite(LED_BLUE,blue);
33	}
```

22: redLedSet 함수를 이용하여 led의 밝기를 조절합니다.
23: OKRGB를 응답합니다.

업로드 버튼( )을 눌러 아두이노 우노 보드에 프로그램을 업로드합니다.

업로드 완료 후 시리얼모니터( ) 버튼을 클릭하여 시리얼모니터 창을 엽니다.

동작 결과

시리얼 통신으로 다음의 값을 입력하여 명령어로 LED가 잘 동작하는지 확인하여 봅니다.

RGB=255,0,0 – 빨간색 LED만 켜집니다.

RGB=0,255,0 – 녹색 LED만 켜집니다.

RGB=0,0,255 – 파란색 LED만 켜집니다.

RGB=128,128,128 – 모든 LED가 중간 밝기로 켜집니다.

명령어를 잘 받았으면 아두이노는 시리얼모니터에 OKRGB를 응답합니다.

CHAPTER 04

자동차의 기본 기능 익히기

Arduino CAR

자율주행 자동차 조립하기

이 책의 실습으로 사용할 다음의 자율주행 자동차의 구성품을 확인해보고 조립합니다. 다음의 부품을 준비합니다.

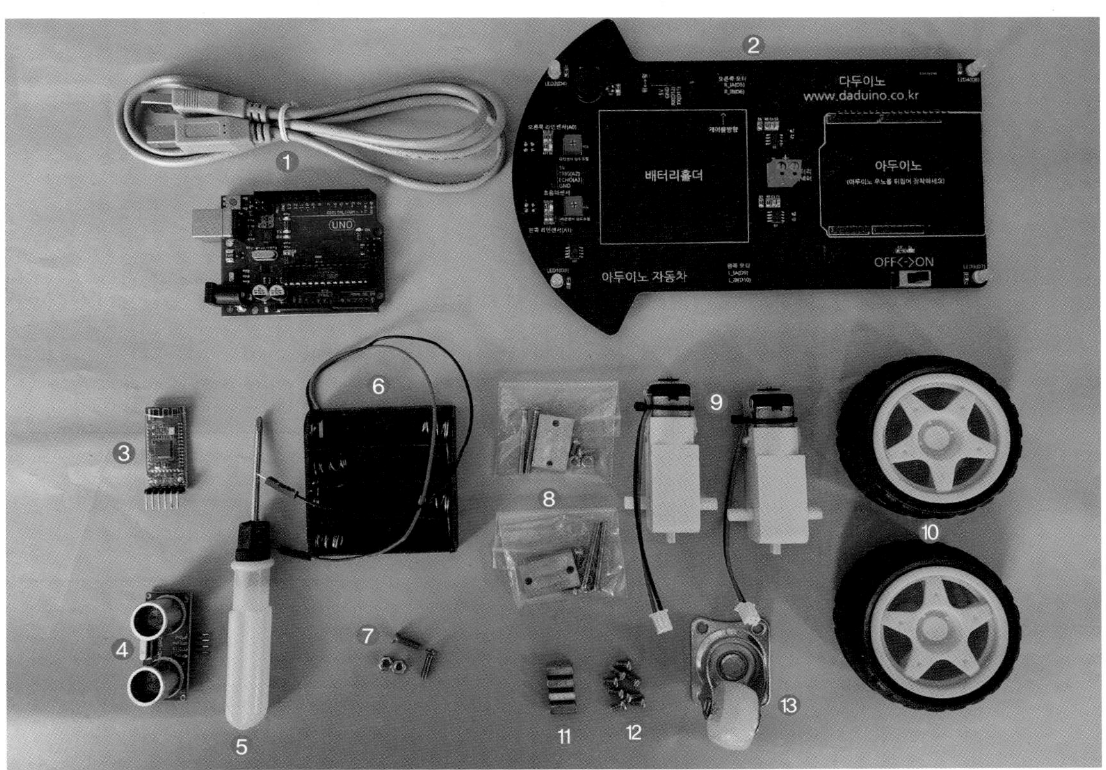

번호	이름(특이사항)	수량
❶	아두이노 우노 및 케이블(옵션 상품)	1개
❷	자동차 바디	1개
❸	블루투스4.0 모듈	1개
❹	초음파세서모듈	1개
❺	+,– 변신드라이버	1개
❻	AAx4 배터리홀더	1개
❼	배터리홀더 고정용 접시머리볼트 및 너트	2개씩

번호	이름(특이사항)	수량
❽	모터고정용 브라켓 세트	2세트
❾	120:1 기어비 TT 모터	2개
❿	바퀴	2개
⓫	뒷바퀴 고정용 11mm 서포트	4개
⓬	뒷바퀴 고정용 3mm 볼트	8개
⓭	뒷바퀴	1개

아두이노 자동차의 모든것 키트 구매 안내

〈아두이노 자동차의 모든 것〉 키트는 위 구성품 모두를 포함하고 있습니다. 단, ❶번 항목은 옵션으로 제공되기 때문에 필요한 분은 구매 시 선택할 수 있습니다.

- 키트명 : 아두이노 자동차의 모든 것
- 구매처 : 다두이노
- 쇼핑몰 : www.daduino.co.kr

1 자동차 바디와 모터를 조립합니다. 자동차 바디, TT 모터 2개, 모터 고정용 브라켓 2세트 준비합니다. 모터의 선은 안쪽을 향하게 조립합니다.

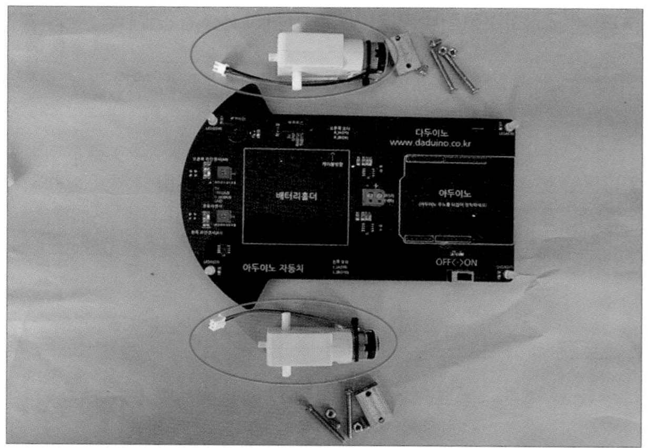

2 브라켓과 긴 볼트, 너트를 이용하여 다음과 같이 모터에 조립합니다. 브라켓의 윗부분에 볼트가 채결되어 연결됩니다. 브라켓의 윗부분에 볼트를 연결할 수 있는 탭이 나와 있는지 확인 후 연결합니다.

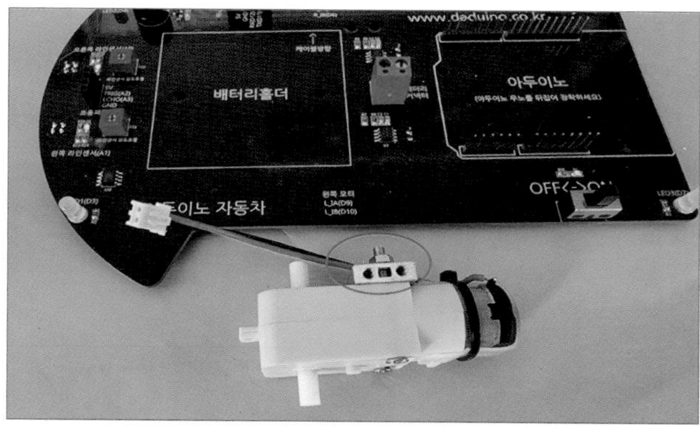

3 짧은 볼트 2개는 다음의 위치에 연결합니다. 드라이버의 +를 이용하여 조립 시 볼트가 헛도는 경우 드라이버의 -를 이용하면 더 세게 볼트를 조일 수 있습니다.

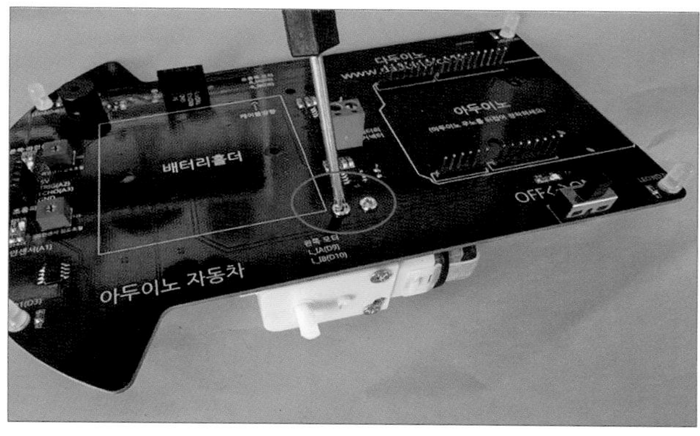

4 반대쪽 모터도 브라켓을 연결합니다.

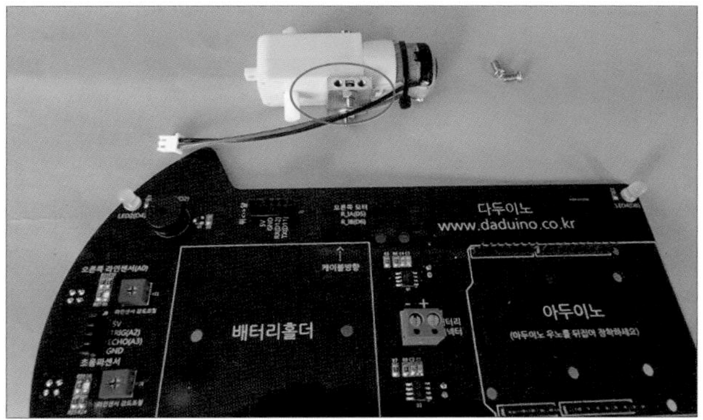

5 반대쪽 모터도 다음의 위치에 볼트를 연결하여 조립합니다.

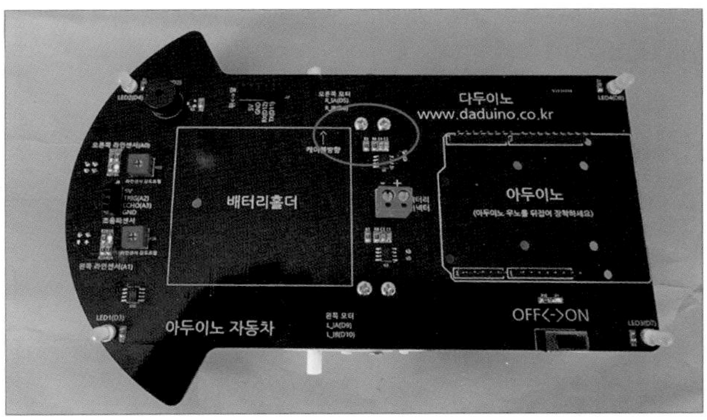

6 모터를 연결 후 아래면을 확인하였을 때 다음과 같이 모터의 선이 안쪽으로 조립이 되어야 합니다.

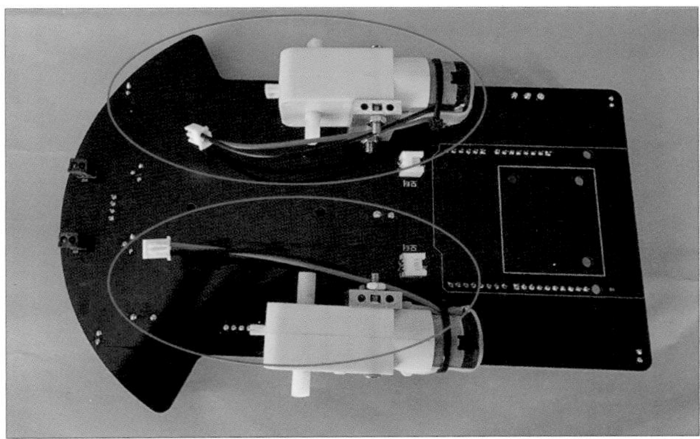

7 뒷바퀴를 조립합니다. 뒷바퀴, 11mm 서포트 4개, 볼트 8개를 준비합니다.

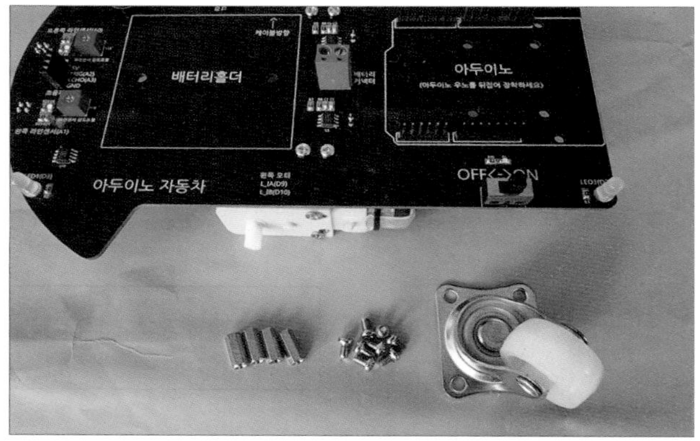

8 볼트를 아래로 넣습니다.

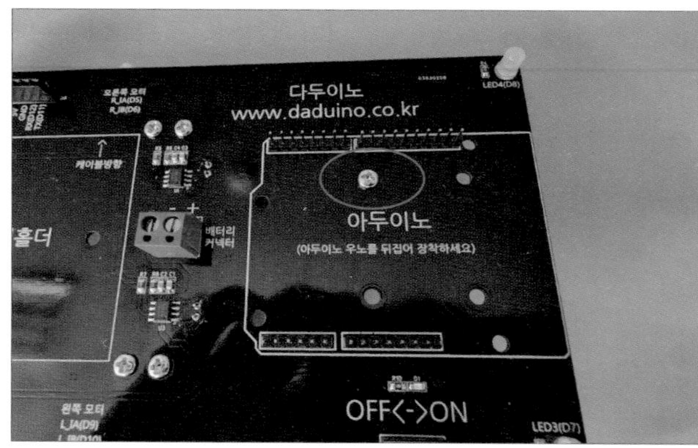

9 서포트를 손으로 돌려 볼트와 결합합니다.

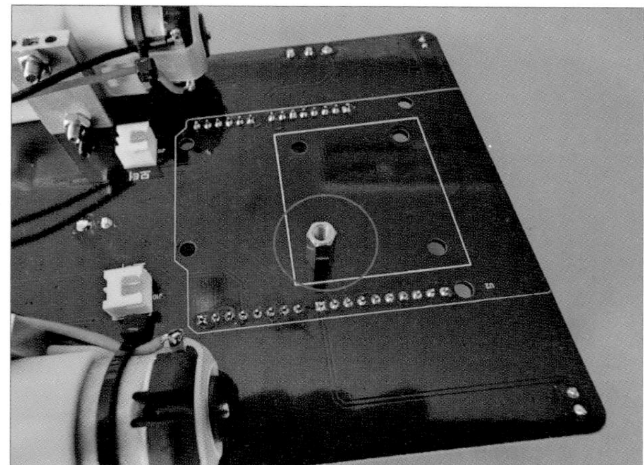

10 4군데 모두 볼트와 서포트를 결합합니다.

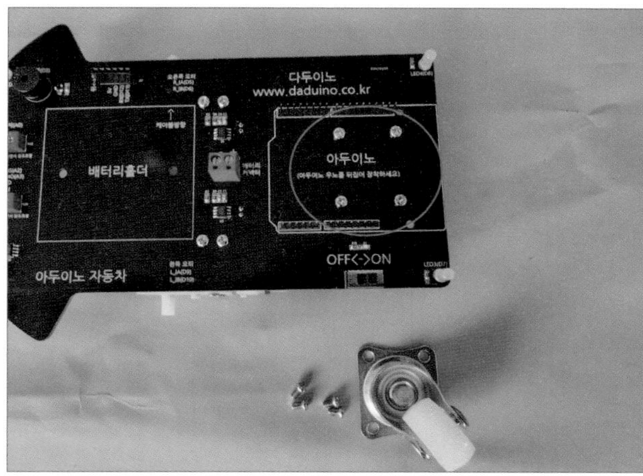

11 아래에서 확인하면 다음과 같이 서포트가 조립되었습니다. 서포트는 뒷바퀴의 높이를 맞추는 용도로 사용합니다.

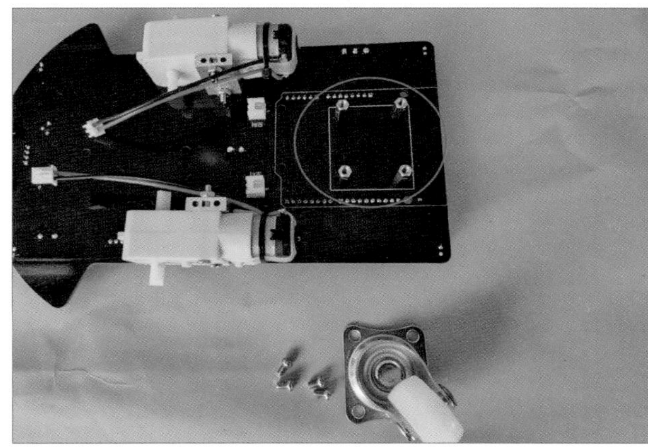

12 나머지 볼트 4개를 이용하여 뒷바퀴를 서포트에 조립합니다.

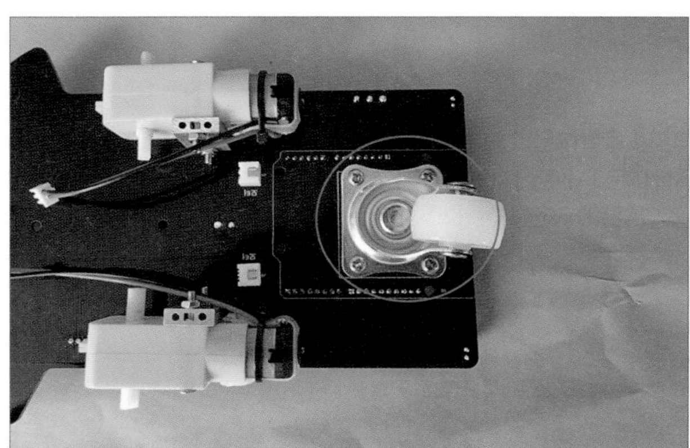

⑬ 모터에서 나온 선을 커넥터와 연결합니다.

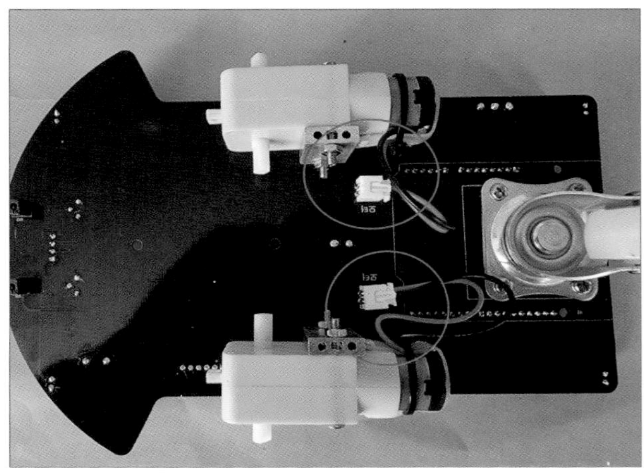

⑭ 배터리홀더를 조립합니다. 접시머리 볼트 2개, 너트 2개, 배터리홀더를 준비합니다.

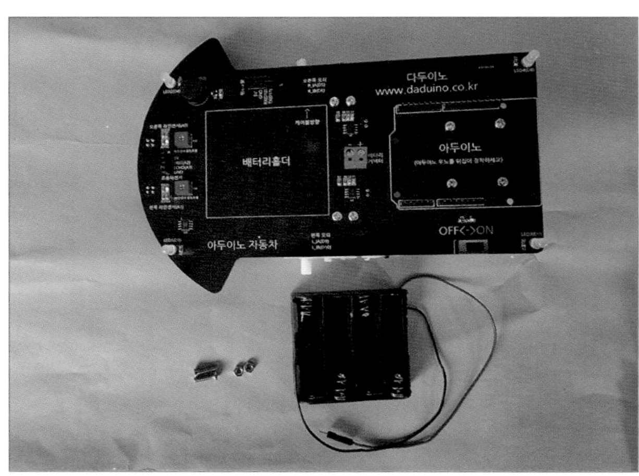

⑮ 배터리홀더 위치에 위치시킨 후 접시머리볼트 2개를 이용하여 배터리홀더 구멍에 넣습니다. 배터리홀더에서 나온 선은 위쪽으로 향하게 합니다.

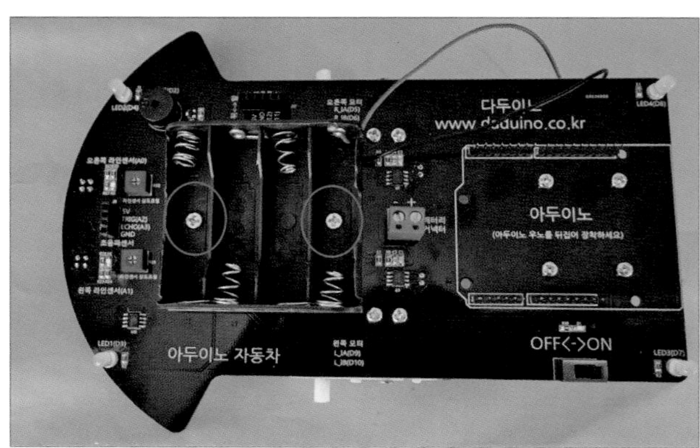

⑯ 아래쪽에서 확인 시 다음과 같이 볼트가 나왔습니다.

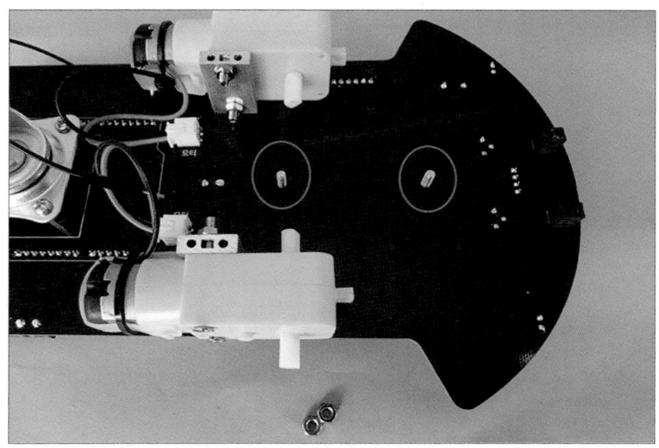

⑰ 너트 2개를 이용하여 고정합니다.

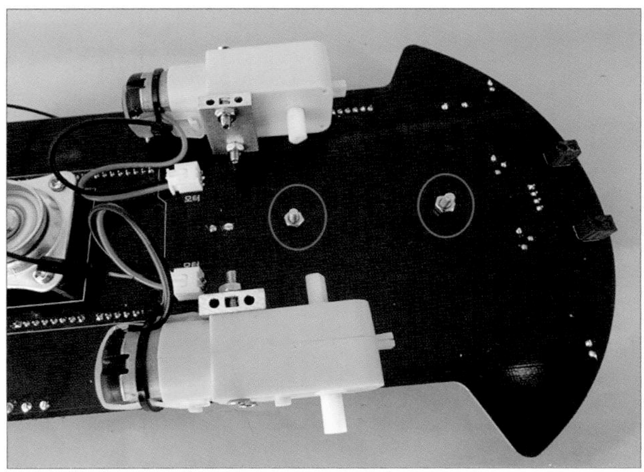

⑱ 배터리홀더에서 나온 선을 다음과 같이 커넥터에 조립합니다. –는 검은색, +는 빨간색으로 조립합니다.

커넥터에 조립 시 드라이버의 –를 이용합니다. 다음의 순서로 커넥터와 케이블을 연결합니다.

❶ 〈– 반시계 방향으로 볼트를 푼다

❷ 배터리커넥터에서 나온 케이블을 넣는다.

❸ –〉 시계 방향으로 볼트를 조인다.

❹ 케이블을 당겨서 빠지지 않는지 확인한다.

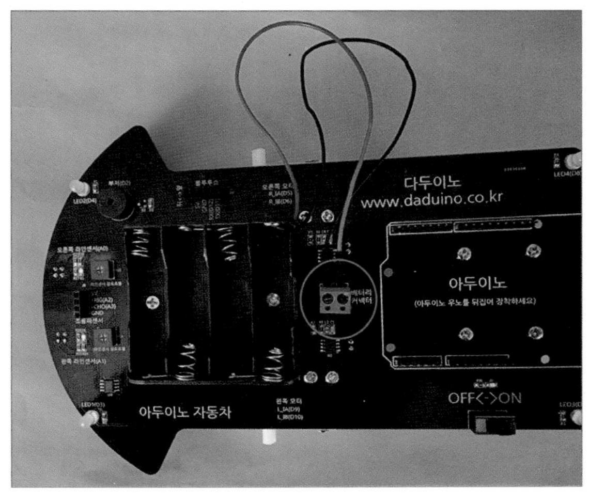

19 케이블을 정리합니다.

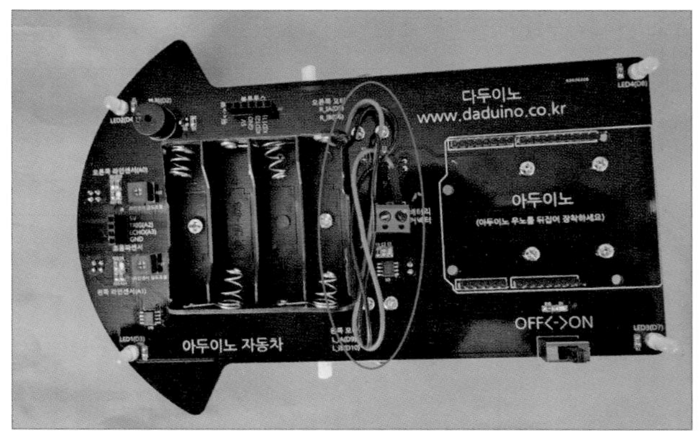

20 모터와 바퀴를 조립한 후 모터의 홈과 바퀴의 홈을 맞추어 끼워서 조립합니다.

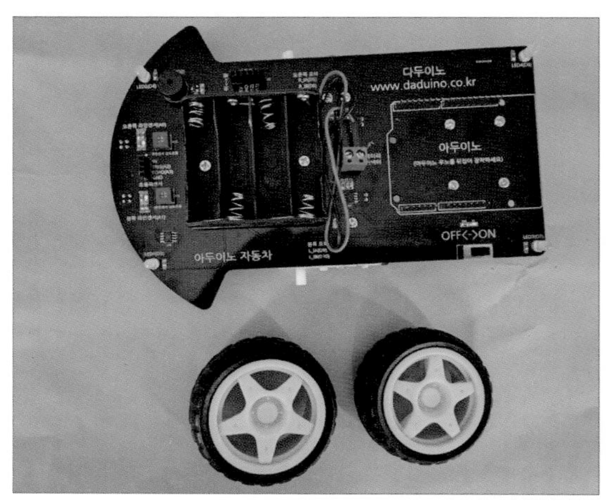

21 바퀴의 조립을 완료하였습니다.

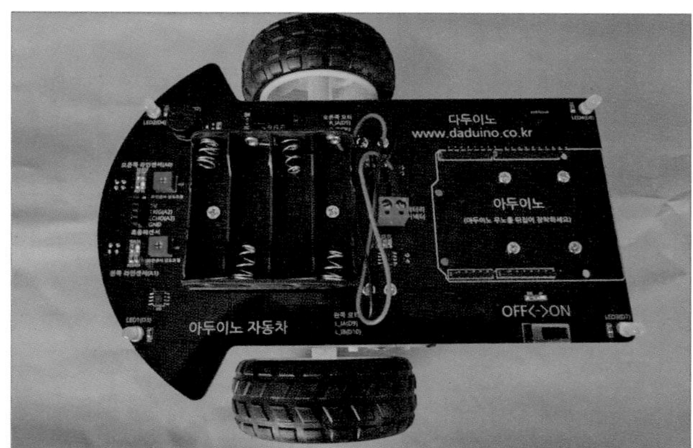

22 초음파센서, 블루투스 모듈, 아두이노를 준비합니다.

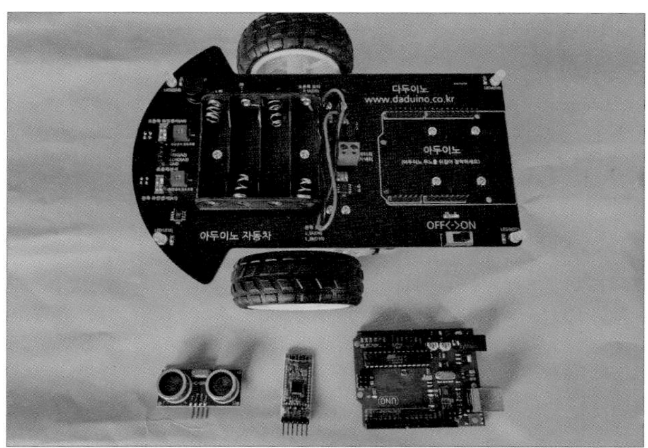

23 초음파센서, 블루투스 통신 모듈, 아두이노를 다음과 같이 조립합니다. 블루투스 통신 모듈은 앞면이 위로 향하게 조립합니다. 아두이노 우노 보드는 바닥면이 위로 보이게 조립합니다.

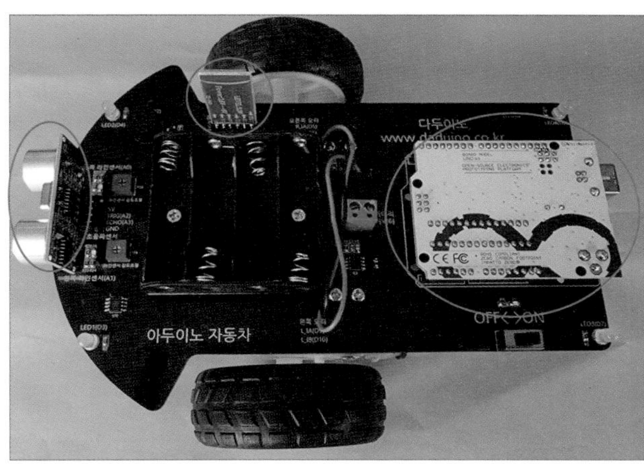

24 AA건전지(별도구매) 4개를 배터리홀더에 연결합니다. 조립을 완료하였습니다.

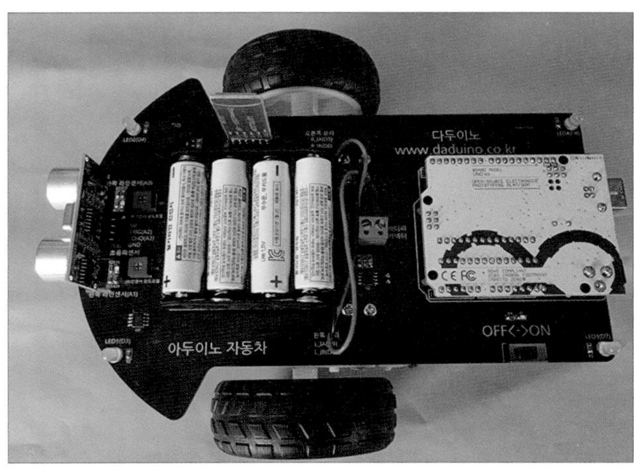

09 자동차의 기능 – 전조등, 후미등

자동차의 전조등 및 후미등을 제어합니다.

09 _ 1 전조등, 후미등 구현하기

아두이노 자동차에 전조등 LED 2개, 후미등 LED 2개 총 4개의 LED가 있습니다.

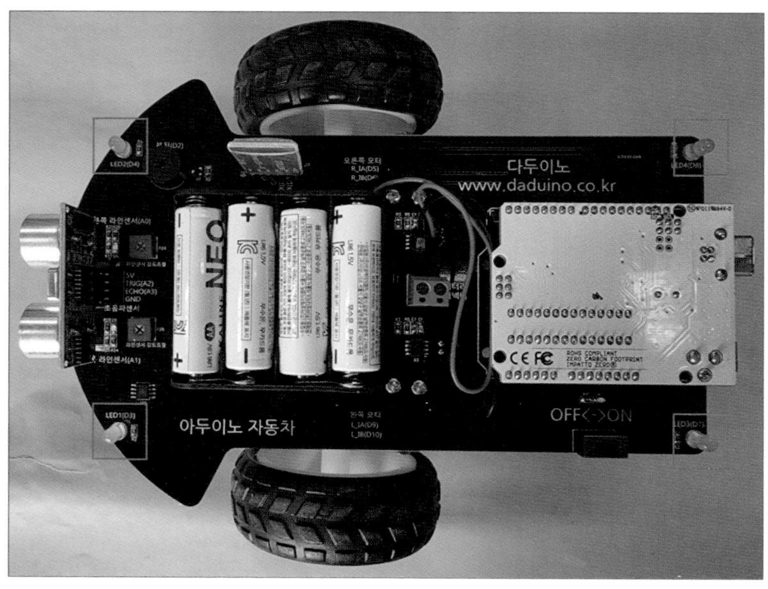

다음과 같은 회로 구성으로 아두이노에서 디지털 신호로 HIGH(5V)를 출력하면 LED가 켜집니다. 330옴의 LED보호용 저항이 있습니다.

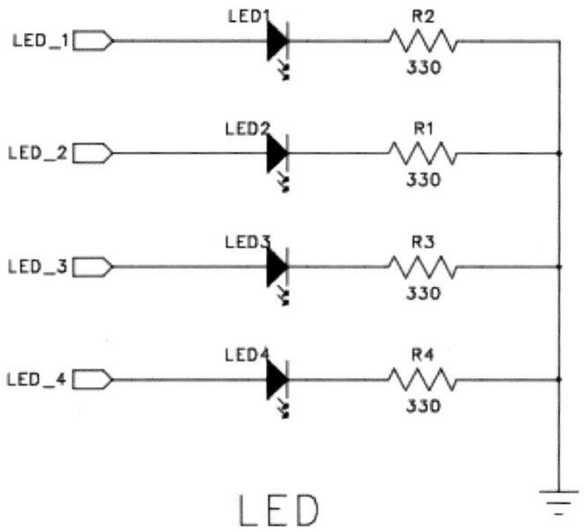

아두이노와 핀 연결은 3,4,7,8번 핀을 사용합니다.

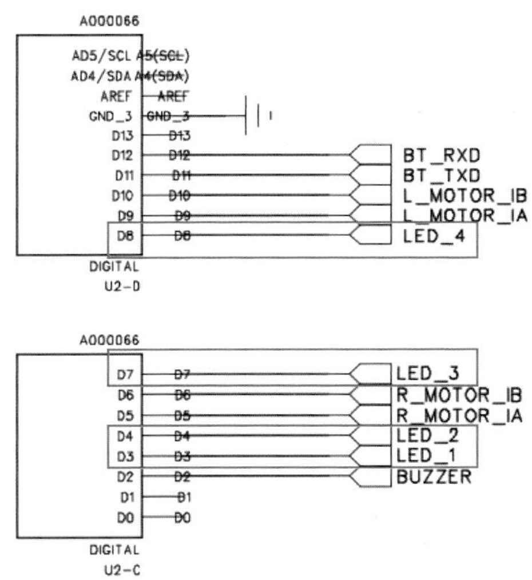

전조등 후미등 LED 제어하기

LED 4개를 제어하는 코드를 만들어 봅니다.

다음의 코드를 작성합니다.

9_1_1.ino

```
#define LED_1 3
#define LED_2 4
#define LED_3 7
#define LED_4 8

void setup() {
 pinMode(LED_1,OUTPUT);
 pinMode(LED_2,OUTPUT);
```

```
09    pinMode(LED_3,OUTPUT);
10    pinMode(LED_4,OUTPUT);
11   }
12
13   void loop() {
14    digitalWrite(LED_1,HIGH);
15    digitalWrite(LED_2,HIGH);
16    digitalWrite(LED_3,HIGH);
17    digitalWrite(LED_4,HIGH);
18    delay(1000);
19    digitalWrite(LED_1,LOW);
20    digitalWrite(LED_2,LOW);
21    digitalWrite(LED_3,LOW);
22    digitalWrite(LED_4,LOW);
23    delay(1000);
24   }
```

01~04: LED의 핀을 정의합니다.
07~10: LED에 사용하는 핀을 출력으로 설정합니다.
14~23: 4개의 LED를 1초마다 깜빡입니다.

업로드 버튼( )을 눌러 아두이노 우노 보드에 프로그램을 업로드합니다.

동작 결과

자동차의 4개의 LED가 1초마다 깜빡입니다.

for문을 이용하여 코드 줄이기

반복되는 코드가 있으니 for문을 이용하여 반복하도록 코드의 길이를 줄여봅니다.

다음의 코드를 작성합니다.

9_1_2.ino

```
const int LED_PINS[4] = {3,4,7,8};

void setup() {
 for(int i =0; i<4; i++) pinMode(LED_PINS[i],OUTPUT);
}

void loop() {
 for(int i =0; i<4; i++) digitalWrite(LED_PINS[i],HIGH);
 delay(1000);
 for(int i =0; i<4; i++) digitalWrite(LED_PINS[i],LOW);
 delay(1000);
}
```

01: LED_PINS 배열에 3,4,7,8 값으로 초기화합니다. const를 붙여 변하지 않는 값임을 알려줍니다. 하드웨어로 제어하는 핀들은 변경되지 않는 값이기 때문에 변수를 변경할 수 없도록 const를 붙였습니다. LED_PINS 모두 대문자로 정한 이유는 상수일 때는 보통 모두 대문자를 사용합니다. 상수는 변경되지 않는 값을 말합니다.
04: for문을 이용하여 i값이 0부터 3까지 4번 반복합니다. 3,4,7,8번 핀을 모두 출력으로 사용합니다. for문에서 동작하는 코드가 한 줄일 때는 같은 줄에 표시해도 됩니다.
08: 3,4,7,8번 핀을 HIGH(5V)로 출력합니다.
10: 3,4,7,8번 핀을 LOW(0V)로 출력합니다.

업로드 버튼( )을 눌러 아두이노 우노 보드에 프로그램을 업로드합니다.

동작 결과

자동차의 4개의 LED가 1초마다 깜빡입니다.

코드의 길이를 줄이고 싶다면 for문을 이용하여 반복되는 동작을 할 수 있습니다. for문 사용은 필수는 아닙니다. 코드의 가독성에 따라서 for문을 이용하거나 여러줄의 코드를 나열하거나 하는 방식으로 사용하시면 됩니다.

09 _ 2 millis() 함수를 사용하여 여러 개의 기능 동시에 동작하기

앞쪽의 LED 2개를 이용하여 LED1은 0.7초마다 깜빡이고 LED 2번은 1.3초마다 깜빡이도록 만들고 싶습니다. 여러 가지의 기능을 하나의 loop에서 동작하는 방법에 대해 알아봅니다.

delay 사용하여 잘못된 코드 만들기

delay만을 이용하여 잘못된 코드를 만들어 봅니다.

다음의 코드를 작성합니다.

9_2_1.ino

```
#define LED_1 3
#define LED_2 4

void setup() {
 pinMode(LED_1,OUTPUT);
 pinMode(LED_2,OUTPUT);
}

void loop() {
 digitalWrite(LED_1,HIGH);
 delay(700);
 digitalWrite(LED_1,LOW);
 delay(700);
 digitalWrite(LED_2,HIGH);
```

```
  delay(1300);
  digitalWrite(LED_2,LOW);
  delay(1300);
}
```

업로드 버튼( )을 눌러 아두이노 우노 보드에 프로그램을 업로드합니다.

동작 결과

delay만을 이용하여 LED 1번은 0.7초 동안은 켜져 있고 0.7초 + 2.6초 동안은 꺼져있습니다. loop의 마지막줄이 끝나야 다시 처음으로 돌아와 LED 1번을 켭니다.

LED 2번은 1.3초 동안 켜져 있고 0.7+0.7+1.3초 동안은 꺼져있습니다.

다양한 기능을 동작하기 위해서는 delay만을 이용하면 정상적인 코드를 만들 수 없습니다.

delay 사용하여 코드 만들기

물론 방법은 아예 없지는 않습니다. delay를 사용하여 LED 1번은 0.7초 LED 2번은 1.3초마다 깜빡이는 코드를 만들어 봅니다.

다음의 코드를 작성합니다.

9_2_2.ino

```
#define LED_1 3
#define LED_2 4

int led1cnt =0;
int led2cnt =0;

void setup() {
 pinMode(LED_1,OUTPUT);
 pinMode(LED_2,OUTPUT);
}

void loop() {
 if(led1cnt <700) digitalWrite(LED_1,HIGH);
 else digitalWrite(LED_1,LOW);

 if(led1cnt <=1400) led1cnt++;
 else led1cnt =0;

 if(led1cnt <700) digitalWrite(LED_1,HIGH);
 else digitalWrite(LED_1,LOW);

 if(led1cnt <=1400) led1cnt++;
 else led1cnt =0;
```

```
18
19        if(led2cnt <1300) digitalWrite(LED_2,HIGH);
20        else digitalWrite(LED_2,LOW);
21
22        if(led2cnt <=2600) led2cnt++;
23        else led2cnt =0;
24
25        delay(1);
26      }
```

04~05 : led의 시간을 세기 위한 전역변수를 생성합니다.
13~14 : led1cnt의 값이 0~699는 LED 1번을 켜고 700~1399까지는 LED 1번을 끕니다. 0.7초마다 LED1은 깜빡입니다.
16~17 : led1cnt를 0~1399까지 증가시킵니다. led1cnt의 값이 1400이 되면 다시 0으로 값을 대입합니다.
18~20 :led2cnt의 값이 0~1299는 LED 2번을 켜고 1300~2599까지는 LED 1번을 끕니다. 1.3초마다 LED 2번은 깜빡입니다.
22~23 : led2cnt를 0~2599까지 증가시킵니다. led2cnt의 값이 2600이 되면 다시 0으로 값을 대입합니다.
25 : loop의 주기를 delay(1)로 1mS로 맞추었습니다.

업로드 버튼( )을 눌러 아두이노 우노 보드에 프로그램을 업로드합니다.

동작 결과

0.7초마다 LED 1번은 깜빡이고 1.3초마다 LED 2번은 깜빡입니다. 원하는 동작을 한 것처럼 보입니다. 하지만 이 코드에는 두 가지의 문제점이 있습니다.

첫 번째는 정확한 0.7초 및 1.3초가 아닙니다. delay(1)로 loop의 주기를 1mS로 맞춘 것처럼 보이나 13~23줄까지 조건문을 실행하기 위해서는 시간이 필요로 합니다. 조건문을 실행하거나 코드를 동작하는 시간까지 합쳐져 1mS + 알파의 시간이 loop의 주기로 동작합니다. 그렇기 때문에 정확한 0.7초 1.3초마다 동작하지 않습니다.

두 번째는 loop가 동작하는 시간 1mS이하로 동작하는 조건이 필요해지면 loop가 동작하는 시간에 맞추어 모든 코드를 수정해야 합니다.

이런한 문제점이 있기 때문에 실제로는 delay는 굉장히 제한적으로 사용되어야 합니다.

mills() 함수를 사용하여 코드 만들기

이제 delay가 없이 millis() 함수를 이용하여 정확한 시간에 다양한 동작을 하는 방법에 대해 알아봅니다.

다음의 코드를 작성합니다.

9_2_3.ino

```
01 #define LED_1 3
02 #define LED_2 4
03 
04 unsigned long currTime1 =0;
05 unsigned long prevTime1 =0;
06 bool ledState1 =0;
07 unsigned long currTime2 =0;
08 unsigned long prevTime2 =0;
09 bool ledState2 =0;
10 
11 void setup() {
12  pinMode(LED_1,OUTPUT);
13  pinMode(LED_2,OUTPUT);
14 }
15 
16 void loop() {
17  currTime1 =millis();
18  if(currTime1 - prevTime1 >=700)
19  {
20          prevTime1 = currTime1;
21          digitalWrite(LED_1,ledState1);
22          ledState1 =!ledState1;
23  }
24 
25  currTime2 =millis();
26  if(currTime2 - prevTime2 >=1300)
27  {
28          prevTime2 = currTime2;
29          digitalWrite(LED_2,ledState2);
30          ledState2 =!ledState2;
31  }
32 }
```

04~09 : 시간을 저장하는 변수와 LED의 상태를 저장하는 변수를 생성합니다.
17~23 : 0.7초마다 LED 1번을 깜빡입니다.
17 : millis() 함수를 이용하여 시간을 currTime1 변수에 대입합니다.
18 : 현재 시간에서 이전시간을 뺀 값이 700mS 이상이면 조건에 만족합니다. 즉 0.7초마다 조건에 만족합니다.
20 : 이전 시간을 저장하는 변수 prevTime1에 currTime1에 저장된 현재 시간을 저장합니다.
21 : LED 1번의 출력을 ledState1 변수의 값으로 정합니다.
22 : ledState1 변수는 값이 반전됩니다. 0이면->1로 1이면->0으로
25~31 : 1.3초마다 LED 2번을 깜빡입니다.

업로드 버튼()을 눌러 아두이노 우노 보드에 프로그램을 업로드합니다.

동작 결과

LED 1번은 0.7초마다 깜빡이고, LED 2번은 1.3초마다 깜빡입니다.

millis()를 이용하여 정확한 시간에 동작하는 코드를 완성하였습니다.

09 _ 3 함수 만들어 코드 간략화하기

하나의 loop에서 여러 가지 동작을 하는 방법에 대해 알아보았습니다. 다만 여러 가지 동작을 하기 위해서 전역변수가 필요했습니다. 지금은 2가지 기능만 있기 때문에 전역변수가 많지 않지만 점점 더 많은 일을 하기 위해서는 전역변수가 늘어나게 됩니다. 전역변수의 이름을 고유하게 생각해내는 것도 프로그램할 때 힘든 일입니다.

함수를 이용하여 기능을 분리하여 코드의 가독성을 높이도록 합니다.

함수 만들어 LED 제어하기

다음의 코드를 작성합니다.

9_3_1.ino

```
#define LED_1 3
#define LED_2 4

void setup() {
 pinMode(LED_1,OUTPUT);
 pinMode(LED_2,OUTPUT);
}

void loop() {
 led_1_flash_700mS();
 led_2_flash_1300mS();
}

void led_1_flash_700mS()
{
 static unsigned long currTime =0;
 static unsigned long prevTime =0;
 static bool ledState =0;
 currTime =millis();
 if(currTime - prevTime >=700)
 {
         prevTime = currTime;
         digitalWrite(LED_1,ledState);
         ledState =!ledState;
 }
}

void led_2_flash_1300mS()
{
 static unsigned long currTime =0;
 static unsigned long prevTime =0;
 static bool ledState =0;
```

```
33        currTime =millis();
34        if(currTime - prevTime >=1300)
35        {
36                prevTime = currTime;
37                digitalWrite(LED_2,ledState);
38                ledState =!ledState;
39        }
40       }
```

10 : LED 1번은 0.7초마다 깜빡입니다.
11 : LED 2번은 1.3초마다 깜빡입니다.
14~26 : led_1_flash_700mS() 함수는 LED 1번을 0.7초마다 깜빡입니다.
16~18 : 변수앞에 static을 붙여 지역변수이지만 한 번만 초기화되는 전역변수의 기능으로 사용합니다. bool 타입은 0과 1만 저장할 수 있는 변수입니다.

led_1_flash_700mS() 함수와 led_2_flash_1300mS() 함수에서 다음 3개의 변수는 동일한 이름으로 사용됩니다. 이름이 같더라도 지역변수의 특징이 있기 때문에 선언된 함수에서만 사용됩니다. 두 개의 함수에서 선언된 변수는 다른 변수입니다. static으로 전역변수의 성질도 있어 한 번만 초기화됩니다.

```
static unsigned long currTime = 0;
static unsigned long prevTime = 0;
static bool ledState = 0;
```

업로드 버튼( )을 눌러 아두이노 우노 보드에 프로그램을 업로드합니다.

동작 결과

LED 1번은 0.7초마다 깜빡이고, LED 2번은 1.3초마다 깜빡입니다.

loop에서의 코드해석이 편해졌습니다.

함수에 인자를 받아 제어하기

이번에는 코드를 조금 수정하여 깜빡이는 시간을 함수의 인자로 받아 만들어 봅니다.

다음의 코드를 작성합니다.

9_3_2.ino

```
#define LED_1 3
#define LED_2 4

void setup() {
 pinMode(LED_1,OUTPUT);
```

```
06     pinMode(LED_2,OUTPUT);
07    }
08
09    void loop() {
10     led_1_flash(700);
11     led_2_flash(1300);
12    }
13
14    void led_1_flash(int flashTime)
15    {
16     static unsigned long currTime =0;
17     static unsigned long prevTime =0;
18     static bool ledState =0;
19     currTime =millis();
20     if(currTime - prevTime >= flashTime)
21     {
22             prevTime = currTime;
23             digitalWrite(LED_1,ledState);
24             ledState =!ledState;
25     }
26    }
27
28    void led_2_flash(int flashTime)
29    {
30     static unsigned long currTime =0;
31     static unsigned long prevTime =0;
32     static bool ledState =0;
33     currTime =millis();
34     if(currTime - prevTime >= flashTime)
35     {
36             prevTime = currTime;
37             digitalWrite(LED_2,ledState);
38             ledState =!ledState;
39     }
40    }
```

10~11 : 깜빡이는 시간을 함수의 입력값으로 넣었습니다.
14 : 함수의 입력값을 받도록 int flashTime 인자를 추가하였습니다.
20 : flashTime의 값에 따라서 if 조건문에 만족하는 시간을 결정합니다.

동작 결과

LED 1번은 0.7초마다 깜빡이고, LED 2번은 1.3초마다 깜빡입니다.

함수에서 인자로 깜빡이는 시간의 조절이 가능합니다.

10 자동차의 기능 – 경적

자동차의 경적기능에 대해 알아봅니다.

10 _ 1 부저회로 이해하기

자동차에는 다음 사진과 같이 멜로디 부저가 있습니다. 멜로디 부저는 주파수를 입력하면 판이 떨어서 소리는 내는 소자로 주파수에 따른 음계의 출력이 가능합니다.

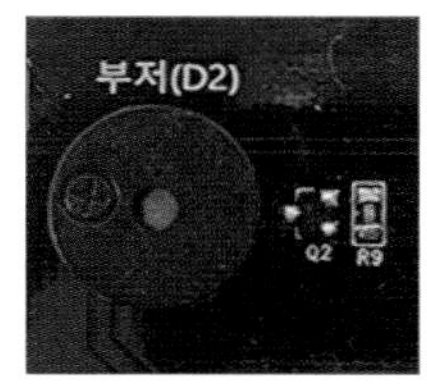

멜로디 부저의 회로도 입니다. 멜로디 부저 이외에 Q2인 트랜지스터, R9인 1k옴 저항이 있습니다. 트랜지스터와 저항은 전류를 증폭시키기 위해 사용하였습니다.

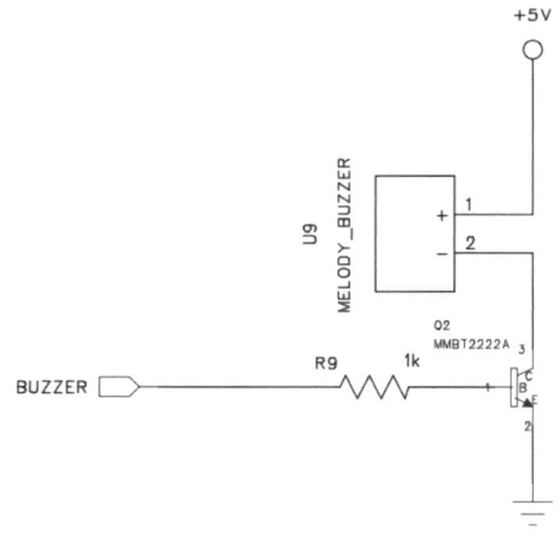

멜로디 부저는 아두이노의 D2 핀에 연결되어 있습니다.

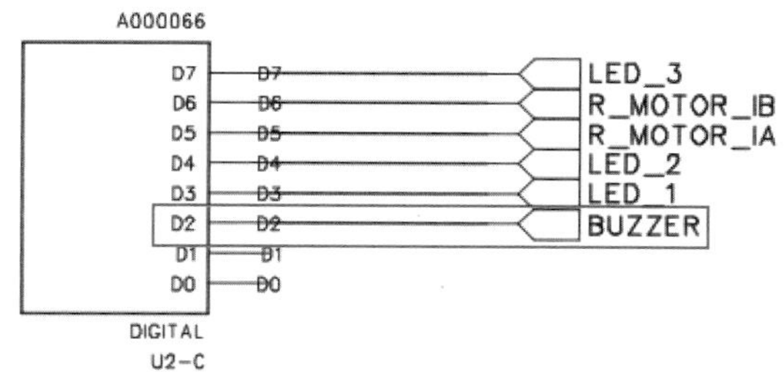

NPN 트랜지스터의 동작은 다음 그림과 같습니다.

아두이노의 BUZZER 핀에서 HIGH(5V)를 출력하여 트랜지스터가 ON 상태입니다.

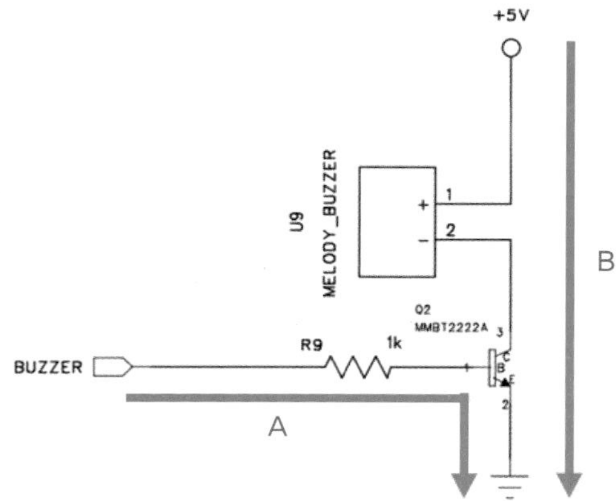

A에서 BUZZER 핀과 GND(0V) 사이에 전위차가 생기면 B의 전기가 통합니다.

아두이노의 BUZZER 핀에서 LOW(0V)를 출력하여 트랜지스터가 OFF 상태입니다.

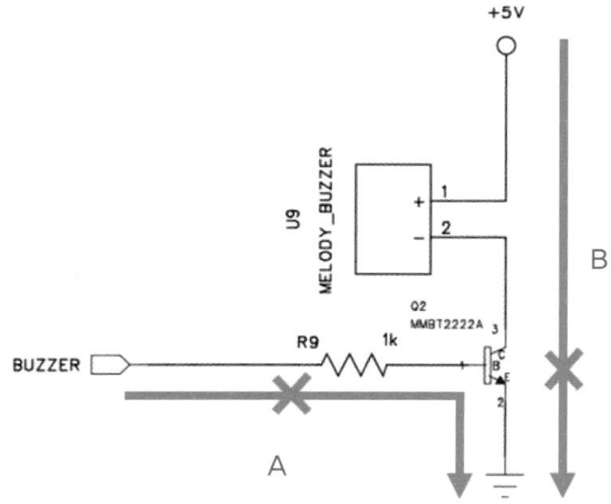

A에서 BUZZER 핀과 GND(0V) 사이에 전위차가 없어 전기가 흐르지 않고 B의 전기가 통하지 않습니다.

트랜지스터는 전류원 증폭소자로 스위치를 열기 위해서는 전류가 필요로 합니다. 통상적으로 전류의 10배~100배 가량 증폭하여 사용합니다.

A에서 흐르는 전류를 계산하면 I=V/R로 5V-0.7V / 1000옴으로 I(전류)는 약 4.3mA입니다. 아두이노에서는 4.3mA의 전류만으로 더 큰 전류를 제어할 수 있기 때문에 사용합니다. 전압에서 0.7V를 뺀 이유는 트랜지스터의 다이오드 전압으로 트랜지스터를 열기 위해서 다이오드 전압인 0.7V의 전압이 필요합니다.

B에 흐르는 전류는 멜로디 부저에서 사용하는 전류입니다.

중요한 점은 트랜지스터를 이용하면 아두이노에서 4.3mA의 소량의 전류를 이용하여 더 큰 전류를 제어하여 멜로디 부저를 제어할 수 있습니다.

10 _ 2 tone 함수를 사용하여 피에조부저 출력하기

피에조부저로 음계 출력하기

피에조부저에 주파수를 입력하여 도,레,미,파,솔 음계를 출력합니다. 다음의 코드를 작성합니다.

10_2_1.ino

```
01	#define PIEZO_BUZZER 2
02	
03	void setup() {
04	}
05	
06	void loop() {
07	 tone(PIEZO_BUZZER, 261.6); //도
08	 delay(1000);
09	 tone(PIEZO_BUZZER, 293.6); //레
10	 delay(1000);
11	 tone(PIEZO_BUZZER, 329.6); //미
12	 delay(1000);
13	 tone(PIEZO_BUZZER, 349.2); //파
14	 delay(1000);
15	 tone(PIEZO_BUZZER, 391.9); //솔
16	 delay(1000);
17	 noTone(PIEZO_BUZZER); //끔
18	 delay(1000);
19	}
```

01 : 피에조부저 핀을 3번으로 정의합니다.

07 : 3번 핀에 261.6Hz의 주파수를 출력합니다. 4옥타브 도의 음입니다.

08 : 1초 기다립니다.

09~16 : 각각 주파수를 출력 후 1초 기다립니다.

17 : noTone(핀) 함수를 사용하여 주파수를 출력하지 않습니다.

업로드 버튼(➔)을 눌러 아두이노 우노 보드에 프로그램을 업로드합니다.

동작 결과

도, 레, 미, 파, 솔의 음계가 1초마다 반복적으로 출력됩니다.

피에조부저는 주파수에 따라서 떨림을 하는 소자입니다.

아래 주파수에 따른 음계 표를 확인하면 빨간색 네모칸의 4옥타브 부분의 도,레,미,파,솔 음계의 주파수를 출력하여 피에조부저에서 소리를 출력하게 하였습니다.

(단위 : Hz)

옥타브 / 음계	1	2	3	4	5	6	7	8
C(도)	32.7032	65.4064	130.8128	261.6256	523.2511	1046.502	2093.005	4186.009
C#	34.6478	69.2957	138.5913	277.1826	554.3653	1108.731	2217.461	4434.922
D(레)	36.7081	73.4162	146.8324	293.6648	587.3295	1174.659	2349.318	4698.636
D#	38.8909	77.7817	155.5635	311.1270	622.2540	1244.508	2489.016	4978.032
E(미)	41.2034	82.4069	164.8138	329.6276	659.2551	1318.510	2637.020	5274.041
F(파)	43.6535	87.3071	174.6141	349.2282	698.4565	1396.913	2793.826	5587.652
F#	46.2493	92.4986	184.9972	369.9944	739.9888	1479.978	2959.955	5919.911
G(솔)	48.9994	97.9989	195.9977	391.9954	783.9909	1567.982	3135.963	6271.927
G#	51.9130	103.8262	207.6523	415.3047	830.6094	1661.219	3322.438	6644.875
A(라)	55.0000	110.0000	220.0000	440.0000	880.0000	1760.000	3520.000	7040.000
A#	58.2705	116.5409	233.0819	466.1638	932.3275	1864.655	3729.310	7458.620
B(시)	61.7354	123.4708	246.9417	493.8833	987.7666	1975.533	3951.066	7902.133

◈ 주파수 음계표

알아둡니다! **tone 함수 사용방법 및 특징**

tone 함수는 핀에 특정주파수의 구형파를 발생시킵니다. 지속시간을 정할 수 있으며, 따로 정하지 않는다면 noTone(핀)을 부를 때까지 파형 발생이 계속됩니다.

한 번에 하나의 tone만 발생시킬 수 있습니다.

tone 함수는 31Hz보다 낮은 tone을 발생시킬 수는 없습니다.

tone 함수를 사용 시 3,11번 핀의 PWM 기능을 사용할 수 없습니다. 아두이노의 timer1은 3,11 번 PWM 기능, tone 함수를 제어하기 때문입니다.

tone(핀,주파수)

tone(핀,주파수,지속시간)

위의 두 가지 방법으로 tone 함수 설정이 가능합니다.

핀: tone을 발생시킬 핀

주파수: 주파수 Hz

지속시간: mS 단위의 지속시간

tone(핀,주파수)로 설정시 noTone(핀) 함수를 부를 때까지 핀에서 주파수가 지속적으로 발생합니다.

피에조부저로 학교종이 땡땡땡 출력하기

학교종이 땡땡땡 음계를 피에조부저를 사용하여 출력해보도록 합니다.

학교종이 땡땡땡의 가사 입니다.

학교종이/땡땡땡/

어서모이/자/

선생님이/우리를/

기다리신/다/

학교종이 땡땡땡의 음계는 다음과 같습니다.

솔솔라라/솔솔미/

솔솔미미/레/

솔솔라라/솔솔미/

솔미레미/도/

4옥타브 음계를 주파수로 표현하면 다음과 같습니다. (소수점 이하는 버리고 사용하였습니다)

392 392 440 440/ 392 392 330/

392 392 330 330/ 294/

392 392 440 440/ 392 392 330/

392 330 294 330/ 262/

학교종이 땡땡땡의 코드를 완성합니다. 다음의 코드를 작성합니다.

2_3_2.ino

```
#define PIEZO_BUZZER 2

void setup() {

}

void loop() {
 tone(PIEZO_BUZZER, 392); delay(200);
 noTone(PIEZO_BUZZER); delay(100);
 tone(PIEZO_BUZZER, 392); delay(200);
 noTone(PIEZO_BUZZER); delay(100);
 tone(PIEZO_BUZZER, 440); delay(200);
 noTone(PIEZO_BUZZER); delay(100);
 tone(PIEZO_BUZZER, 440); delay(200);
 noTone(PIEZO_BUZZER); delay(100);

 tone(PIEZO_BUZZER, 392); delay(200);
 noTone(PIEZO_BUZZER); delay(100);
 tone(PIEZO_BUZZER, 392); delay(200);
 noTone(PIEZO_BUZZER); delay(100);
 tone(PIEZO_BUZZER, 330); delay(500);
 noTone(PIEZO_BUZZER); delay(100);
```

```

    tone(PIEZO_BUZZER, 392); delay(200);
    noTone(PIEZO_BUZZER); delay(100);
    tone(PIEZO_BUZZER, 392); delay(200);
    noTone(PIEZO_BUZZER); delay(100);
    tone(PIEZO_BUZZER, 330); delay(200);
    noTone(PIEZO_BUZZER); delay(100);
    tone(PIEZO_BUZZER, 330); delay(200);
    noTone(PIEZO_BUZZER); delay(100);

    tone(PIEZO_BUZZER, 294); delay(1000);
    noTone(PIEZO_BUZZER); delay(100);

    tone(PIEZO_BUZZER, 392); delay(200);
    noTone(PIEZO_BUZZER); delay(100);
    tone(PIEZO_BUZZER, 392); delay(200);
    noTone(PIEZO_BUZZER); delay(100);
    tone(PIEZO_BUZZER, 440); delay(200);
    noTone(PIEZO_BUZZER); delay(100);
    tone(PIEZO_BUZZER, 440); delay(200);
    noTone(PIEZO_BUZZER); delay(100);

    tone(PIEZO_BUZZER, 392); delay(200);
    noTone(PIEZO_BUZZER); delay(100);
    tone(PIEZO_BUZZER, 392); delay(200);
    noTone(PIEZO_BUZZER); delay(100);
    tone(PIEZO_BUZZER, 330); delay(500);
    noTone(PIEZO_BUZZER); delay(100);

    tone(PIEZO_BUZZER, 392); delay(200);
    noTone(PIEZO_BUZZER); delay(100);
    tone(PIEZO_BUZZER, 330); delay(200);
    noTone(PIEZO_BUZZER); delay(100);
    tone(PIEZO_BUZZER, 294); delay(200);
    noTone(PIEZO_BUZZER); delay(100);
    tone(PIEZO_BUZZER, 330); delay(200);
    noTone(PIEZO_BUZZER); delay(100);

    tone(PIEZO_BUZZER, 262); delay(1000);
    noTone(PIEZO_BUZZER); delay(100);
}
```

학교종이 땡땡땡 악보 전체 음계를 출력하는 여러 줄의 코드입니다.

중간에 notone 함수를 주어 동일한 음이 연속으로 나왔을 때 반복적으로 누르는 효과를 주었습니다.

업로드 버튼( )을 눌러 아두이노 우노 보드에 프로그램을 업로드합니다.

동작 결과

4옥타브의 "학교종이 땡땡땡" 음계를 출력하였습니다.

10 _3 배열과 for문을 이용하여 코드 줄이기

“학교종이 땡땡땡” 음계를 for 문법과 배열을 사용하여 코드를 단순화할 수 있습니다.

다음의 코드를 작성합니다.

2_3_3.ino

```
01    #define PIEZO_BUZZER 2
02
03    int freq[] = {392,392,440,440,392,392,330, \
04              392,392,330,330,294, \
05              392,392,440,440,392,392,330, \
06              392,330,294,330,262};
07
08    int dTime[] = {200,200,200,200,200,200,500, \
09              200,200,200,200,1000, \
10              200,200,200,200,200,200,500, \
11              200,200,200,200,1000};
12
13    void setup() {
14    }
15
16    void loop() {
17     for(int i=0;i<sizeof(freq)/sizeof(int);i++)
18     {
19             tone(PIEZO_BUZZER, freq[i]); delay(dTime[i]);
20             noTone(PIEZO_BUZZER); delay(100);
21     }
22    }
```

03~06 : freq[] 배열을 만들고 배열에 주파수 값을 입력하였습니다.
[₩]는 역슬래쉬로 아두이노에서는 ₩로 보입니다. 키보드의 엔터키 위에 원화[₩] 표시를 누르면 됩니다. ₩를 사용하는 이유는 배열의 길이가 너무 길어 ₩로 줄바꿈하여 보기 편하게 하였습니다. C/C++ 언어에서 ₩를 만나면 다음 줄이지만 같은 줄로 인식합니다.

08~11 : 지연시간의 값을 배열에 넣었습니다.

17: 0부터 freq 배열의 수만큼 반복합니다.
sizeof(배열) 는 배열의 전체 길이를 알 수 있습니다.
sizeof(자료형) 는 자료형의 크기를 알 수 있습니다.
예 sizeof(int), sizeof(char), sizeof(float), sizeof(배열)
sizeof(freq)/sizeof(int)는 sizeof(freq) = 48, sizeof(int) = 2,sizeof(freq)/sizeof(int) = 24이므로 for문 tone 함수를 24번 반복하여 음계를 출력합니다.
sizeof(freq)/sizeof(int)를 사용하면 다른 악보 음계를 출력할 때 반복횟수를 쉽게 계산할 수 있습니다.

업로드 버튼( )을 눌러 아두이노 우노 보드에 프로그램을 업로드합니다.

동작 결과

for 문법과 배열을 사용하여 코드를 단순화하여 음계를 출력하였습니다.

11 자동차의 기능 – 모터

자동차를 움직이기 위한 모터 구동 방법에 대해 알아봅니다.

11 _ 1 모터 드라이버의 동작원리 이해하기

모터를 구동하기 위해서는 모터 드라이버가 필요합니다. 사람이 다리를 움직이기 위해서는 다음과 같은 과정이 필요합니다.

[뇌에서 신호를 보낸다] -> [근육에서 신호를 받아서] -> [다리를 움직인다]

뇌에서는 큰 힘을 바로 낼 수 없기 때문에 근육에게 신호를 보내주고 근육이 다리를 움직이도록 합니다. 아두이노에서 모터를 동작시키기 위한 과정도 마찬가지로 [아두이노에서 신호를 보낸다] -> [모터 드라이버에서 신호를 받아서] -> [모터를 움직인다]의 과정으로 모터를 구동합니다. 아두이노는 작은 전류만의 신호를 모터 드라이버로 보내고 모터 드라이버는 큰 전류로 모터를 구동합니다.

아두이노에서 신호를 받아 모터를 구동하는 모터 드라이버의 회로입니다. 모터 드라이버는 L9110을 사용합니다. 왼쪽, 오른쪽 2개의 모터 드라이버를 구동하기 위해서 2개의 IC를 사용합니다. J10, J11의 커넥터가 모터와 연결되는 커넥터로 모터의 신호가 전달됩니다. C6,C7은 모터의 스파크성 노이즈 신호를 제거하기 위한 캐패시터로 사용합니다. R5,R6,R7,R8의 10k옴 저항은 풀업 저항으로 아두이노에서 신호 입력이 없을 경우 모터가 동작하지 않도록 보호하기 위한 용도로 사용됩니다. C1,C2,C3,C4는 모터의 전원에 필요한 캐패시터 입니다. 모터 드라이버의 전원은 [VBAT]신호로 배터리의 전압을 직접적으로 입력받습니다.

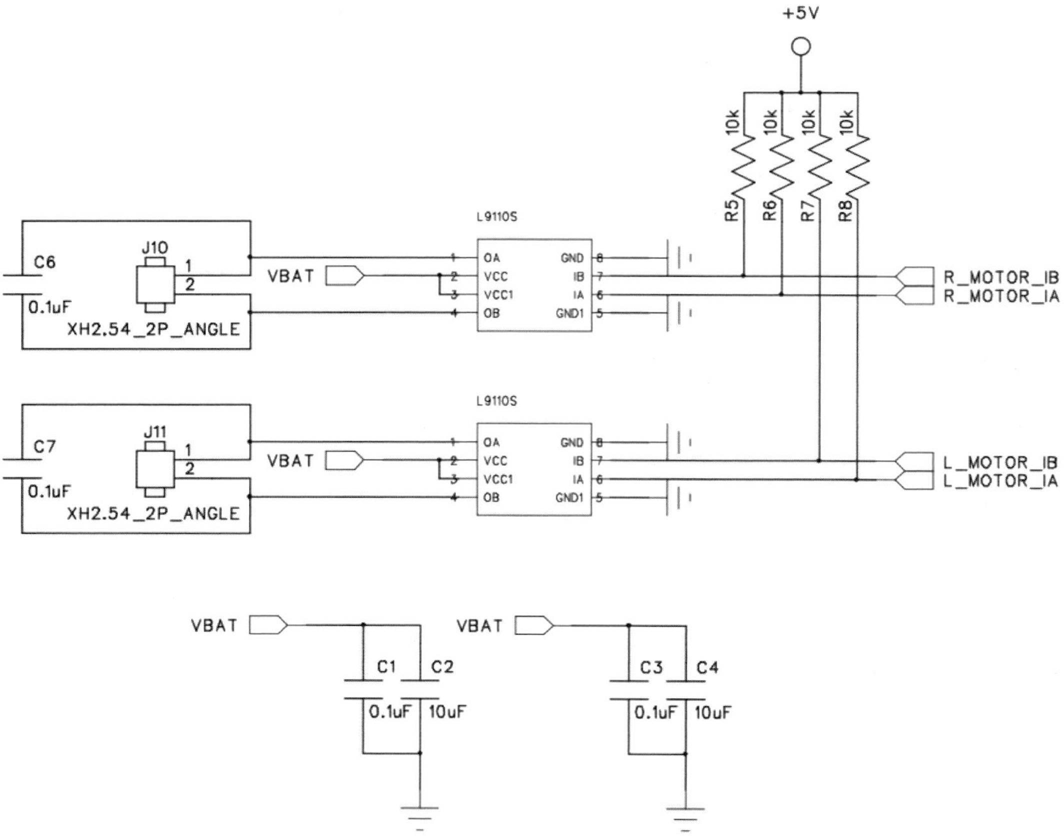

모터 드라이버의 신호 핀은 아두이노의 D5, D6, D9, D10번 핀에 연결되어 있습니다. D5, D6, D9, D10은 모두 아날로그 출력(PWM)이 사용 가능한 핀입니다.

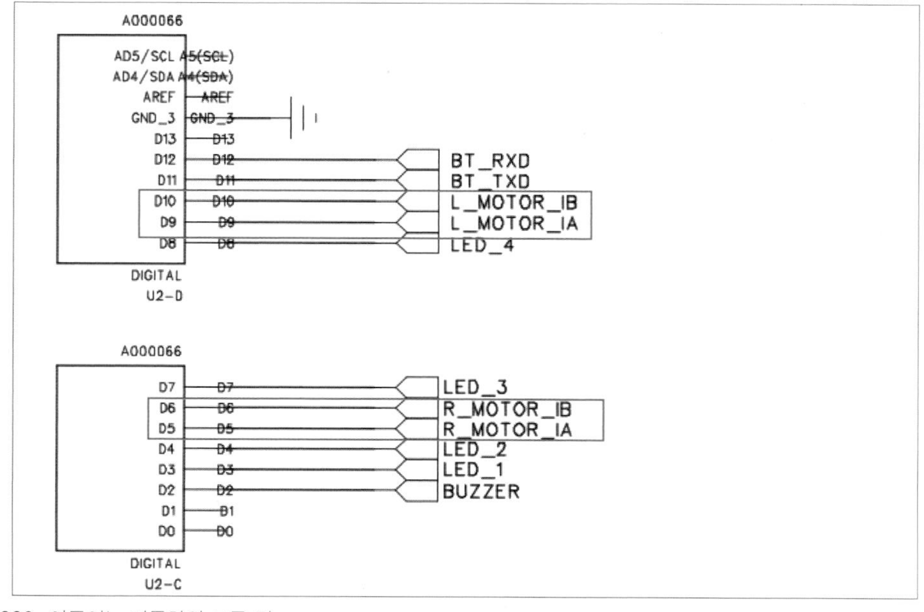

L9110의 데이터시트 입니다. 최대 12V의 전압으로 구동할 수 있고 최대 800mA의 전류를 흘릴 수 있습니다. 우리가 사용하는 전압은 AA 배터리가 4개 직렬 연결된 전압으로 6V를 사용합니다. 전류는 TT 모터의 최대 소모 전류인 150mA로 L9110 모터 드라이버 사용 시 여유롭게 사용 가능합니다.

Symbol	Parameters	Range			Units
		Min	Typical	Max	
VCC	Supply Voltage	**2.5**	**6**	**12**	**V**
Idd	Quiescent Current	—	**0**	**2**	**uA**
Iin	Operating current	**200**	**350**	**500**	**uA**
IC	Continuous	**750**	**800**	**850**	**mA**
IMax	Current peak	—	**1500**	**2000**	**mA**

모터 드라이버는 내부적인 회로는 다음과 같이 구성되어 있습니다. A 스위치, B 스위치로 구성되어 있습니다. A 스위치는 A 스위치끼리, B 스위치는 B 스위치끼리 같이 동작합니다.

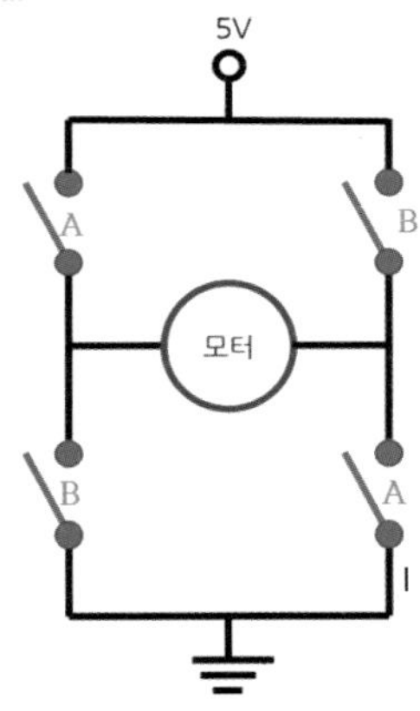

다음 그림과 같이 A 스위치 두 개 닫았을 때 모터의 극성은 +,− 가 됩니다.

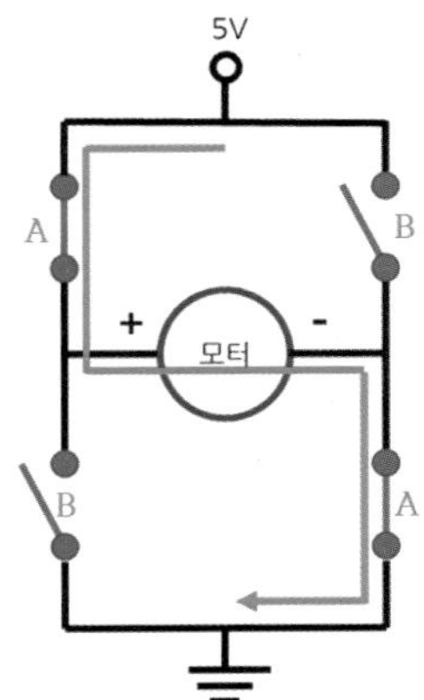

다음 그림과 같이 B 스위치를 두 개 닫았을 때 모터의 극성은 −,+ 가 됩니다.

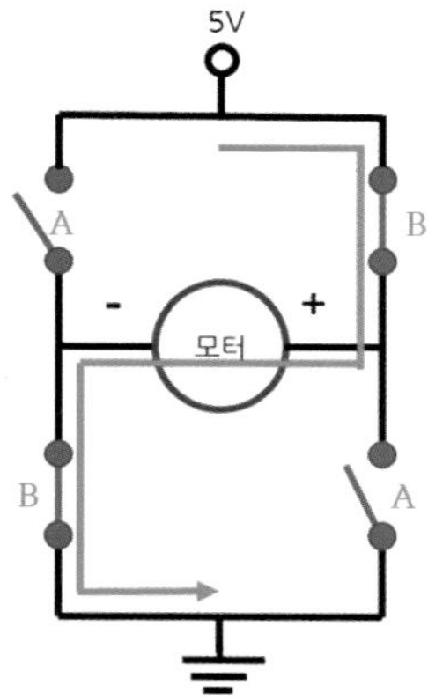

L9110 모터 드라이버에서는 A, B 스위치를 제어할 수 있는 입력 핀이 있어 A, B 신호에 따라 모터 드라이버에서는 모터의 극성을 바꾸어 방향을 바꿀 수 있습니다.

스위치를 빠르게 여닫아 열려있는 시간과 닫혀있는 시간의 비의 신호로 모터의 속도를 제어할 수도 있습니다. 아두이노의 아날로그 출력(PWM)으로 가능합니다.

11 _ 2 모터 구동하기

모터를 구동하여봅니다. 모터 드라이버는 [VBAT]의 신호로 동작하지만 L9110은 비절연 타입의 모터 드라이버로 신호 핀에 의해 전기가 미세하게 공급되어 모터가 동작합니다. 메인 스위치를 끄더라도 모터가 동작할 수 있습니다. 모터가 동작하여 자동차가 움직이는 것을 원하지 않는다면 자동차 아래에 물건을 두어 바퀴가 공중에 띄도록 합니다.

오른쪽 바퀴 구동하기

오른쪽 바퀴를 구동해 봅니다. 다음의 코드를 작성합니다.

11_2_1.ino

```
#define R_IA 5
#define R_IB 6

void setup() {
}

void loop() {
 analogWrite(R_IA,0);
```

```
09        analogWrite(R_IB,0);
10        delay(1000);
11        analogWrite(R_IA,255);
12        analogWrite(R_IB,0);
13        delay(1000);
14    }
```

01~02: 오른쪽 바퀴의 핀을 정의합니다.
08~10: 모터 드라이버의 PWM 신호를 0으로 합니다. 모터를 멈춥니다.
11~13: 모터 드라이버의 PWM 신호를 255으로 합니다. 모터를 가장 빠르게 앞으로 동작합니다.

analogWrite를 사용 시에는 pinMode 함수에서 출력으로 설정하지 않아도 됩니다.

업로드 버튼( )을 눌러 아두이노 우노 보드에 프로그램을 업로드합니다.

동작 결과

오른쪽 바퀴가 1초 동안 앞으로 회전하고 1초 동안은 멈춥니다.

스위치를 ON으로 하면 배터리의 전압이 모터 드라이버에 공급되어 더욱 빠르게 모터가 동작합니다. 스위치를 OFF 시 아두이노의 핀의 전류가 모터 드라이버에 공급되어 모터가 느리게 동작합니다.

스위치를 이용하여 배터리의 전원을 ON/OFF 할 수 있습니다. 단. 프로그램을 위해 USB 케이블을 연결하였다면 스위치 위의 LED는 스위치의 ON/OFF에 상관없이 항상 켜져 있습니다.

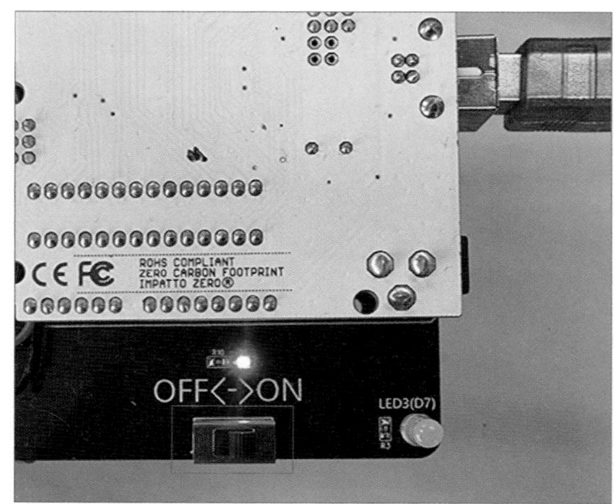

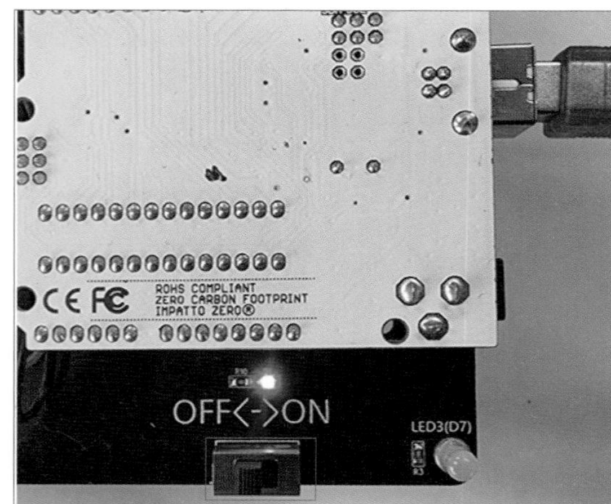

모터의 회전 방향 변경하기

모터 드라이버의 극성을 변경하여 방향을 모터의 회전 방향을 바꾸어봅니다.

다음의 코드를 작성합니다.

11_2_2.ino

```
01  #define R_IA 5
02  #define R_IB 6
03
04  void setup() {
05  }
06
07  void loop() {
08   analogWrite(R_IA,0);
09   analogWrite(R_IB,0);
10   delay(1000);
11   analogWrite(R_IA,0);
12   analogWrite(R_IB,255);
13   delay(1000);
14  }
```

12: 모터 드라이버의 PWM 신호를 255으로 합니다. R_IB핀에 신호를 공급하였습니다.

업로드 버튼(➡)을 눌러 아두이노 우노 보드에 프로그램을 업로드합니다.

동작 결과

오른쪽 바퀴가 1초 동안 뒤로 회전하고 1초 동안은 멈춥니다.

R_IA, R_IB의 신호를 변경하여 모터의 극성을 바꾸었고 모터의 방향을 제어하였습니다.

모터의 속도 제어하기

모터의 속도를 제어합니다.

다음의 코드를 작성합니다.

11_2_3.ino

```
#define R_IA 5
#define R_IB 6

void setup() {
}

void loop() {
 analogWrite(R_IA,0);
 analogWrite(R_IB,0);
 delay(1000);
 analogWrite(R_IA,100);
 analogWrite(R_IB,0);
 delay(1000);
 analogWrite(R_IA,150);
 analogWrite(R_IB,0);
 delay(1000);
 analogWrite(R_IA,255);
 analogWrite(R_IB,0);
 delay(1000);
}
```

업로드 버튼( )을 눌러 아두이노 우노 보드에 프로그램을 업로드합니다.

동작 결과

아두이노 자동차의 전원 스위치를 ON으로 조정한 후 확인합니다.

모터의 PWM 신호에 의해 속도가 조절되었습니다.

아두이노의 2개의 핀을 이용하여 오른쪽 바퀴의 방향과 속도를 제어해보았습니다.

양쪽 바퀴의 방향 제어하기

왼쪽 바퀴를 추가하여 양쪽 바퀴의 방향을 제어합니다.

다음의 코드를 작성합니다.

11_2_4.ino

```
01 #define R_IA 5
02 #define R_IB 6
03 #define L_IA 9
04 #define L_IB 10
05
06 void setup() {
07 }
08
09 void loop() {
10  analogWrite(R_IA,255);
11  analogWrite(R_IB,0);
12  analogWrite(L_IA,0);
13  analogWrite(L_IB,255);
14  delay(1000);
15  analogWrite(R_IA,0);
16  analogWrite(R_IB,0);
17  analogWrite(L_IA,0);
18  analogWrite(L_IB,0);
19  delay(1000);
20  analogWrite(R_IA,0);
21  analogWrite(R_IB,255);
22  analogWrite(L_IA,255);
23  analogWrite(L_IB,0);
24  delay(1000);
25  analogWrite(R_IA,0);
26  analogWrite(R_IB,0);
27  analogWrite(L_IA,0);
28  analogWrite(L_IB,0);
29  delay(1000);
30 }
```

10~13: 오른쪽 모터는 A에 왼쪽 모터는 B에 신호를 주어 모터를 앞으로 회전합니다. 왼쪽 모터와 오른쪽 모터는 반대로 되어 있기 때문에 같은 방향으로 회전하기 위해서는 신호를 반대로 주어야 합니다.

20~23: 오른쪽 모터는 B에 왼쪽 모터는 A에 신호를 주어 모터를 뒤로 회전합니다.

업로드 버튼(➡)을 눌러 아두이노 우노 보드에 프로그램을 업로드합니다.

동작 결과

[모터 앞으로 회전] -> [모터 멈춤] -> [모터 뒤로 회전] -> [모터 멈춤]의 동작을 반복합니다.

양쪽 바퀴의 속도 제어하기

양쪽 모터의 속도를 제어하는 코드를 만들어 봅니다.

다음의 코드를 작성합니다.

11_2_4.ino

```
#define R_IA 5
#define R_IB 6
#define L_IA 9
#define L_IB 10

void setup() {
}

void loop() {
 analogWrite(R_IA,0);
 analogWrite(R_IB,0);
 analogWrite(L_IA,0);
 analogWrite(L_IB,0);
 delay(1000);
 analogWrite(R_IA,100);
 analogWrite(R_IB,0);
 analogWrite(L_IA,0);
 analogWrite(L_IB,100);
 delay(1000);
 analogWrite(R_IA,150);
 analogWrite(R_IB,0);
 analogWrite(L_IA,0);
 analogWrite(L_IB,150);
 delay(1000);
 analogWrite(R_IA,255);
 analogWrite(R_IB,0);
 analogWrite(L_IA,0);
 analogWrite(L_IB,255);
 delay(1000);
}
```

업로드 버튼(→)을 눌러 아두이노 우노 보드에 프로그램을 업로드합니다.

동작 결과

양쪽 모터의 속도를 조절하였습니다.

11 _ 3 방향과 속도를 제어하는 함수를 만들기

자동차의 방향을 제어하는 함수를 만들어 사용하기

핀으로만 제어하니 모터의 방향을 알기 어렵습니다. 함수를 만들어 모터가 동작하는 방향으로 이름을 붙여 이해하기 쉽도록 변경합니다.

다음의 코드를 작성합니다.

11_3_1.ino

```
#define R_IA 5
#define R_IB 6
#define L_IA 9
#define L_IB 10

void setup() {
}

void loop() {
 car_go();
 delay(1000);
 car_back();
 delay(1000);
 car_left();
 delay(1000);
 car_right();
 delay(1000);
 car_stop();
 delay(1000);
}

void car_stop()
{
 analogWrite(R_IA,0);
 analogWrite(R_IB,0);
 analogWrite(L_IA,0);
 analogWrite(L_IB,0);
}

void car_go()
{
 analogWrite(R_IA,200);
 analogWrite(R_IB,0);
 analogWrite(L_IA,0);
 analogWrite(L_IB,200);
}

void car_back()
{
 analogWrite(R_IA,0);
 analogWrite(R_IB,200);
```

```
42        analogWrite(L_IA,200);
43        analogWrite(L_IB,0);
44       }
45
46       void car_left()
47       {
48        analogWrite(R_IA,200);
49        analogWrite(R_IB,0);
50        analogWrite(L_IA,200);
51        analogWrite(L_IB,0);
52       }
53
54       void car_right()
55       {
56        analogWrite(R_IA,0);
57        analogWrite(R_IB,200);
58        analogWrite(L_IA,0);
59        analogWrite(L_IB,200);
60       }
```

22~60: 모터의 동작으로 자동차의 이동을 함수로 만들었습니다.

업로드 버튼( )을 눌러 아두이노 우노 보드에 프로그램을 업로드합니다.

동작 결과

함수를 만들어 기능에 이름을 붙여 사용하였습니다.

전진 -> 후진 -> 오른쪽 회전 -> 왼쪽 회전 -> 멈춤의 동작을 반복합니다.

양쪽 바퀴 모두 앞으로 회전 시에 자동차는 앞으로 이동합니다.

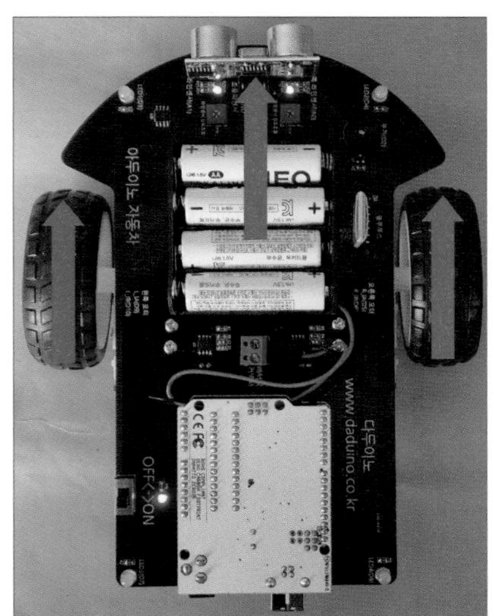

양쪽 바퀴 모두 뒤로 회전 시에 자동차는 뒤로 이동합니다.

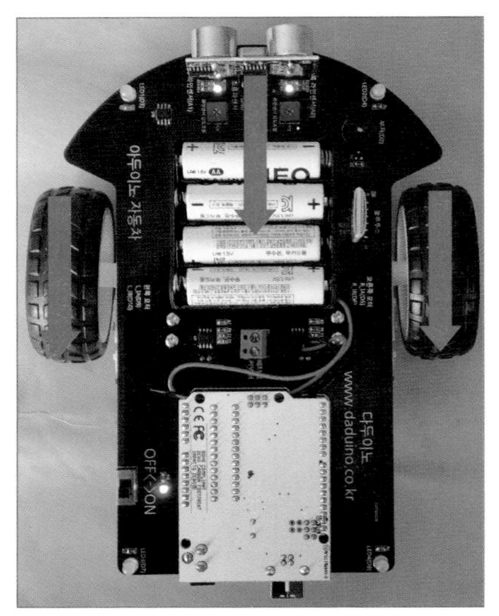

왼쪽 바퀴는 앞으로 오른쪽 바퀴는 뒤로 회전 시 자동차는 제자리에서 오른쪽으로 회전합니다.

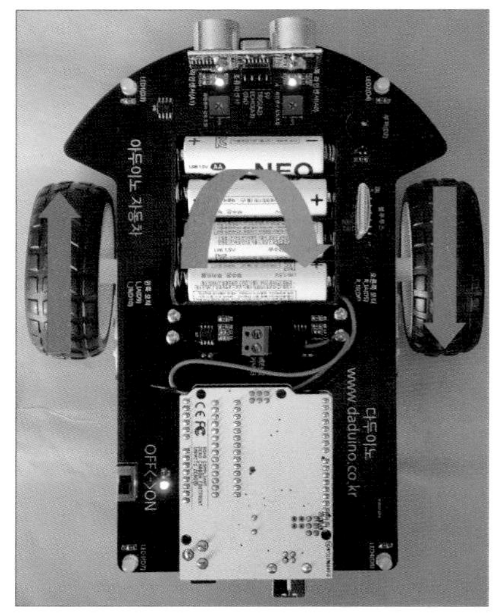

왼쪽 바퀴는 뒤로 오른쪽 바퀴는 앞으로 회전 시 자동차는 제자리에서 왼쪽으로 회전합니다.

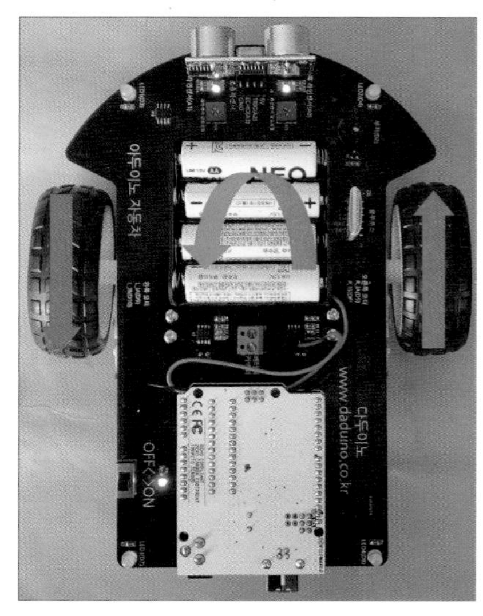

모터의 속도값을 입력받도록 수정하기

함수에서 모터의 속도를 입력값으로 받을 수 있도록 수정합니다.

다음의 코드를 작성합니다.

11_3_2.ino

```
#define R_IA 5
#define R_IB 6
#define L_IA 9
#define L_IB 10

void setup() {
}

void loop() {
 car_go(200);
 delay(1000);
 car_back(200);
 delay(1000);
 car_left(200);
 delay(1000);
 car_right(200);
 delay(1000);
 car_stop();
 delay(1000);
}

void car_stop()
{
 analogWrite(R_IA,0);
 analogWrite(R_IB,0);
 analogWrite(L_IA,0);
 analogWrite(L_IB,0);
}

void car_go(int speed)
{
 analogWrite(R_IA,speed);
 analogWrite(R_IB,0);
 analogWrite(L_IA,0);
 analogWrite(L_IB,speed);
}

void car_back(int speed)
{
 analogWrite(R_IA,0);
 analogWrite(R_IB,speed);
```

```
 analogWrite(L_IA,speed);
 analogWrite(L_IB,0);
}

void car_left(int speed)
{
 analogWrite(R_IA,speed);
 analogWrite(R_IB,0);
 analogWrite(L_IA,speed);
 analogWrite(L_IB,0);
}

void car_right(int speed)
{
 analogWrite(R_IA,0);
 analogWrite(R_IB,speed);
 analogWrite(L_IA,0);
 analogWrite(L_IB,speed);
}
```

업로드 버튼(➔)을 눌러 아두이노 우노 보드에 프로그램을 업로드합니다.

동작 결과

함수에서 속도의 값을 입력받아 속도를 제어할 수 있습니다.

전진 -> 후진 -> 오른쪽 회전 -> 왼쪽 회전 -> 멈춤의 동작을 반복합니다.

자동차를 전진, 후진, 제자리에서 왼쪽으로 회전, 제자리에서 오른쪽으로 회전 기능을 함수화하였습니다. 라인트레이서를 만들 때는 검은색 선을 인식하여 앞으로 이동해야 합니다. 제자리에서 왼쪽, 오른쪽으로 회전하는 기능을 사용 시 앞으로 가지 못하고 제자리에서 왼쪽 오른쪽으로만 움직입니다. 라인트레이서에서 많이 사용하는 앞으로 이동하면서 회전하는 방식에 대해 알아봅니다.

왼쪽 바퀴는 앞으로 회전하고 오른쪽 바퀴는 회전하지 않을 경우 자동차는 오른쪽으로 움직이면서 앞으로 이동합니다.

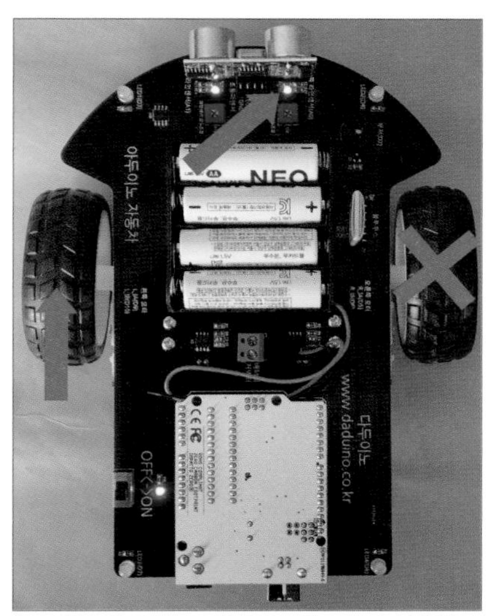

오른쪽 바퀴는 앞으로 회전하고 왼쪽 바퀴는 회전하지 않을 경우 자동차는 왼쪽으로 움직이면서 앞으로 이동합니다.

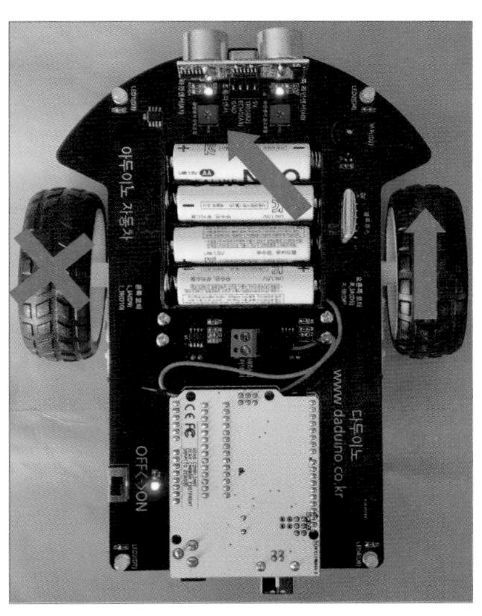

앞으로 이동하면서 방향을 바꾸는 함수 추가하기

앞으로 이동하면서 방향을 바꾸는 기능을 추가하는 코드를 만들어 봅니다.

다음의 코드를 작성합니다.

11_3_3.ino

```
#define R_IA 5
#define R_IB 6
#define L_IA 9
#define L_IB 10

void setup() {
}

void loop() {
 car_left_go(200);
 delay(1000);
 car_right_go(200);
 delay(1000);
 car_stop();
 delay(1000);
}

void car_stop()
{
 analogWrite(R_IA,0);
 analogWrite(R_IB,0);
 analogWrite(L_IA,0);
 analogWrite(L_IB,0);
}

void car_go(int speed)
{
 analogWrite(R_IA,speed);
 analogWrite(R_IB,0);
 analogWrite(L_IA,0);
 analogWrite(L_IB,speed);
}

void car_back(int speed)
{
 analogWrite(R_IA,0);
 analogWrite(R_IB,speed);
 analogWrite(L_IA,speed);
 analogWrite(L_IB,0);
}

void car_left(int speed)
{
 analogWrite(R_IA,speed);
 analogWrite(R_IB,0);
```

```
46    analogWrite(L_IA,speed);
47    analogWrite(L_IB,0);
48   }
49
50   void car_right(int speed)
51   {
52    analogWrite(R_IA,0);
53    analogWrite(R_IB,speed);
54    analogWrite(L_IA,0);
55    analogWrite(L_IB,speed);
56   }
57
58   void car_left_go(int speed)
59   {
60    analogWrite(R_IA,speed);
61    analogWrite(R_IB,0);
62    analogWrite(L_IA,0);
63    analogWrite(L_IB,0);
64   }
65
66   void car_right_go(int speed)
67   {
68    analogWrite(R_IA,0);
69    analogWrite(R_IB,0);
70    analogWrite(L_IA,0);
71    analogWrite(L_IB,speed);
72   }
```

58~64: car_left_go 함수를 추가하였습니다. _go를 붙여 앞으로 이동하면서 회전하는 것을 표현하였습니다.
66~72: car_right_go 함수를 추가하였습니다.

업로드 버튼()을 눌러 아두이노 우노 보드에 프로그램을 업로드합니다.

동작 결과

앞으로 이동하면서 왼쪽, 오른쪽으로 이동하는 기능을 추가하였습니다.

CHAPTER 05

자동차의 응용 기능

Arduino CAR

12 적외선센서를 이용한 라인트레이서 자동차 만들기

적외선센서를 이용하여 검은색 라인을 따라 이동하는 라인트레이서 자동차를 만들어 봅니다.

12 _ 1 적외선센서 동작원리

적외선은 적색 외쪽의 선으로 빨간색 밖에 있는 선입니다. 빨간색보다 파장이 긴 선을 말합니다. 다음의 빛의 파장으로 파장의 길이에 따라서 보라색보다 짧으면 자외선 영역, 빨간색보다 길면 적외선입니다. 자외선은 자색 외쪽의 선으로 자색은 보라색입니다.

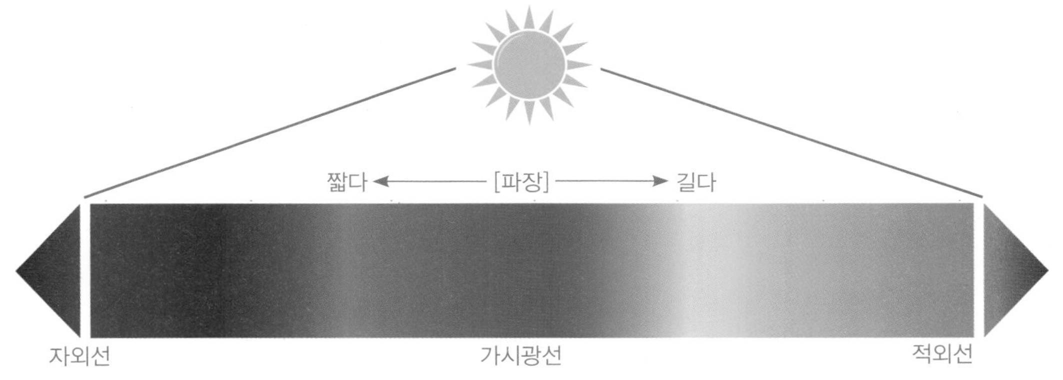

적외선의 특징 중 하나는 침투력이 강합니다. 교통사고나 허리가 아플 때 한의원에서 치료를 받으면 붉은 빛을 아픈 부위에 쐬어 치료합니다. 빛의 침투력이 강해 피부속까지 잘 침투하여 열을 가할 수 있습니다.

침투력이 강하다 보니 고기를 구울 때 속 안까지 잘 익기 때문에 고기를 굽는 불판으로도 적외선을 이용합니다.

적외선은 빛의 성분 중 하나로 사람 눈에는 보이지 않습니다. 보이지 않는 빛을 이용하여 신호를 주고받을 수 있어 가정용 리모컨에서는 적외선을 사용하여 신호를 보냅니다.

우리가 사용하는 라인트레이서는 빛의 반사되는 성질을 검은색과 밝은색을 측정합니다. 적외선 발광부에서 빛을 발광합니다. 밝은면에서는 빛을 반사시켜 적외선 수광부에서 반사되는 빛을 측정할 수 있습니다.

검은색 면에서는 발광되는 빛을 흡수하여 수광부에서는 빛을 측정하지 못합니다.

밝은 곳에 닿은 빛은 반사되고 어두운 면에 닿은 빛은 흡수됩니다. 여름에 검은색 옷을 입으면 검은색이 빛을 흡수하여 더 덥습니다.

12 _ 2 적외선센서의 동작회로 이해하기

다음은 적외선센서의 회로입니다.

적외선센서는 RPR220 모델로 적외선 발광, 적외선 수광부의 센서가 일체형으로 된 타입입니다. 발광부에서는 100옴의 저항을 이용하여 항상 적외선을 발광하고 수광부에서는 빛의 감도에 따라서 전압이 출력됩니다. 출력되는 전압은 LM358의 비교기를 이용하여 임계점을 설정하여 디지털 값으로 출력합니다. 임계점의 기준은 가변저항을 이용하여 조절합니다.

우리가 사용하는 회로는 반사되는 빛을 감지하면 1(5V), 감지하지 못하면 0(0V)입니다. 적외선센서의 특징 그대로 출력이 되도록 회로를 구성하였습니다. 시중의 많은 라인트레이서 센서는 반대로 동작합니다. 빛을 반사하여 감지되면 0(0V) 빛을 반사하지 못하면 1(5V)의 출력이 나옵니다. 이유는 라인트레이서 센서로 검은색을 검출하였을 때 1(5V)의 신호가 출력되도록 설계되어 있기 때문입니다. 우리가 사용하는 회로는 센서 그대로의 신호이므로 시중의 센서와는 반대로 동작합니다. 센서 그대로의 동작으로 이해하면 됩니다.

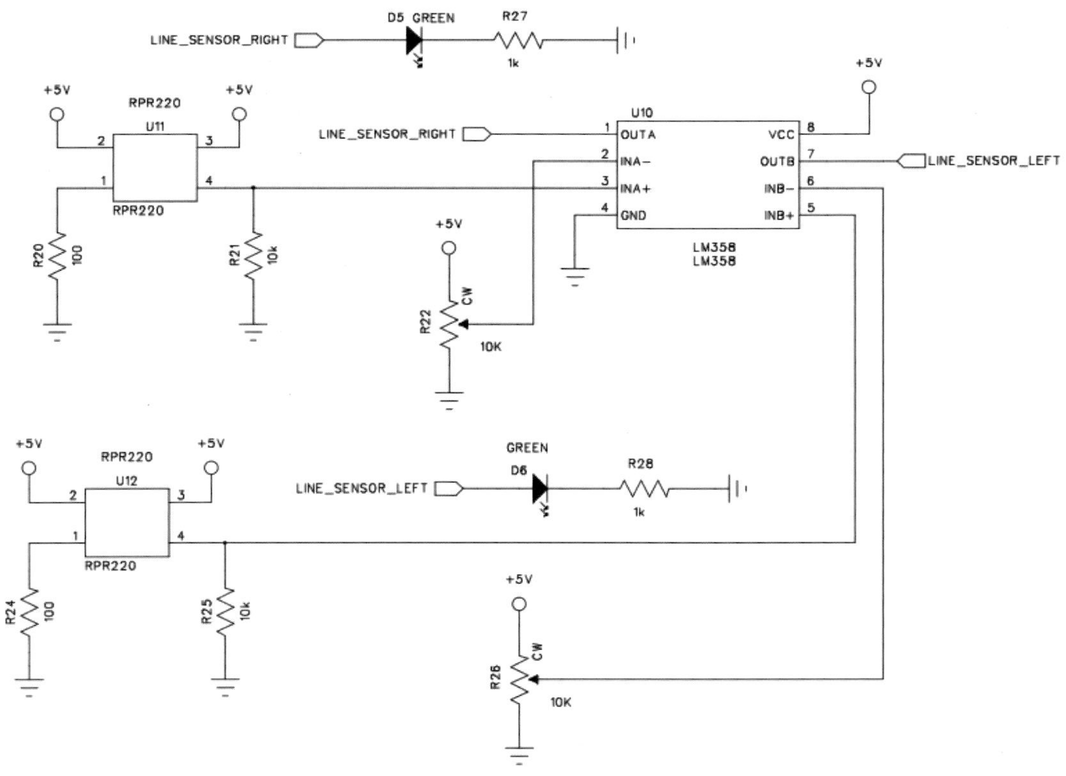

PRP220 적외선 발광, 수광 일체형 센서부 입니다. 발광부에는 100옴의 보호저항을 사용합니다. 수광부는 10k옴의 기준저항을 둡니다. 트랜지스터로 동작하며 빛이 들어오는 양에 따라서 전류의 양이 변하고 전압이 변경됩니다.

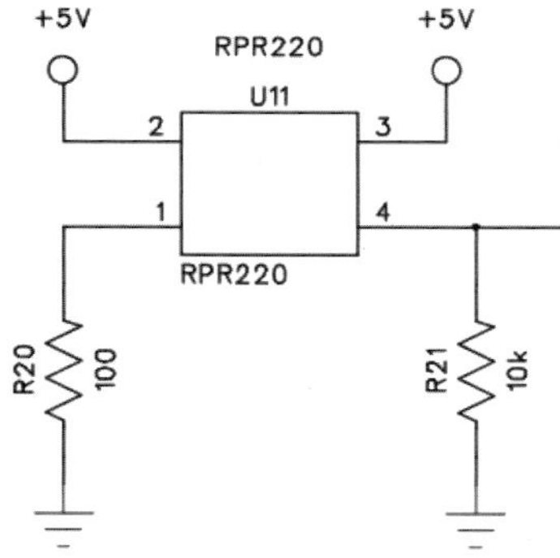

PRP220센서의 내부 회로입니다.

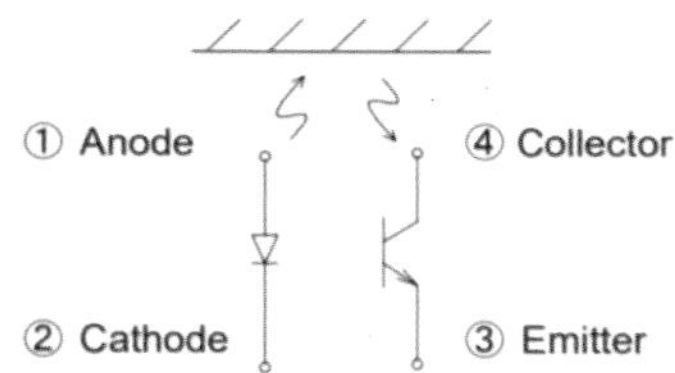

LM358의 비교기는 RPR220에서 출력되는 빛의 밝기에 따른 전압과 가변저항의 전압을 비교합니다. RPR220 센서의 전압이 더 크면 5V를 출력하고 작으면 0V를 출력합니다.

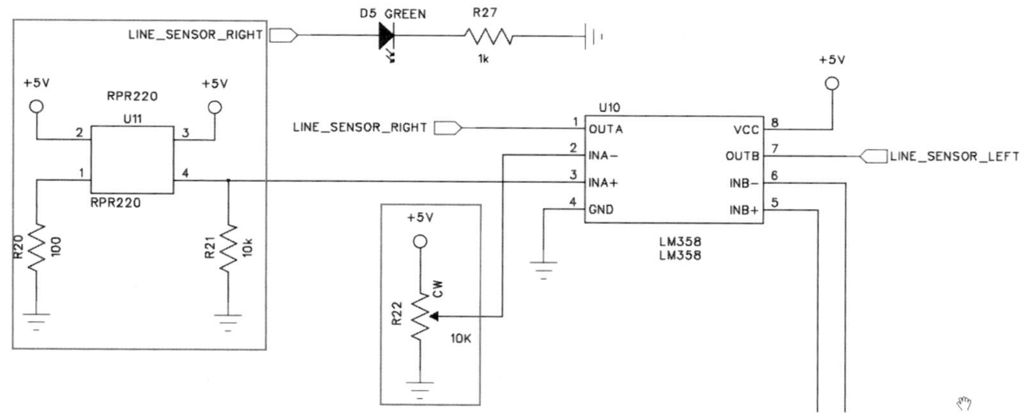

LM358 비교기의 내부 회로입니다. 비교기 2개가 하나의 IC에 존재합니다.

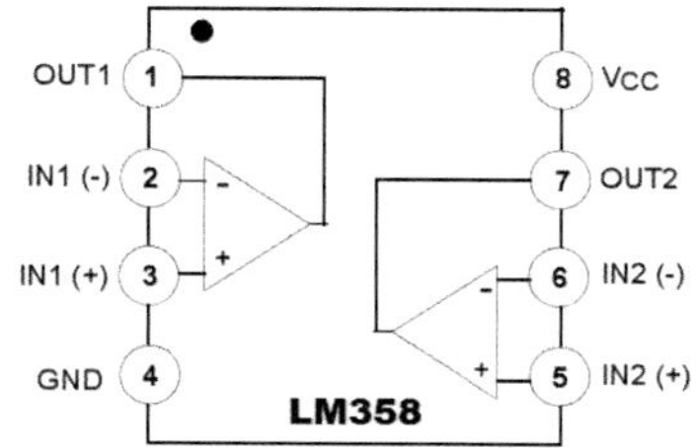

12 _ 3 적외선센서 값 받아보기

라인트레이서를 위한 적외선센서의 값을 아두이노를 이용하여 받아봅니다. 밝은색의 바닥에 검은색 절열테이프를 이용하여 트랙을 그립니다. 또는 다음과 같은 트랙을 준비합니다.

자동차에는 센서의 감도를 조절할 수 있는 가변저항이 두 개 있습니다. 왼쪽 가변저항은 왼쪽 센서의 감도를 조절하고 오른쪽 가변저항은 오른쪽 센서의 감도를 조절합니다.

흰색 바탕에서는 센서가 검출되어 LED가 켜지고 검은색에서는 센서가 검출되지 않아 LED가 꺼지도록 가변저항을 돌려 감도를 조절합니다.

오른쪽으로 돌리면 감도가 나빠집니다. 가까운 거리를 검출합니다.

왼쪽으로 돌리면 감도가 좋아집니다. 먼 거리를 검출합니다.

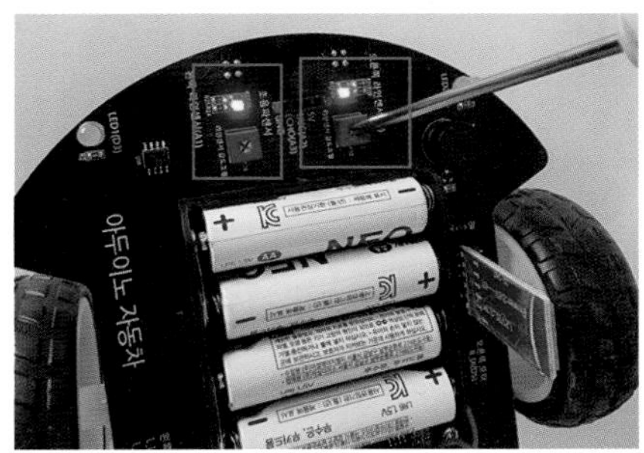

왼쪽의 센서는 검은색으로 빛을 흡수하여 센서에서 빛을 검출하지 못하였습니다. 오른쪽 센서는 흰색으로 빛을 반사하여 검출되었습니다.

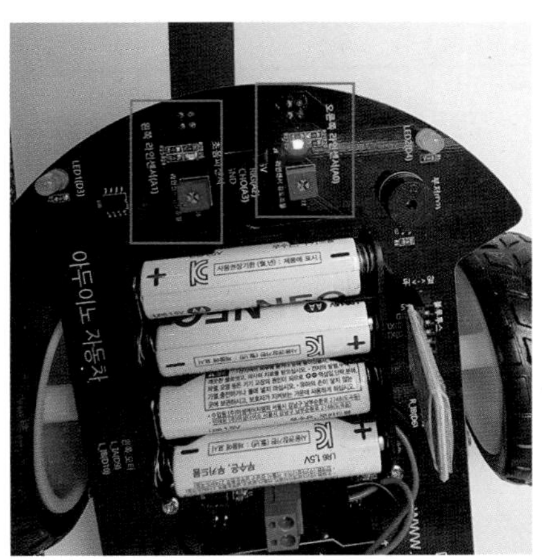

센서는 바닥면에 있습니다. 특이한 점은 사람 눈으로는 붉은빛을 볼 수 없지만 스마트폰 카메라로 확인하면 적외선의 빛인 붉은 빛을 볼 수 있습니다. (삼성 스마트폰으로 촬영할 경우에는 보였지만 아이폰으로 촬영한 경우에는 보이지 않았습니다. 카메라센서의 차이에 의한 것일 수 있습니다.)

적외선센서를 이용하여 값을 입력받아봅니다.

다음의 코드를 작성합니다.

12_3_1.ino

```
01	#define LINE_RIGHT A0
02	#define LINE_LEFT A1
03
04	void setup() {
05	 Serial.begin(9600);
06	 pinMode(LINE_RIGHT,INPUT);
07	 pinMode(LINE_LEFT,INPUT);
08	}
09
10	void loop() {
11	 int lineRight =digitalRead(LINE_RIGHT);
12	 int lineLeft =digitalRead(LINE_LEFT);
13
14	 Serial.print("L=");Serial.print(lineLeft);
15	 Serial.print(",");
16	 Serial.print("R=");Serial.print(lineRight);
17	 Serial.println("");
18	}
```

01~02: 적외선센서의 핀을 정의합니다. 라인트레이서에 사용할 센서이기 때문에 LINE으로 이름을 붙였습니다.

06~07: 적외선센서의 핀을 입력으로 설정합니다. A0, A1번 핀을 사용하지만 아날로그 입력 핀으로 사용하지 않고 디지털 입력 핀으로 사용합니다.

11~17: 적외선센서의 핀에서 디지털 값을 읽어 시리얼 통신으로 출력합니다.

업로드 버튼( )을 클릭하여 프로그램을 업로드 후 시리얼모니터( ) 버튼을 눌러 시리얼모니터를 열어 값을 확인합니다.

동작 결과

센서에서 검출되지 않았을 경우 0이 출력되었습니다.

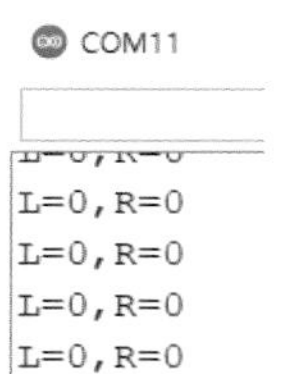

센서에서 검출되었을 때는 1이 출력됩니다.

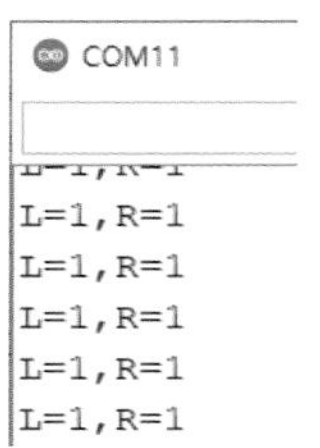

12 _ 4 라인트레이서 구동해보기

2개의 적외선 라인센서를 이용하여 라인트레이서를 만들어 봅니다.

2개의 센서를 이용하여 나올수 있는 조건은 4개입니다. 조건은 다음과 같습니다. (우리가 사용하는 적외선 라인트레이서 센서의 경우 물리적인 특성 그대로 빛이 검출되었을 때 1 검출되지 않았을 때 0입니다.)

❶ 모든 센서가 검출되었을 때, 센서의 모든값이 흰색일 경우입니다.

❷ 왼쪽의 센서가 검출되었을 때, 왼쪽의 센서만 흰색일 경우입니다.

❸ 오른쪽의 센서가 검출되었을 때, 오른쪽의 센서만 흰색일 경우입니다.

❹ 모든 센서가 검출되지 않았을 때, 우리가 만드는 라인트레이서의 경우 물리적으로 2개의 센서모두 검은색이 나올 수 없습니다.

이제 센서와 자동차의 이동방향을 결정하여봅니다.

1 모든 센서가 흰색으로 검출되었을 경우입니다. 자동차를 직진방향으로 이동하면 됩니다.

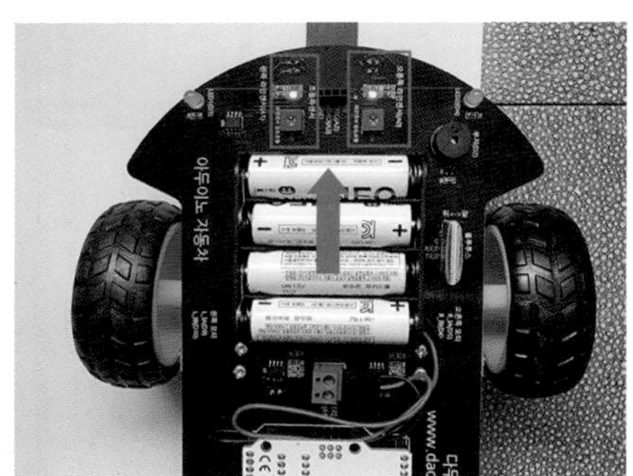

2 왼쪽 센서는 검출, 오른쪽 센서는 검출하지 못하였을 때 자동차를 오른쪽으로 움직여 다시 선으로 향하게 합니다.

3 왼쪽 센서는 검출하지 못하고 오른쪽 센서는 검출하였을 때 자동차를 왼쪽으로 움직여 다시 선으로 향하게 합니다.

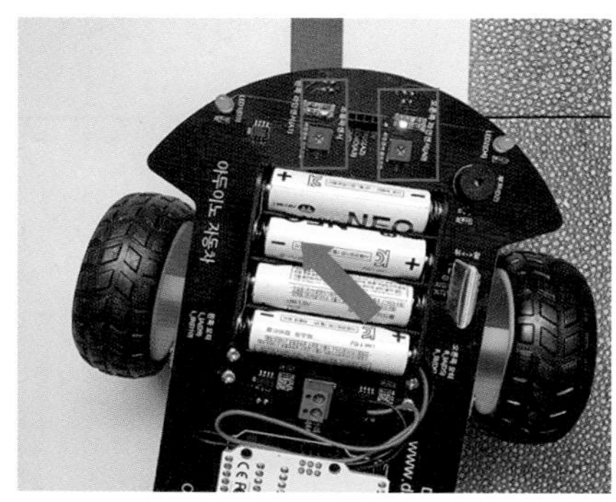

4 모든 센서가 검출되지 않았을 때는 일반적이지는 않은 상황으로 라인트레이서에서는 발생하지 않는 경우입니다. 이럴 때는 직진으로 이동합니다.

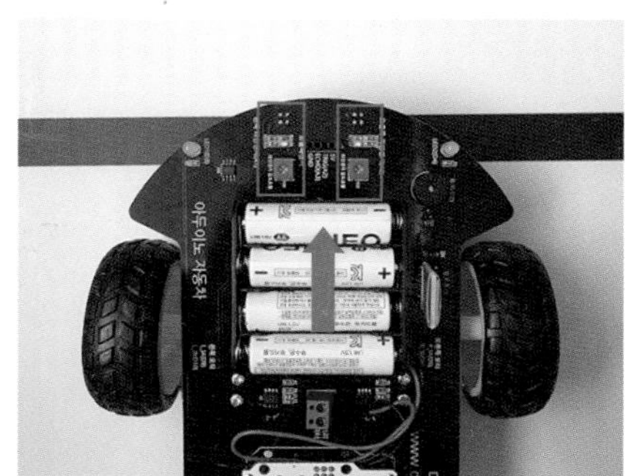

센서의 조건에 따라 방향 확인하는 코드 만들기

1일 때는 흰색, 0일 때는 검은색을 검출하였습니다.

다음의 표로 정리합니다.

번호	왼쪽 센서	오른쪽 센서	자동차의 이동 방향
1	1(검출O)	1(검출O)	직진합니다.
2	1(검출O)	0(검출X)	오른쪽으로 이동합니다.
3	0(검출X)	1(검출O)	왼쪽으로 이동합니다.
4	0(검출X)	0(검출X)	직진합니다. (물리적으로 나오면 안 됩니다.)

위의 표를 이용하여 코드를 만들어 봅니다.

다음의 코드를 작성합니다.

12_4_1.ino

```
01    #define LINE_RIGHT A0
02    #define LINE_LEFT A1
03
04    void setup() {
05     Serial.begin(9600);
06     pinMode(LINE_RIGHT,INPUT);
07     pinMode(LINE_LEFT,INPUT);
08    }
09
10    void loop() {
11     int lineRight =digitalRead(LINE_RIGHT);
12     int lineLeft =digitalRead(LINE_LEFT);
13
14     if(lineLeft ==1 && lineRight ==1)
15     {
16             Serial.println("직진");
17     }
18     else if(lineLeft ==1 && lineRight ==0)
19     {
20             Serial.println("오른쪽");
21     }
22     else if(lineLeft ==0 && lineRight ==1)
23     {
24             Serial.println("왼쪽");
25     }
26     else
27     {
28             Serial.println("직진");
29     }
30    }
```

14~29: 센서의 값에 따라서 시리얼 통신으로 직진, 오른쪽, 왼쪽을 출력합니다.

업로드 버튼( )을 클릭하여 프로그램을 업로드 후 시리얼모니터( ) 버튼을 눌러 시리얼모니터를 열어 값을 확인합니다.

동작 결과

센서를 손으로 가려 검출되도록 한 후 다음의 표와 같이 동작하는지 확인합니다.

번호	왼쪽 센서	오른쪽 센서	자동차의 이동 방향
1	1(검출O)	1(검출O)	직진합니다.
2	1(검출O)	0(검출X)	오른쪽으로 이동합니다.
3	0(검출X)	1(검출O)	왼쪽으로 이동합니다.
4	0(검출X)	0(검출X)	직진합니다. (물리적으로 나오면 안 됩니다.)

❶ 왼쪽 1, 오른쪽 1

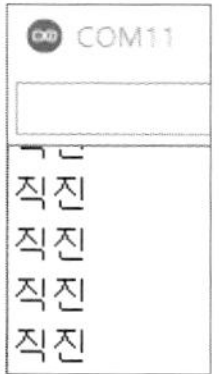

❷ 왼쪽 1, 오른쪽 0

COM11
오른쪽
오른쪽
오른쪽
오른쪽
오른쪽

❸ 왼쪽 0, 오른쪽 1

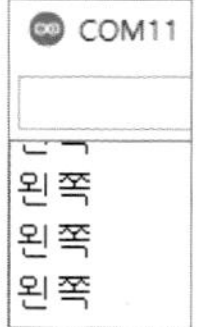

❹ 왼쪽 0, 오른쪽 0

모터의 움직임을 추가하여 라인트레이서 완성하기

이제 [11. 자동차의 기능 - 모터] 장에서 다루었던 자동차를 동작하는 코드를 추가하여 라인트레이서를 완성합니다.

다음의 코드를 작성합니다.

12_4_2.ino

```
#define LINE_RIGHT A0
#define LINE_LEFT A1
#define R_IA 5
#define R_IB 6
#define L_IA 9
#define L_IB 10

void setup() {
 Serial.begin(9600);
 pinMode(LINE_RIGHT,INPUT);
 pinMode(LINE_LEFT,INPUT);
}

void loop() {
 int lineRight =digitalRead(LINE_RIGHT);
 int lineLeft =digitalRead(LINE_LEFT);

 if(lineLeft ==1 && lineRight ==1)
 {
         car_go(200);
 }
 else if(lineLeft ==1 && lineRight ==0)
 {
         car_right_go(200);
 }
 else if(lineLeft ==0 && lineRight ==1)
 {
         car_left_go(200);
 }
 else
 {
         car_go(200);
 }
}

void car_go(int speed)
{
 analogWrite(R_IA,speed);
 analogWrite(R_IB,0);
```

```
40       analogWrite(L_IA,0);
41       analogWrite(L_IB,speed);
42      }
43
44      void car_left_go(int speed)
45      {
46       analogWrite(R_IA,speed);
47       analogWrite(R_IB,0);
48       analogWrite(L_IA,0);
49       analogWrite(L_IB,0);
50      }
51
52      void car_right_go(int speed)
53      {
54       analogWrite(R_IA,0);
55       analogWrite(R_IB,0);
56       analogWrite(L_IA,0);
57       analogWrite(L_IB,speed);
58      }
```

03~06 : 모터에서 사용하는 핀을 정의합니다.
18~33 : 적외선 라인센서의 값에 따라 자동차의 동작을 결정합니다.
24 : 자동차를 앞으로 이동하면서 오른쪽으로 이동합니다. 바퀴를 하나만 움직입니다.
28 : 자동차를 앞으로 이동하면서 왼쪽으로 이동합니다. 바퀴를 하나만 움직입니다.

업로드 버튼( )을 클릭하여 프로그램을 업로드합니다.

동작 결과

트랙에 자동차를 두어 전원을 켜고 동작을 확인합니다. 라인트레이서의 동작이 잘되지 않을 경우 센서의 감도를 조절합니다.

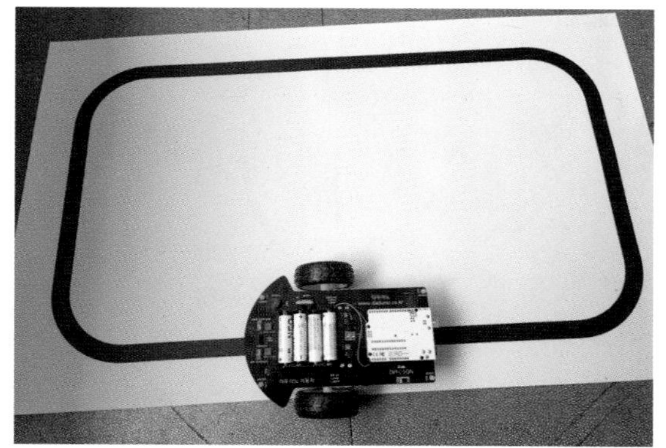

동작 동영상

다음의 QR코드 또는 동작 동영상 링크에서 움직임을 확인할 수 있습니다.

- https://url.kr/z8xhya

13 초음파센서를 이용한 장애물 회피 자동차 만들기

거리를 측정할 수 있는 초음파센서를 이용하여 거리를 측정하여 장애물을 회피하는 자동차를 만들어 봅니다.

13 _ 1 초음파센서 원리

초음파센서의 원리는 초음파를 이용하여 거리를 측정합니다. 음파는 2~20KHz 의 소리영역이고 초음파는 20KHz이상 사람이 듣지 못하는 소리 대역을 초음파라고 합니다. 사람이 듣지 못하는 초음파 영역을 이용하지만 특성은 음파와 같기 때문에 거리를 측정하는 센서로 많이 사용됩니다. 자동차의 후방 주차센서가 대표적으로 많이 쓰입니다. 초음파는 1초에 약 340미터의 거리를 이동합니다. trig 부분에서 짧은 초음파 신호를 발생시키고 echo에서 신호가 되돌아 오는 시간을 측정하면 거리를 알 수 있습니다. 예를 들어 신호를 발생시키고 1초 후에 신호가 되돌아 왔다면 초음파 신호는 340미터를 갔다가 온 것을 알 수 있습니다. 여기서 되돌아온 거리를 측정하기 위해서는 나누기 2를 하면 대상까지의 거리를 알 수 있습니다. 340미터/2 = 170미터로 대상과의 거리는 170미터입니다. 우리가 다루는 아두이노는 빠르게 동작하기 때문에 초음파가 되돌아온 시간을 정확하게 측정하여 거리를 계산해 낼 수 있습니다. 우리가 본 교재에서 사용하는 초음파센서는 HC-SR04라는 모델로 측정범위는 2cm~400cm까지 측정이 가능합니다.

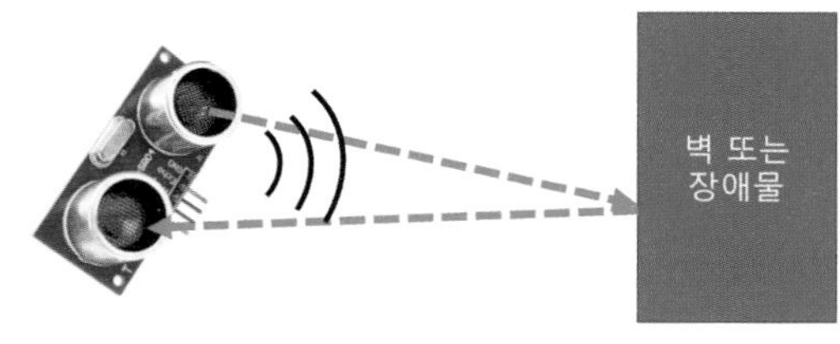

자동차의 앞부분에 초음파센서 모듈을 장착합니다.

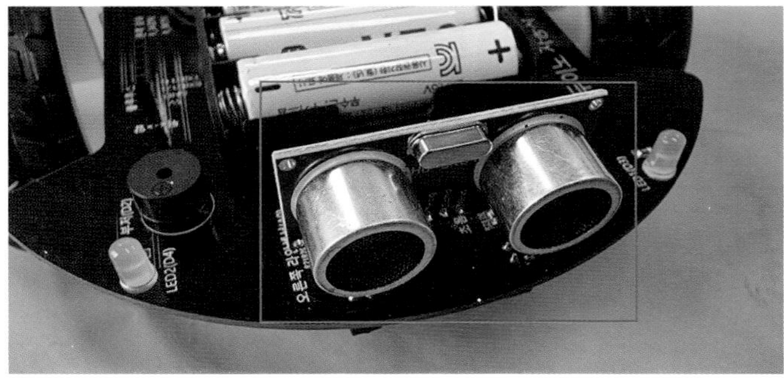

자동차에서 연결된 핀 번호를 확인할 수 있습니다.

초음파의 TRIG 핀은 아두이노의 A2번, ECHO 핀은 아두이노의 A3번 핀에 연결되어 있습니다. 아날로그 입력 핀을 사용하지만 디지털입출력 핀으로 사용합니다.

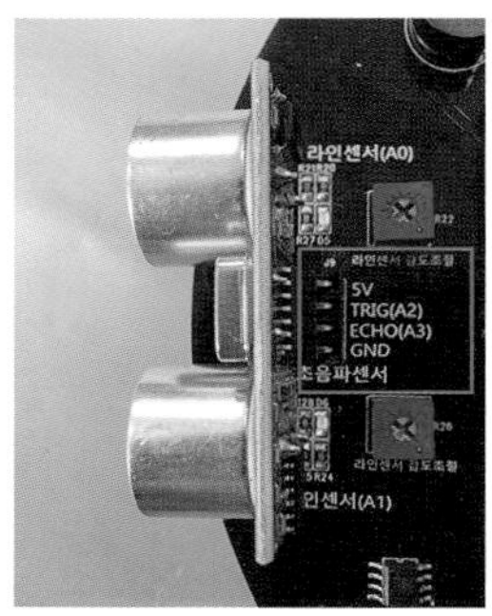

회로는 4핀 커넥터로 초음파센서 모듈과 연결합니다.

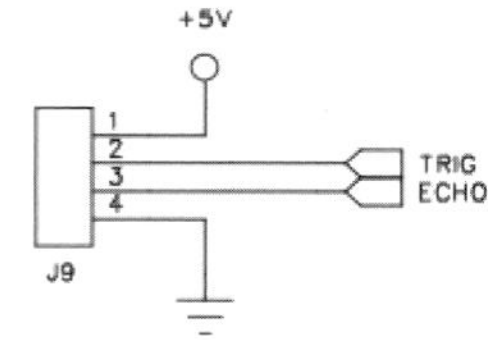

TRIG 핀과 ECHO 핀은 아두이노의 핀과 직접 연결됩니다.

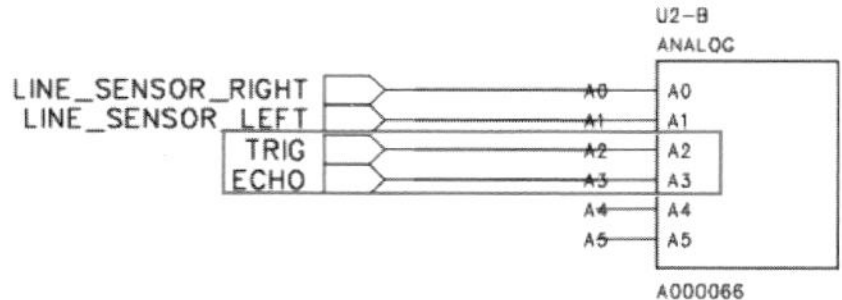

13 _ 2 초음파센서를 이용한 거리 측정

초음파센서로 거리 측정하기

초음파센서를 이용하여 거리를 측정하여 봅니다.

다음의 코드를 작성합니다.

13_2.ino

```
01	#define TRIG_PIN A2
02	#define ECHO_PIN A3
03
04	void setup() {
05	 Serial.begin(9600);
06	 pinMode(TRIG_PIN, OUTPUT);
07	 pinMode(ECHO_PIN, INPUT);
08	}
09
10	void loop() {
11	 digitalWrite(TRIG_PIN, HIGH);
12	 delayMicroseconds(10);
13	 digitalWrite(TRIG_PIN, LOW);
14
15	 unsigned long duration = pulseIn(ECHO_PIN, HIGH);
16
17	 float distanceCM = ((34000.0*(float)duration)/1000000.0)/2.0;
18	 Serial.println(distanceCM);
19	 delay(100);
20	}
```

01~02 : 초음파센서의 TRIG 핀과 ECHO 핀을 정의합니다.

06 : TRIG 핀은 출력으로 설정합니다. 초음파를 보내는 핀입니다.

07 : ECHO 핀은 입력으로 설정합니다. 초음파를 받는 핀 입니다.

11~13 : 10uS의 짧은 TRIG 신호를 발생시킵니다. 10uS는 0.00001초 입니다.

15 : pulseIn 함수에서 초음파의 ECHO 핀이 HIGH가 되는 시간을 uS의 시간으로 반환합니다.

17 : 되돌아온 시간을 cm 단위로 환산하기 위해 34000cm * 되돌아온 시간 / uS 단위 / 2로 계산합니다. 소수점형으로 계산하기 위해 모든 숫자는 .0을 붙여 소수점형임을 표시하고 duration 변수도 (float)을 붙여 소수점형으로 형변환 후 계산하였습니다.

18 : 거리를 출력합니다.

pulseIn 함수

```
pulseIn(pin, value)
pulseIn(pin, value, timeout)
```

pin: 펄스를 읽을 핀 번호 입니다.

value: 읽을 펄스의 유형으로 HIGH 또는 LOW 입니다.

timeout (옵션): 펄스 시작을 기다릴 시간 (마이크로초 단위). 기본값은 1초 (unsigned long) timeout 값은 옵션으로 uS 단위의 시간을 입력할 수 있습니다. 입력하지 않으면 기본 1초로 설정됩니다.

반환되는 값은 마이크로초 단위 시간 또는 timeout이 초과되면 0을 반환합니다.

업로드 버튼( )을 클릭하여 프로그램을 업로드 후 시리얼모니터( ) 버튼을 눌러 시리얼모니터를 열어 값을 확인합니다.

동작 결과

초음파센서를 손으로 가려 거리값이 측정되는지 확인합니다.

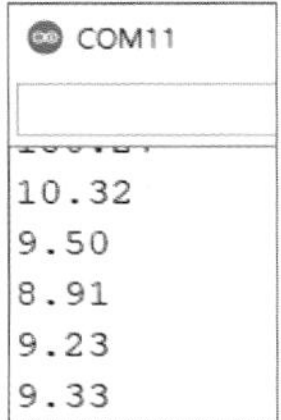

정수형으로 변경하여 속도 높이기

소수점 이하의 cm 단위로 측정하지만 소수점 연산은 계산하는 데 시간이 많이 소요되기 때문에 간단하게 변경합니다.

다음의 코드를 작성합니다.

13_2_2.ino

```
01 #define TRIG_PIN A2
02 #define ECHO_PIN A3
03
04 void setup() {
05  Serial.begin(9600);
06  pinMode(TRIG_PIN, OUTPUT);
07  pinMode(ECHO_PIN, INPUT);
08 }
09
10 void loop() {
11  digitalWrite(TRIG_PIN, HIGH);
12  delayMicroseconds(10);
13  digitalWrite(TRIG_PIN, LOW);
14
15  unsigned long duration = pulseIn(ECHO_PIN, HIGH);
16
17  int distanceCM = duration *0.017;
18  Serial.println(distanceCM);
19  delay(100);
20 }
```

17: 계산수식을 단순화하였습니다. 결과값의 형태로 int형으로 소수점 이하는 생략합니다.

업로드 버튼( )을 클릭하여 프로그램을 업로드 후 시리얼모니터( ) 버튼을 눌러 시리얼모니터를 열어 값을 확인합니다.

동작 결과

정수형태의 cm 값이 출력되었습니다.

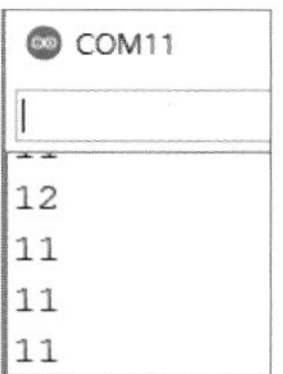

pulseIn 함수에 timeout 값 넣기

우리가 사용하고 있는 초음파센서의 최대 측정 거리는 최소 2cm~최대 400cm입니다. 400cm 이상은 센서의 스펙 상 측정이 불가능합니다. 초음파센서는 1초에 340m를 이동합니다. cm 단위로 변경하면 1초에 34000cm를 이동합니다. 400cm를 이동하기 위해서는 1:34000=x:400으로 계산할 수 있습니다. 400/34000으로 계산하면 0.0117647058823529 시간으로 계산됩니다. 약 0.011765의 시간이면 400cm를 이동할 수 있습니다. pulseIn 함수에서는 uS(마이크로초) 단위의 timeout 값을 넣어 timeout을 발생시킬 수 있습니다. 초음파센서의 물리적으로 측정가능한 최대시간인 0.011765을 uS 단위인 11765uS pulseIn 함수에 timeout으로 넣어 400cm 이상의 신호는 timeout이 발생합니다.

다음의 코드를 작성합니다.

13_2_3.ino

```
01  #define TRIG_PIN A2
02  #define ECHO_PIN A3
03
04  void setup() {
05   Serial.begin(9600);
06   pinMode(TRIG_PIN, OUTPUT);
07   pinMode(ECHO_PIN, INPUT);
08  }
09
10  void loop() {
11   digitalWrite(TRIG_PIN, HIGH);
12   delayMicroseconds(10);
13   digitalWrite(TRIG_PIN, LOW);
14
15   unsigned long duration = pulseIn(ECHO_PIN, HIGH, 11765);
16
17   int distanceCM = duration *0.017;
18   Serial.println(distanceCM);
19   delay(100);
20  }
```

15: pulseIn 함수에 11765의 timeout 값을 넣었습니다. EHCO 핀의 값이 11765uS이상 HIGH가 되지 않는다면 timeout이 발생하여 0을 반환합니다.

업로드 버튼()을 클릭하여 프로그램을 업로드 후 시리얼모니터() 버튼을 눌러 시리얼모니터를 열어 값을 확인합니다.

동작 결과

400cm 이상 먼 거리를 측정하면 timeout이 발생하여 0의 값이 출력됩니다. 되돌아오는 값이기 때문에 400cm/2 = 200cm 이상은 측정하지 못합니다.

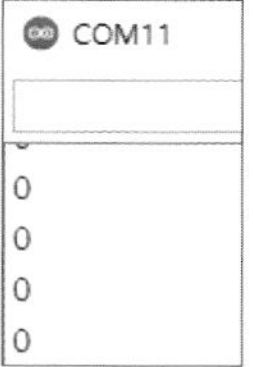

200cm 아래로는 측정이 잘됩니다.

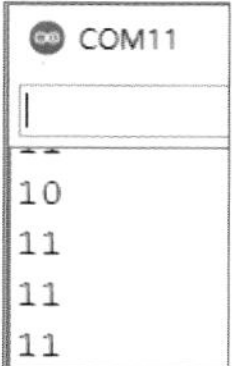

초음파센서의 값 예외처리하기

센서의 측정 거리인 2~400cm를 벗어난 값은 예외처리를 하여 신호를 무시합니다.

다음의 코드를 작성합니다.

13_2_4.ino

```
#define TRIG_PIN A2
#define ECHO_PIN A3

void setup() {
 Serial.begin(9600);
 pinMode(TRIG_PIN, OUTPUT);
 pinMode(ECHO_PIN, INPUT);
}

void loop() {
 digitalWrite(TRIG_PIN, HIGH);
 delayMicroseconds(10);
 digitalWrite(TRIG_PIN, LOW);

 unsigned long duration = pulseIn(ECHO_PIN, HIGH, 11765);

```

```
17        int distanceCM = duration *0.017;
18        if(distanceCM >=2 && distanceCM <=200)
19        {
20                Serial.println(distanceCM);
21        }
22        delay(100);
23       }
```

18: 조건문을 추가하여 2~200cm 사이의 값일 때만 조건에 만족하여 값을 출력합니다.

업로드 버튼()을 클릭하여 프로그램을 업로드 후 시리얼모니터() 버튼을 눌러 시리얼모니터를 열어 값을 확인합니다.

동작 결과

2~200cm 사이의 값만 출력합니다.

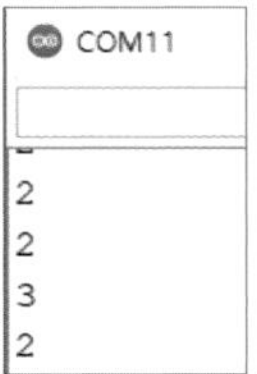

초음파센서의 기능을 함수로 만들기

초음파센서의 기능을 함수화하여 코드를 간략화합니다.

다음의 코드를 작성합니다.

13_2_5.ino

```
#define TRIG_PIN A2
#define ECHO_PIN A3

void setup() {
 Serial.begin(9600);
 pinMode(TRIG_PIN, OUTPUT);
 pinMode(ECHO_PIN, INPUT);
}

void loop() {
 int distanceCM = get_ultrasonic_cm();
 if(distanceCM >=2 && distanceCM <=200)
 {
         Serial.println(distanceCM);
 }
}
```

```
17
18        int get_ultrasonic_cm()
19        {
20         digitalWrite(TRIG_PIN, HIGH);
21         delayMicroseconds(10);
22         digitalWrite(TRIG_PIN, LOW);
23
24         unsigned long duration = pulseIn(ECHO_PIN, HIGH, 11765);
25         int distanceCM = duration *0.017;
26
27         return distanceCM;
28        }
```

11 : get_ultrasonic_cm() 함수에서 값을 읽어 distanceCM 변수에 대입합니다.
18~27 : 초음파센서의 값을 읽어 cm 단위로 반환하는 함수를 정의하였습니다.
loop() 함수의 distanceCM 변수와 get_ultrasonic_cm() 함수의 distanceCM 변수는 다른 변수입니다. 이름은 같지만 각각의 지역에서 선언되어 동작하기 때문에 다른 변수입니다.

업로드 버튼( )을 클릭하여 프로그램을 업로드 후 시리얼모니터( ) 버튼을 눌러 시리얼모니터를 열어 값을 확인합니다.

동작 결과

초음파센서의 거리를 읽는 부분을 함수화하여 출력하였습니다.

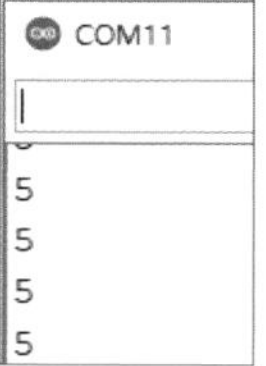

13 _ 3 초음파센서를 이용하여 장애물 회피 자동차 만들기

초음파센서로 장애물을 탐지하면 시리얼 통신으로 값 확인하기

자동차는 앞으로 움직이다 장애물을 만나면 왼쪽 또는 오른쪽 무작위로 이동하는 자동차를 만들어 봅니다.

자동차는 다음의 단계로 진행합니다.

자동차 이동 ➡ **장애물을 만났으면** ➡ **왼쪽 또는 오른쪽으로 회전**

실제 자동차의 동작 전에 시리얼 통신으로 값을 확인하는 코드를 만들어 봅니다.

다음의 코드를 작성합니다.

13_3_1.ino

```
#define TRIG_PIN A2
#define ECHO_PIN A3

void setup() {
 Serial.begin(9600);
 pinMode(TRIG_PIN, OUTPUT);
 pinMode(ECHO_PIN, INPUT);
 randomSeed(analogRead(5));
}

void loop() {
 Serial.println("자동차 이동");

 int distanceCM = get_ultrasonic_cm();
 if(distanceCM >=2 && distanceCM <=10)
 {
        int randNumber =random(1, 3);
        if(randNumber ==1)
        {
         Serial.println("오른쪽 회전");
         delay(500);
        }
        else
        {
         Serial.println("왼쪽 회전");
         delay(500);
        }
 }
}

int get_ultrasonic_cm()
{
 digitalWrite(TRIG_PIN, HIGH);
 delayMicroseconds(10);
 digitalWrite(TRIG_PIN, LOW);

 unsigned long duration = pulseIn(ECHO_PIN, HIGH, 11765);
 int distanceCM = duration *0.017;

 return distanceCM;
}
```

08 : 랜덤한 값을 얻기 위해 randomSeed의 값을 A5번 핀으로 설정합니다. 랜덤값에서 seed(씨앗) 값으로 A5번의 무작위 아날로그 값을 참고하여 랜덤번호를 생성합니다.

12 : 자동차를 앞으로 이동합니다.

14 : 초음파센서의 거리값을 읽습니다.

15~29 : 초음파센서의 거리값이 2cm~10cm이면 참입니다. 장애물이 있을 때 조건입니다.

17 : 1~2 사이의 무작위 숫자를 randNumber에 대입합니다. random(1,3)으로 1에서부터 3-1인 1~2 사이의 값입니다.

18~22 : randNumber가 1이면 오른쪽으로 회전합니다. 500mS 동안 기다린 이유는 500mS 동안 오른쪽으로 회전하기 위해서입니다.

23~27 : randNumber가 1을 제외한 모든 값이면 즉, 2이면 왼쪽으로 회전합니다.

업로드 버튼( )을 클릭하여 프로그램을 업로드 후 시리얼모니터( ) 버튼을 눌러 시리얼모니터를 열어 값을 확인합니다.

동작 결과

"자동차 이동"을 계속 출력되다가 초음파센서를 손으로 가리면 "왼쪽 회전" 또는 "오른쪽 회전"을 출력합니다.

```
자동차 이동
자동차 이동
자동차 이동
오른쪽 회전
자동차 이동
왼쪽 회전
```

자동차를 움직여 장애물회피 자동차 만들기

이제 실제로 자동차를 동작합니다.

다음의 코드를 작성합니다.

13_3_2.ino

```
#define TRIG_PIN A2
#define ECHO_PIN A3
#define R_IA 5
#define R_IB 6
#define L_IA 9
#define L_IB 10

void setup() {
 Serial.begin(9600);
 pinMode(TRIG_PIN, OUTPUT);
 pinMode(ECHO_PIN, INPUT);
 randomSeed(analogRead(5));
}

void loop() {
 //Serial.println("자동차 이동");
```

```
    car_go(200);

    int distanceCM = get_ultrasonic_cm();
    if(distanceCM >=2 && distanceCM <=10)
    {
            int randNumber =random(1, 3);
            if(randNumber ==1)
            {
             //Serial.println("오른쪽 회전");
             car_right(200);
             delay(500);
            }
            else
            {
             //Serial.println("왼쪽 회전");
             car_left(200);
             delay(500);
            }
    }
   }

   int get_ultrasonic_cm()
   {
    digitalWrite(TRIG_PIN, HIGH);
    delayMicroseconds(10);
    digitalWrite(TRIG_PIN, LOW);

    unsigned long duration = pulseIn(ECHO_PIN, HIGH, 11765);
    int distanceCM = duration *0.017;

    return distanceCM;
   }

   void car_go(int speed)
   {
    analogWrite(R_IA,speed);
    analogWrite(R_IB,0);
    analogWrite(L_IA,0);
    analogWrite(L_IB,speed);
   }

   void car_left(int speed)
   {
    analogWrite(R_IA,speed);
    analogWrite(R_IB,0);
    analogWrite(L_IA,speed);
```

```
63        analogWrite(L_IB,0);
64       }
65
66       void car_right(int speed)
67       {
68        analogWrite(R_IA,0);
69        analogWrite(R_IB,speed);
70        analogWrite(L_IA,0);
71        analogWrite(L_IB,speed);
72       }
```

03~06 : 모터에 사용하는 핀을 정의합니다.
17 : 자동차를 앞으로 이동합니다.
26 : 자동차를 오른쪽으로 회전합니다.
32 : 자동차를 왼쪽으로 회전합니다.
50~72 : 자동차를 움직이는 함수를 정의합니다.

업로드 버튼( )을 클릭하여 프로그램을 업로드 후 자동차의 전원을 켜 확인합니다.

동작 결과

자동차가 앞으로 이동하다가 장애물을 만나면 왼쪽 또는 오른쪽으로 회전 후 이동합니다.

동작 동영상

다음의 QR코드 또는 동작 동영상 링크에서 움직임을 확인할 수 있습니다.

- https://url.kr/1uit4y

장애물의 거리를 감지하여 회피하기

자동차가 앞으로 이동하다가 장애물을 만나면 왼쪽, 오른쪽의 거리를 측정 후 더 먼 거리로 측정되는 곳으로 이동하는 코드를 만들어 봅니다.

다음의 순서로 진행됩니다.

자동차 이동 ➡ **장애물 감지** ➡ **왼쪽, 오른쪽 거리측정** ➡ **거리가 더 긴 곳으로 이동**

다음의 코드를 작성합니다.

13_3_3.ino

```
#define TRIG_PIN A2
#define ECHO_PIN A3
#define R_IA 5
#define R_IB 6
#define L_IA 9
#define L_IB 10

void setup() {
 Serial.begin(9600);
 pinMode(TRIG_PIN, OUTPUT);
 pinMode(ECHO_PIN, INPUT);
 randomSeed(analogRead(5));
}

void loop() {
 car_go(200);
 int distanceCM = get_ultrasonic_cm();
 if (distanceCM >=2 && distanceCM <=10)
 {
         int rightCm, leftCm;
         car_right(200);
         delay(500);
         rightCm = get_ultrasonic_cm();
         car_left(200);
         delay(1000);
         leftCm = get_ultrasonic_cm();
         if(rightCm >= leftCm)
         {
          car_right(200);
          delay(1000);
         }
 }
}

int get_ultrasonic_cm()
{
 digitalWrite(TRIG_PIN, HIGH);
 delayMicroseconds(10);
 digitalWrite(TRIG_PIN, LOW);

 unsigned long duration = pulseIn(ECHO_PIN, HIGH, 11765);
 int distanceCM = duration *0.017;

 return distanceCM;
}
```

```
46
47  void car_go(int speed)
48  {
49   analogWrite(R_IA, speed);
50   analogWrite(R_IB, 0);
51   analogWrite(L_IA, 0);
52   analogWrite(L_IB, speed);
53  }
54
55  void car_left(int speed)
56  {
57   analogWrite(R_IA, speed);
58   analogWrite(R_IB, 0);
59   analogWrite(L_IA, speed);
60   analogWrite(L_IB, 0);
61  }
62
63  void car_right(int speed)
64  {
65   analogWrite(R_IA, 0);
66   analogWrite(R_IB, speed);
67   analogWrite(L_IA, 0);
68   analogWrite(L_IB, speed);
69  }
```

16 : 자동차를 앞으로 이동합니다.
28~32 : 초음파센서로 장애물을 감지 시 참이 됩니다.
21~22 : 자동차를 0.5초 동안 오른쪽으로 회전합니다.
23 : 초음파센서로 거리를 측정하여 rightCm 변수에 대입합니다. 오른쪽의 거리값이 저장된 변수입니다.
24~25 : 자동차를 1초 동안 왼쪽으로 회전합니다.
26 : 초음파센서로 거리를 측정하여 leftCm 변수에 대입합니다. 왼쪽의 거리값이 저장된 변수입니다.
27~31 : 오른쪽의 거리값이 더 크면 다시 1초 동안 자동차를 오른쪽으로 회전합니다.

업로드 버튼( )을 클릭하여 프로그램을 업로드 후 자동차의 전원을 켜 확인합니다.

동작 결과

자동차가 앞으로 이동하다 오른쪽, 왼쪽의 거리값을 측정한 후 거리가 더 긴 곳으로 이동합니다.

동작 동영상

다음의 QR코드 또는 동작 동영상 링크에서 움직임을 확인할 수 있습니다.

- https://url.kr/flsmbk

13 _ 4 라인트레이서와 초음파센서 결합한 자동차 만들기

초음파센서와 라인트레이서를 결합하여 라인트레이서로 동작하다가 장애물이 있을 경우 자동차를 180도 회전하여 뒤로 이동하는 자동차를 만들어 봅니다.

라인트레이서 동작 중 초음파센서로 장애물 감지하기

라인트레이서의 동작과 초음파센서의 거리측정을 함수화하여 코드를 만들어 봅니다.

다음의 코드를 작성합니다.

13_4_1.ino

```
#define TRIG_PIN A2
#define ECHO_PIN A3
#define R_IA 5
#define R_IB 6
#define L_IA 9
#define L_IB 10
#define LINE_RIGHT A0
#define LINE_LEFT A1

void setup() {
 Serial.begin(9600);
 pinMode(TRIG_PIN, OUTPUT);
 pinMode(ECHO_PIN, INPUT);
 pinMode(LINE_RIGHT, INPUT);
 pinMode(LINE_LEFT, INPUT);
}

void loop() {
 linetracer();
 int distanceCM = get_ultrasonic_cm();
 Serial.println(distanceCM);
 if (distanceCM >=2 && distanceCM <=8)
 {
         Serial.println("장애물감지");
         delay(1000);
 }
}

int get_ultrasonic_cm()
{
 digitalWrite(TRIG_PIN, HIGH);
 delayMicroseconds(10);
 digitalWrite(TRIG_PIN, LOW);

 unsigned long duration = pulseIn(ECHO_PIN, HIGH, 1000);
```

```
 int distanceCM = duration *0.017;

 return distanceCM;
}

void car_stop()
{
 analogWrite(R_IA, 0);
 analogWrite(R_IB, 0);
 analogWrite(L_IA, 0);
 analogWrite(L_IB, 0);
}

void car_go(int speed)
{
 analogWrite(R_IA, speed);
 analogWrite(R_IB, 0);
 analogWrite(L_IA, 0);
 analogWrite(L_IB, speed);
}

void car_back(int speed)
{
 analogWrite(R_IA, 0);
 analogWrite(R_IB, speed);
 analogWrite(L_IA, speed);
 analogWrite(L_IB, 0);
}

void car_left(int speed)
{
 analogWrite(R_IA, speed);
 analogWrite(R_IB, 0);
 analogWrite(L_IA, speed);
 analogWrite(L_IB, 0);
}

void car_right(int speed)
{
 analogWrite(R_IA, 0);
 analogWrite(R_IB, speed);
 analogWrite(L_IA, 0);
 analogWrite(L_IB, speed);
}

void car_left_go(int speed)
```

```
082    {
083     analogWrite(R_IA, speed);
084     analogWrite(R_IB, 0);
085     analogWrite(L_IA, 0);
086     analogWrite(L_IB, 0);
087    }
088
089    void car_right_go(int speed)
090    {
091     analogWrite(R_IA, 0);
092     analogWrite(R_IB, 0);
093     analogWrite(L_IA, 0);
094     analogWrite(L_IB, speed);
095    }
096
097    void linetracer()
098    {
099     int lineRight =digitalRead(LINE_RIGHT);
100     int lineLeft =digitalRead(LINE_LEFT);
101
102     if (lineLeft ==1 && lineRight ==1)
103     {
104             car_go(150);
105     }
106     else if (lineLeft ==1 && lineRight ==0)
107     {
108             car_right_go(150);
109     }
110     else if (lineLeft ==0 && lineRight ==1)
111     {
112             car_left_go(150);
113     }
114     else
115     {
116             car_go(150);
117     }
118    }
```

001~008 : 핀을 정의합니다.

012~015 : 입출력 핀을 설정합니다.

019 : 라인트레이서 함수로 라인트레이서의 동작을 합니다. 함수의 정의는 097~118줄까지입니다.

020 :초음파센서를 측정합니다.

022~027 : 초음파센서의 거리값이 2cm~8cm라면 즉 장애물이 감지되었다면 조건에 만족하여 "장애물감지"를 시리얼 통신으로 출력합니다.

029~039 : 초음파센서를 읽기 위한 함수입니다.

35 : pulseIn의 timeout 시간을 1000uS로 하였습니다. 초음파센서의 이동거리로 계산하였을 때 약 34cm 가량 왕복하는 시간으로 대략 17cm의 장애물까지 측정 가능합니다. 시간을 짧게한 이유는 pulseIn 함수에서 timeout 시간이 길면 라인트레이서의 동작에 영향이 있어 차선을 이탈하는 경우가 있습니다. 이 때문에 pulseIn에서는 필요한 시간만큼만 기다리도록 하였습니다.

041~095 : 모터를 돌려 자동차를 움직이는 함수 입니다.

업로드 버튼()을 클릭하여 프로그램을 업로드 후 시리얼모니터() 버튼을 눌러 시리얼모니터를 열어 값을 확인합니다.

동작 결과

초음파센서에서 장애물을 만나면 "장애물감지"를 1초 동안 출력합니다.

```
0
0
10
7
장애물감지
```

☑ 자동 스크롤 ☐ 타임스탬

라인트레이서 동작 중 장애물을 만나면 180도 회전하여 동작하기

이제 장애물을 만나면 자동차를 180도 회전시켜 동작하는 코드를 만들어 봅니다.

다음의 코드를 작성합니다.

13_4_2.ino

```
#define TRIG_PIN A2
#define ECHO_PIN A3
#define R_IA 5
#define R_IB 6
#define L_IA 9
#define L_IB 10
#define LINE_RIGHT A0
#define LINE_LEFT A1

void setup() {
 Serial.begin(9600);
 pinMode(TRIG_PIN, OUTPUT);
 pinMode(ECHO_PIN, INPUT);
 pinMode(LINE_RIGHT, INPUT);
 pinMode(LINE_LEFT, INPUT);
}

void loop() {
 linetracer();
 int distanceCM = get_ultrasonic_cm();
 if (distanceCM >=2 && distanceCM <=8)
 {
        car_right(120);
```

```
		delay(200);
		while (1)
		{
		 if (digitalRead(LINE_LEFT) ==0)
		 {
			car_stop();
			break;
		 }
		}
 }
}

int get_ultrasonic_cm()
{
 digitalWrite(TRIG_PIN, HIGH);
 delayMicroseconds(10);
 digitalWrite(TRIG_PIN, LOW);

 unsigned long duration = pulseIn(ECHO_PIN, HIGH, 1000);
 int distanceCM = duration *0.017;

 return distanceCM;
}

void car_stop()
{
 analogWrite(R_IA, 0);
 analogWrite(R_IB, 0);
 analogWrite(L_IA, 0);
 analogWrite(L_IB, 0);
}

void car_go(int speed)
{
 analogWrite(R_IA, speed);
 analogWrite(R_IB, 0);
 analogWrite(L_IA, 0);
 analogWrite(L_IB, speed);
}

void car_back(int speed)
{
 analogWrite(R_IA, 0);
 analogWrite(R_IB, speed);
 analogWrite(L_IA, speed);
 analogWrite(L_IB, 0);
}

void car_left(int speed)
{
```

```
    analogWrite(R_IB, 0);
    analogWrite(L_IA, speed);
    analogWrite(L_IB, 0);
}

void car_right(int speed)
{
    analogWrite(R_IA, 0);
    analogWrite(R_IB, speed);
    analogWrite(L_IA, 0);
    analogWrite(L_IB, speed);
}

void car_left_go(int speed)
{
    analogWrite(R_IA, speed);
    analogWrite(R_IB, 0);
    analogWrite(L_IA, 0);
    analogWrite(L_IB, 0);
}

void car_right_go(int speed)
{
    analogWrite(R_IA, 0);
    analogWrite(R_IB, 0);
    analogWrite(L_IA, 0);
    analogWrite(L_IB, speed);
}

void linetracer()
{
    int lineRight =digitalRead(LINE_RIGHT);
    int lineLeft =digitalRead(LINE_LEFT);

    if (lineLeft ==1 && lineRight ==1)
    {
            car_go(150);
    }
    else if (lineLeft ==1 && lineRight ==0)
    {
            car_right_go(150);
    }
    else if (lineLeft ==0 && lineRight ==1)
    {
            car_left_go(150);
    }
    else
    {
            car_go(150);
    }
}
```

021:~033 : 장애물은 만나면 조건이 참이 됩니다.
023 : 자동차를 오른쪽으로 회전시킵니다.
024 : 0.2초 가량 기다립니다. 자동차를 회전시키자마자 센서를 검출하면 바로 검출되기 때문에 일정시간 동안은 아무것도 하지 않습니다.
025~032 : while(1)로 무한반복합니다. 왼쪽 적외선 라인센서의 값이 0이면 자동차를 멈추고 brea;로 while문을 탈출합니다.

자동차가 오른쪽으로 회전합니다. 왼쪽센서가 검은색 라인을 만나 센서의 값이 0이면 while문을 탈출한 후 다시 라인트레이서 동작을 합니다.

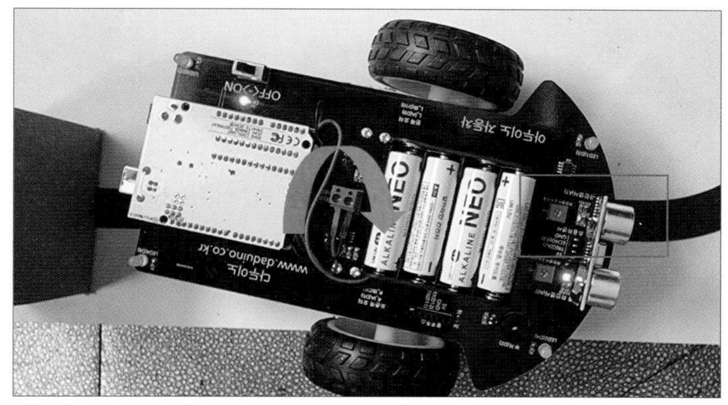

업로드 버튼( )을 클릭하여 프로그램을 업로드 후 자동차의 전원을 켜 확인합니다.

동작 결과

라인트레이서에 장애물을 두어 동작을 확인합니다.

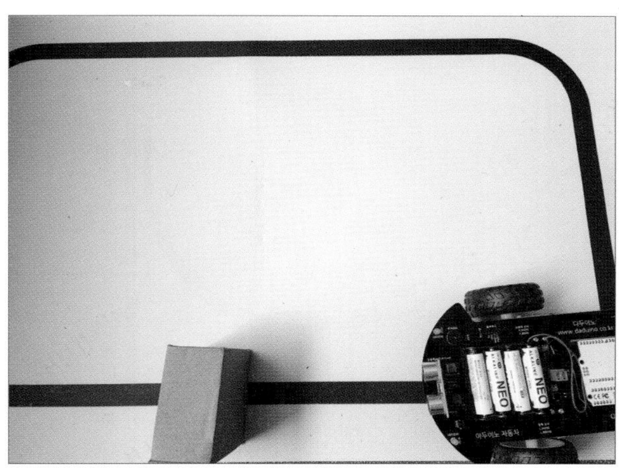

장애물을 만나서 180도 회전 후 다시 라인트레이서 동작을 합니다.

동작 동영상

다음의 QR코드 또는 동작 동영상 링크에서 움직임을 확인할 수 있습니다.

- https://url.kr/lus1qn

14 블루투스 통신을 이용한 무선 조종 자동차 만들기

스마트폰의 블루투스 통신을 이용하여 자동차를 조종하고 안드로이드 조종앱을 직접 만들어 조종합니다.

14 _ 1 블루투스 통신으로 스마트폰과 데이터 주고받기

아두이노의 소프트웨어 시리얼 통신을 이용하여 BT05 블루투스 모듈과 스마트폰 간 데이터를 주고받아 봅니다.

다음은 자동차의 블루투스 통신 모듈이 연결된 모습입니다.

사용하는 블루투스 모듈은 BT05 모듈로 블루투스 4.0을 지원하는 모델입니다.

◈ BT05 블루투스 시리얼 통신 모듈

[블루투스 시리얼 통신 모듈]은 시리얼 통신으로 손쉽게 블루투스 통신으로 데이터를 주고받을 수 있습니다. 블루투스 통신에 대한 이해 없이 시리얼 통신으로만 데이터를 주고받으면 [블루투스 시리얼 통신 모듈]이 알아서 블루투스 통신으로 변경하여 데이터를 주고받습니다. 가장 손쉽게 구할 수 있고 쉽게 사용할 수 있는 무선 통신 모듈입니다.

회로에서는 BT05 모듈과 아두이노는 직접 연결되며 커넥터를 이용하여 연결합니다.

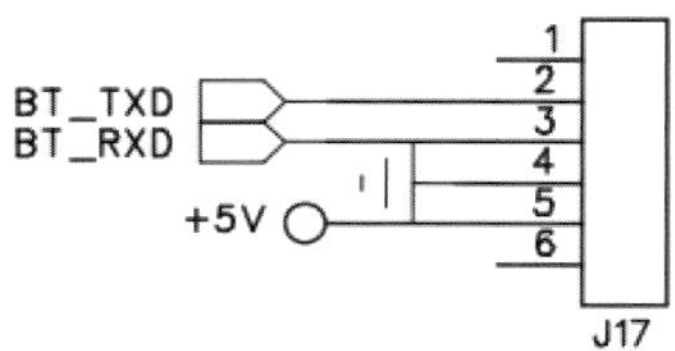

블루투스 통신 모듈과 아두이노의 연결은 11, 12번 핀을 사용합니다.

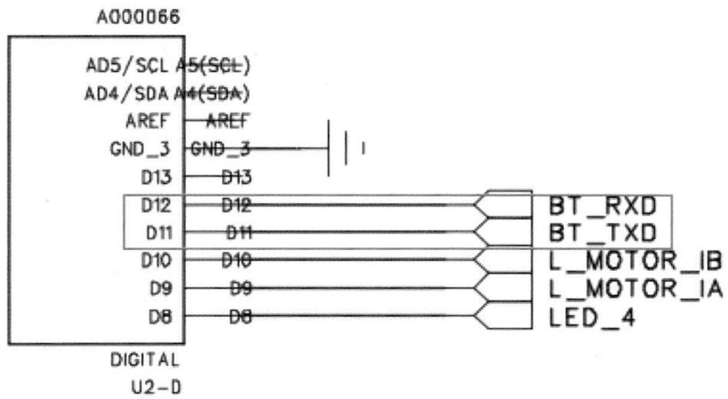

아두이노 우노의 0, 1번 핀은 하드웨어 시리얼 통신 핀입니다. 아두이노 우노에서는 프로그램 업로드 시 하드웨어 시리얼 통신핀을 사용합니다. 0, 1번 핀의 외부에 회로가 연결되어 있다면 프로그램이 업로드되지 않을 수 있습니다. 프로그램 업로드 시는 0,1번 핀에 회로가 연결되지 않아야 합니다. 만약 0,1번 핀에 블루투스 통신 모듈을 연결해서 사용한다면 프로그램을 업로드 시에는 블루투스 통신 모듈을 제거하고 업로드가 완료된 후 다시 연결하여 사용해야 합니다. 업로드 시마다 부품을 제거했다 다시 연결하기 번거롭다 보니 아두이노의 소프트웨어 시리얼 통신을 이용하여 0, 1번 핀이 아닌 다른 핀을 사용하여 소프트웨어 시리얼 통신을 사용합니다.

블루투스 통신으로 스마트폰에 데이터 전송하기

아두이노에서 HM-10 블루투스 통신 모듈을 통해 스마트폰으로 데이터를 전송해 봅니다.

다음의 코드를 작성합니다.

14_1_1.ino

```
01    #include <SoftwareSerial.h>
02
03    SoftwareSerial btSerial = SoftwareSerial(12, 11);
04
05    void setup()
06    {
07     Serial.begin(9600);
08     btSerial.begin(9600);
09    }
10
11    void loop()
12    {
13     btSerial.println("I am arduino");
14     delay(1000);
15    }
```

01 : 소프트웨어 시리얼 통신을 사용하기 위한 라이브러리를 불러옵니다.
03 : 소프트웨어 시리얼 통신 객체를 btSerial의 이름으로 생성합니다.
08 : btSerial을 통신속도 9600으로 초기화합니다.
13~14 : btSerial(소프트웨어 시리얼) 통신으로 I am arduino를 1초마다 전송합니다.

업로드 버튼( )을 클릭하여 프로그램을 업로드합니다.

안드로이드 스마트폰에서 진행합니다. 플레이스토어에서 [블루투스 시리얼]을 검색 후 다음의 어플을 설치합니다.

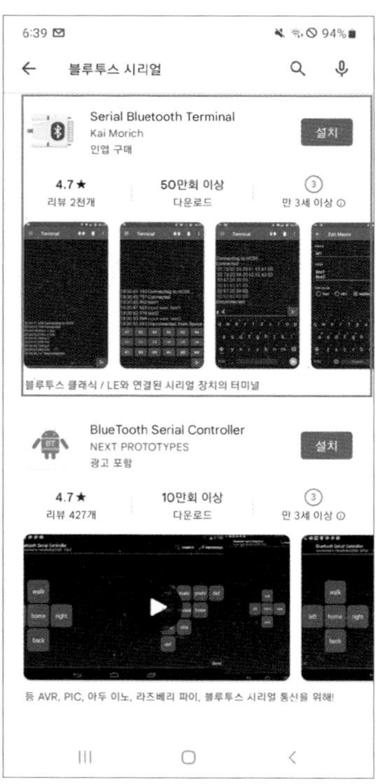

블루투스 4.0의 연결의 경우 OS에서 따로 연결하지 않고 블루투스만 켭니다.

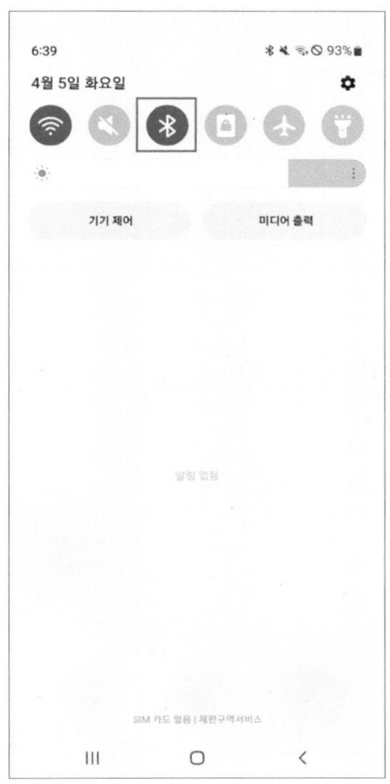

블루투스에 연결하기 위해 다음을 클릭합니다.

[Device]를 클릭합니다

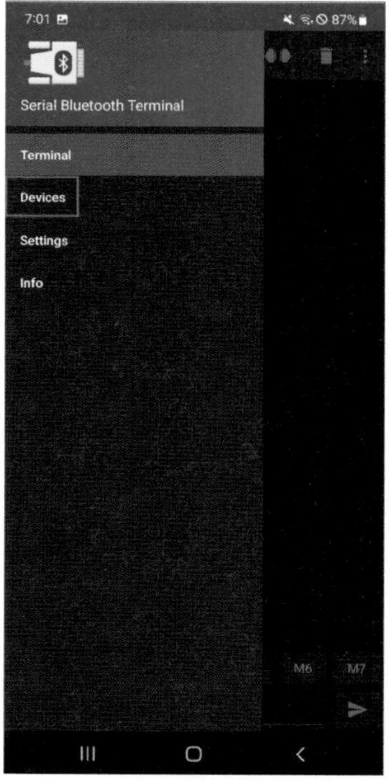

[BluetoothLE] 탭으로 이동 후 [SCAN]을 클릭합니다.

안드로이드 10 이상부터는 블루투스를 사용하기 위해 위치 권한이 필요로 합니다. 권한을 허용해줍니다.

BT05, HM-10 등의 이름으로 검색됩니다. 클릭하여 접속합니다. 블루투스 모듈의 경우 외형적으로 똑같이 생겼으나 제조사가 한 곳이 아닌 여러 곳에서 제조되었습니다. 다양한 이름으로 검색이 될 수 있습니다.

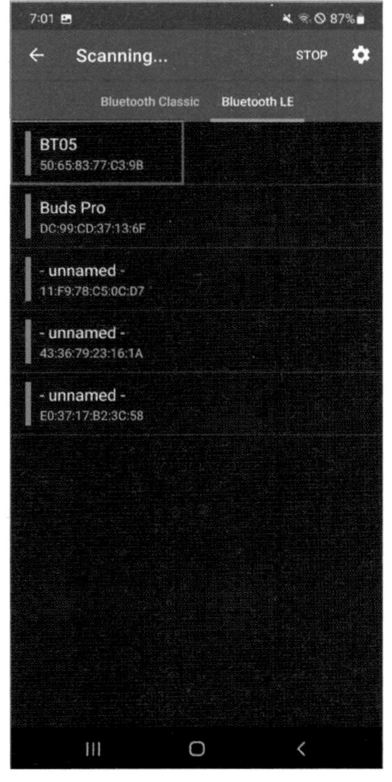

정상적으로 접속되었다면 아두이노에서 보낸 "I am arduino"가 1초마다 전송되어 출력됩니다.

알아둡니다! **블루투스 통신 모듈의 연결 여부 확인방법**

BT05 블루투스 통신 모듈의 블루투스가 연결되어 있다면 빨간 네모 칸 안의 LED가 항상 켜져 있습니다. 빨간 네모 칸 안의 LED가 깜빡인다면 블루투스가 연결되지 않은 상태입니다.

단, AT 명령을 이용하여 블루투스 통신 모듈의 이름을 변경하거나 통신속도를 변경하기 위해서는 블루투스가 연결되지 않은 상태여야 합니다.

블루투스 통신으로 스마트폰에서 아두이노로 데이터 전송하기

이제 스마트폰에서 아두이노로 데이터를 전송합니다. 다음의 코드를 작성합니다.

14_1_2.ino

```
#include <SoftwareSerial.h>

SoftwareSerial btSerial = SoftwareSerial(12, 11);

void setup()
{
```

```
07        Serial.begin(9600);
08        btSerial.begin(9600);
09      }
10
11      void loop()
12      {
13        if(btSerial.available()>0)
14        {
15                Serial.write(btSerial.read());
16        }
17      }
```

13~17: 소프트웨어 시리얼로 받은 데이터가 있다면 PC 시리얼 통신으로 전달합니다. 즉 블루투스 통신으로 데이터를 받아 그래도 PC에 전송합니다.

업로드 버튼()을 클릭하여 프로그램을 업로드 후 시리얼모니터() 버튼을 눌러 시리얼모니터를 열어 값을 확인합니다.

스마트폰에서 hello를 전송합니다. 아두이노의 시리얼모니터에서 수신받은 값을 확인할 수 있습니다.

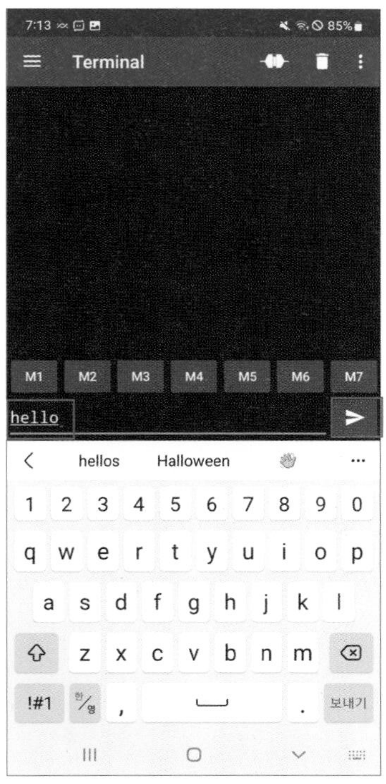

아두이노의 시리얼모니터에서 수신받은 값을 확인할 수 있습니다.

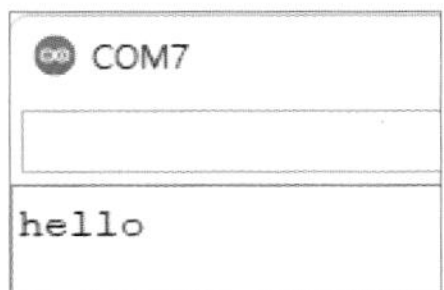

AT 명령어로 블루투스 통신 모듈 이름 및 통신속도 변경하기

다음과 같이 생긴 BT05 4.0 통신 모듈의 경우 여러 곳에서 제조되고 있습니다.

모양은 똑같으나 내부의 코드나 버전이 다를 수 있습니다. 초기의 이름이 BT05, HM-10등 다양한 이름으로 설정되어있습니다. 통신속도 또한 대부분은 9600으로 설정되어있는데 간혹 115200으로 설정된 모듈도 있습니다.

블루투스 통신 모듈의 이름 및 통신속도를 변경하는 방법에 대해 알아봅니다.

블루투스 통신 모듈과 AT 명령을 통해 설정해 봅니다. 아두이노가 중계역할을 하여 PC와 블루투스 통신 모듈 간 통신을 전달해주는 코드입니다. 다음의 코드를 작성합니다.

14_1_3.ino

```
#include <SoftwareSerial.h>

SoftwareSerial btSerial = SoftwareSerial(12, 11);

void setup()
{
 Serial.begin(9600);
 btSerial.begin(9600);
}

void loop()
{
 if(btSerial.available()>0)
 {
         Serial.write(btSerial.read());
 }

 if(Serial.available()>0)
 {
         btSerial.write(Serial.read());
 }
}
```

블루투스 통신 모듈 〈– 아두이노 –〉 PC 시리얼모니터로 아두이노가 중계역할하여 데이터를 전달합니다.

업로드 버튼()을 클릭하여 프로그램을 업로드 후 시리얼모니터() 버튼을 눌러 시리얼모니터를 열어 값을 확인합니다.

스마트폰에서는 다음의 아이콘을 클릭하여 연결을 끊습니다. 다음 사진과 같아야 합니다. 블루투스 통신 모듈과 스마트폰이 블루투스 통신으로 연결되어 있다면 AT 명령이 동작하지 않습니다.

[Both NL & CL]로 설정합니다. NewLine 및 CarriageReturn의 약자로 줄바꿈 및 맨 앞으로 이동입니다. AT를 입력 후 [전송] 버튼을 눌러 전송합니다.

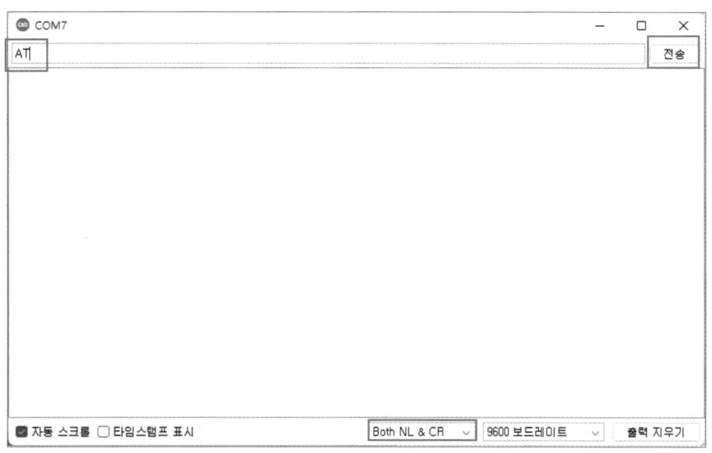

블루투스 통신 모듈에서 OK의 응답이 왔습니다. 정상적으로 AT 명령어가 동작합니다.

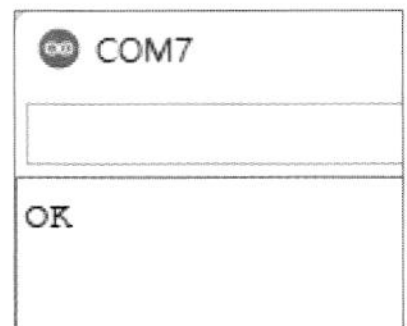

AT+NAMEXXXX 명령어로 XXXX부분에 바꿀 이름을 넣습니다. NAME과 XXXX사이에는 띄어쓰기를 하지 않습니다. 이름은 영문자로 하는 것을 추천합니다. 한글이나 특수문자는 사용하지 않습니다. ARDUINO123으로 이름을 변경해보도록 하겠습니다.

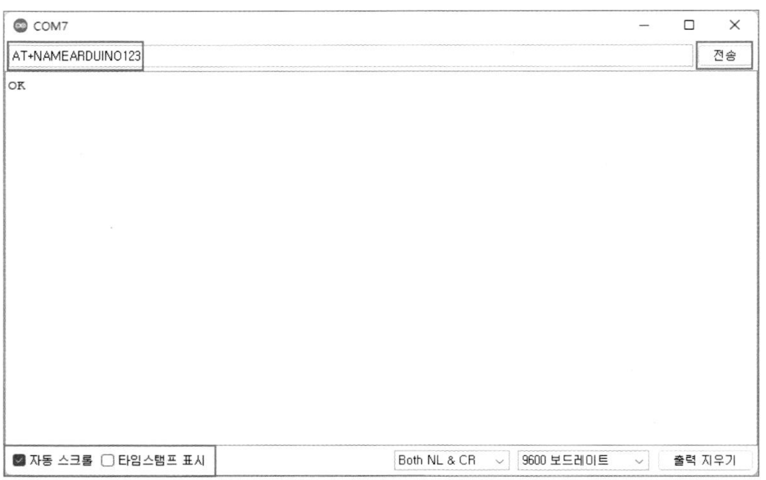

+NAME=바꾼 이름으로 응답이 오면 정상적으로 이름이 변경되었습니다.

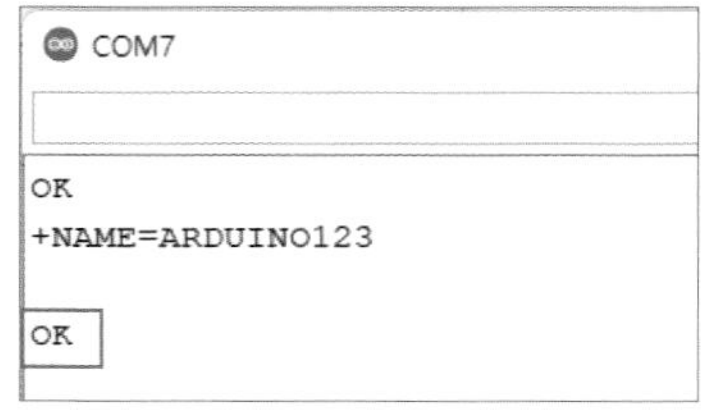

HM-10 블루투스 통신 모듈의 전원을 껐다가 다시 켜보도록 합니다. 또는 모듈을 커넥터에서 분리하였다가 다시 연결합니다.

스마트폰에서 다시 [SCAN] 하면 바뀐 이름으로 검색됨을 확인할 수 있습니다.

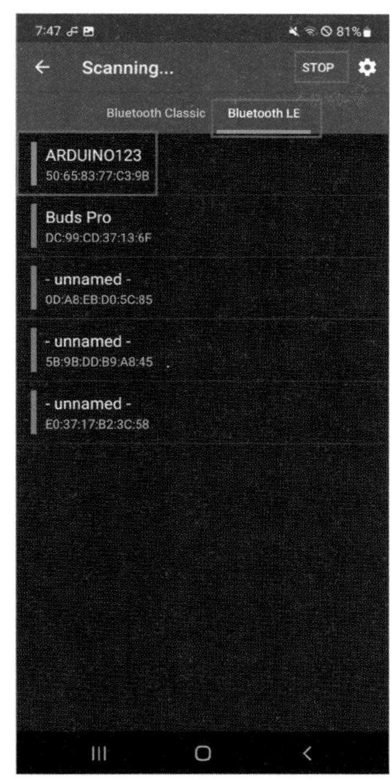

BT05 블루투스 통신 모듈의 통신속도를 변경합니다.

BT05의 AT 명령어에서 통신속도를 변경하는 명령입니다. 통신속도를 9600으로 변경하기 위해서 AT+BAUD4를 입력하면 됩니다.

8. set/query- serial baud rate:

instruction	response	parameter
AT+BAUD<Param>	+BAUD=<Param> OK	Param : (0-4) Values (decimal): 0 ——115200 1 ——57600 2 ——38400 3 ——19200 4 —— 9600 default : 0
AT+BAUD	+BAUD=<Param>	

어떤 통신속도에 있는지 모르니 모든 통신속도에서 명령어를 입력하여 9600으로 변경합니다.

다음의 코드를 작성합니다.

14_1_4.ino

```
#include <SoftwareSerial.h>

SoftwareSerial btSerial = SoftwareSerial(12, 11);

void setup()
```

```
{
 Serial.begin(9600);

 btSerial.begin(115200);
 delay(100);
 btSerial.println("AT+BAUD4");
 delay(1000);

 btSerial.begin(57600);
 delay(100);
 btSerial.println("AT+BAUD4");
 delay(1000);

 btSerial.begin(38400);
 delay(100);
 btSerial.println("AT+BAUD4");
 delay(1000);

 btSerial.begin(19200);
 delay(100);
 btSerial.println("AT+BAUD4");
 delay(1000);

 Serial.println("finish");
}

void loop()
{
}
```

업로드 버튼( )을 클릭하여 프로그램을 업로드 후 시리얼모니터( ) 버튼을 눌러 시리얼모니터를 열어 값을 확인합니다.

동작 결과

finish가 출력되면 모든 통신속도에서 9600으로 변경하라는 명령어를 입력하였습니다.

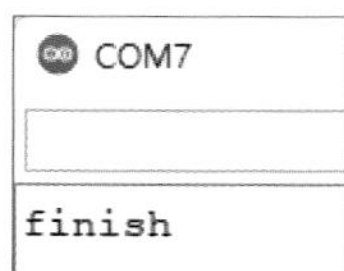

14 _ 2 명령어를 이용하여 자동차 제어하기

블루투스 통신으로 스마트폰에서 받은 데이터 테스트하기

블루투스 시리얼 통신으로 스마트폰에서 아두이노로 명령어를 보내 자동차를 움직여봅니다.

명령어를 테스트하는 코드를 만들어 봅니다.

다음의 코드를 작성합니다.

14_2_1.ino

```
#include <SoftwareSerial.h>

SoftwareSerial btSerial = SoftwareSerial(12, 11);

void setup()
{
 btSerial.begin(9600);
}

void loop()
{
 if (btSerial.available() >0)
 {
         char btData = btSerial.read();
         if (btData =='1') btSerial.println("1 ok");
         else if (btData =='2') btSerial.println("2 ok");
         else if (btData =='3') btSerial.println("3 ok");
 }
}
```

블루투스가 연결된 소프트웨어 시리얼 통신으로 '1' , '2', '3'을 입력받으면 응답하는 코드입니다.

업로드 버튼( )을 클릭하여 프로그램을 업로드합니다.

안드로이드 스마트폰의 [Serial Bluetooth Terminal] 프로그램을 실행 후 연결하고 진행합니다.

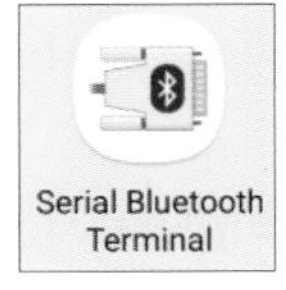

문자 1, 2, 3을 각각 입력해서 응답을 확인합니다.

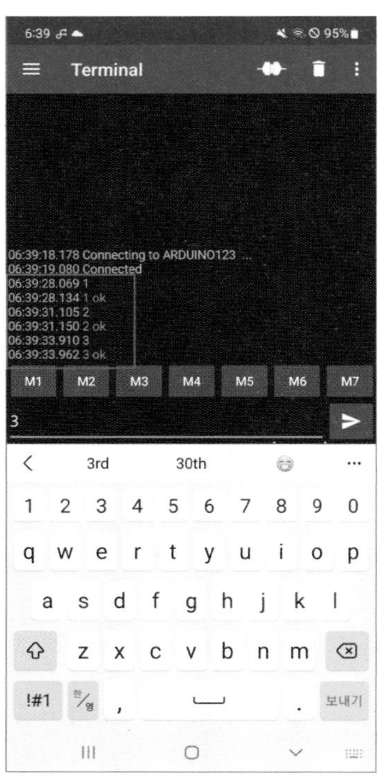

통신을 통해 명령어를 입력할 때는 일반적으로 하나의 문자로 하지 않습니다. 하나의 문자일 경우 잘못 전달된 메시지에 의해서 동작할 수 있기 때문에 긴 문자를 통해 전달합니다. 예를 들어 배가 고파서 부모님께 밥을 달라고 할 때 '밥'이라는 한 글자만 말하면 밥을 달라는 건지 밥이 있다는 건지 의미를 알 수 없기 때문입니다.

자동차를 제어하는 문자열의 프로토콜을 만들어 자동차를 제어합니다.

명령어	동작
stop	멈춤
go	앞으로 이동
back	뒤로 이동
left	왼쪽으로 회전
right	오른쪽으로 회전
bzon	부저 ON
bzoff	부저 OFF
speed=0 ~ speed=255	모터의 PWM 값 결정

프로토콜을 만들어 명령어 받기

프로토콜을 만들어 확인하는 코드를 만들어 봅니다.

다음의 코드를 작성합니다.

14_2_2.ino

```
01 #include <SoftwareSerial.h>
02 
03 SoftwareSerial btSerial = SoftwareSerial(12, 11);
04 
05 void setup()
06 {
07  btSerial.begin(9600);
08 }
09 
10 void loop()
11 {
12  if (btSerial.available() >0)
13  {
14         String strRead = btSerial.readStringUntil('\n');
15         if(strRead.indexOf("stop") !=-1) btSerial.println("ok stop");
16         else if(strRead.indexOf("go") !=-1) btSerial.println("ok go");
17         else if(strRead.indexOf("back") !=-1) btSerial.println("ok back");
18         else if(strRead.indexOf("left") !=-1) btSerial.println("ok left");
19         else if(strRead.indexOf("right") !=-1) btSerial.println("ok right");
20         else if(strRead.indexOf("bzon") !=-1) btSerial.println("ok bzon");
21         else if(strRead.indexOf("bzoff") !=-1) btSerial.println("ok bzoff");
22         else if(strRead.indexOf("speed=") !=-1)
23         {
24          int speedValue = strRead.substring(6,strRead.length()).toInt();
25          btSerial.print("ok ");
26          btSerial.println(speedValue);
27         }
28  }
29 }
```

15~27: stop, go, back, left, right, bzon, bzoff, speed=의 명령어를 입력받아 동작합니다.

22~27: speed= 를 검출하였을 때는 speed= 의 글자 수를 지난 6번지부터 마지막까지 값을 분리하여 int형으로 변환하여 speedValue 변수에 대입합니다.

업로드 버튼( )을 클릭하여 프로그램을 업로드합니다.

안드로이드 스마트폰의 [Serial Bluetooth Terminal] 프로그램을 실행 후 연결하고 진행합니다.

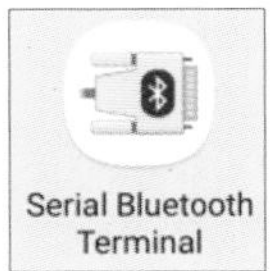

stop, go, back, left, right, bzon, bzoff, speed=200, speed=150을 입력하여 명령어의 동작을 확인하였습니다.

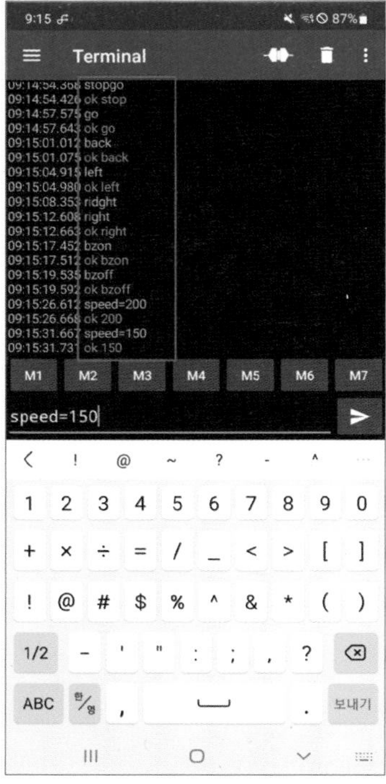

모터와 부저 기능을 넣어 실제로 동작하여 완성하기

이제 실제 모터와 부저를 동작하는 기능을 코드에 넣어 완성합니다.

다음의 코드를 작성합니다.

14_2_3.ino

```
#include <SoftwareSerial.h>

SoftwareSerial btSerial = SoftwareSerial(12, 11);

#define R_IA 5
#define R_IB 6
#define L_IA 9
#define L_IB 10
#define PIEZO_BUZZER 2

int speedValue =200;

void setup()
{
 btSerial.begin(9600);
}
```

```

void loop()
{
 if (btSerial.available() >0)
 {
        String strRead = btSerial.readStringUntil('\n');
        if(strRead.indexOf("stop") !=-1) car_stop();
        else if(strRead.indexOf("go") !=-1) car_go(speedValue);
        else if(strRead.indexOf("back") !=-1) car_back(speedValue);
        else if(strRead.indexOf("left") !=-1) car_left(150);
        else if(strRead.indexOf("right") !=-1) car_right(150);
        else if(strRead.indexOf("bzon") !=-1) tone(PIEZO_BUZZER, 500);
        else if(strRead.indexOf("bzoff") !=-1) noTone(PIEZO_BUZZER);
        else if(strRead.indexOf("speed=") !=-1)
        {
         speedValue = strRead.substring(6,strRead.length()).toInt();
        }
 }
}

void car_stop()
{
 analogWrite(R_IA,0);
 analogWrite(R_IB,0);
 analogWrite(L_IA,0);
 analogWrite(L_IB,0);
}

void car_go(int speed)
{
 analogWrite(R_IA,speed);
 analogWrite(R_IB,0);
 analogWrite(L_IA,0);
 analogWrite(L_IB,speed);
}

void car_back(int speed)
{
 analogWrite(R_IA,0);
 analogWrite(R_IB,speed);
 analogWrite(L_IA,speed);
 analogWrite(L_IB,0);
}

void car_left(int speed)
{
```

```
  analogWrite(R_IA,speed);
  analogWrite(R_IB,0);
  analogWrite(L_IA,speed);
  analogWrite(L_IB,0);
}

void car_right(int speed)
{
  analogWrite(R_IA,0);
  analogWrite(R_IB,speed);
  analogWrite(L_IA,0);
  analogWrite(L_IB,speed);
}
```

업로드 버튼()을 클릭하여 프로그램을 업로드합니다.

안드로이드 스마트폰의 [Serial Bluetooth Terminal] 프로그램을 실행 후 연결하고 진행합니다.

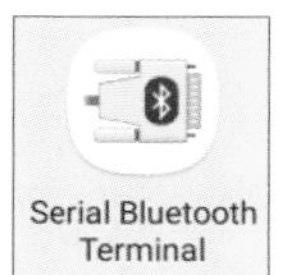

[Serial Bluetooth Terminal] 어플에는 [M1]부터 [M7]까지 단축키로 지정할 수 있는 버튼이 있습니다.

[M1] 버튼을 꾹 눌러 단축키를 지정합니다.

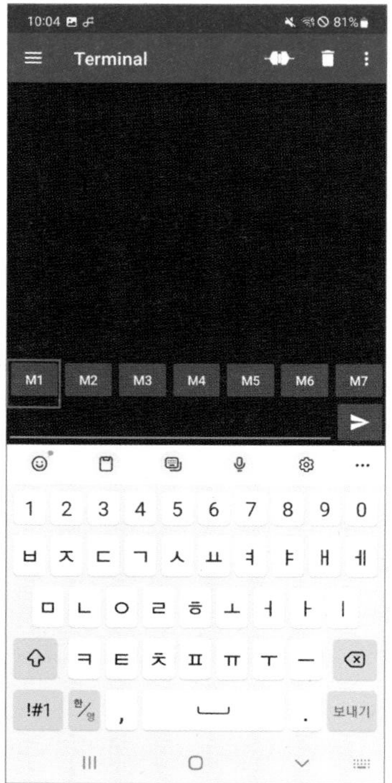

Name은 전진 Value는 go로 수정한 다음 [V]를 눌러 저장합니다.

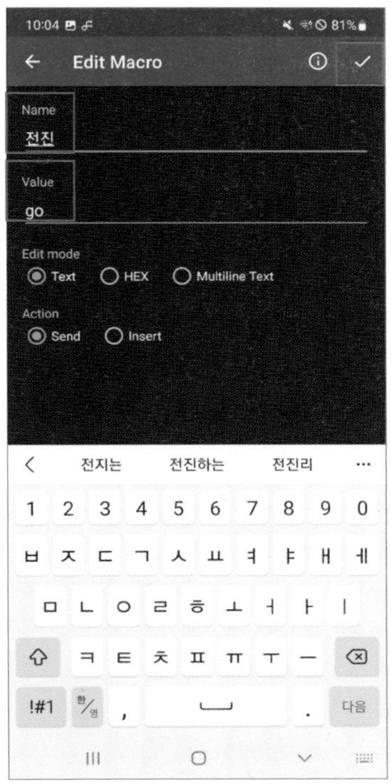

나머지 버튼들도 다음과 같이 단축키를 지정합니다.

전진 go, 후진 back, 왼쪽 left, 오른쪽 right, 멈춤 stop, 부저켬 bzon, 부저끔 bzoff 속도제어는 단축키가 부족하여 지정하지 못하였습니다. 속도제어는 앱을 만들어 사용할 때 만들어 사용합니다.

단축키의 지정 후 각각의 버튼을 눌러 자동차를 조종합니다. 블루투스는 연결되어야 합니다.

아이폰사용자의 조종 어플 설치 및 구동

아이폰의 앱스토어에서 "ble automation"을 검색 후 BLE Automation 어플을 설치후 설치 후 어플을 실행합니다.

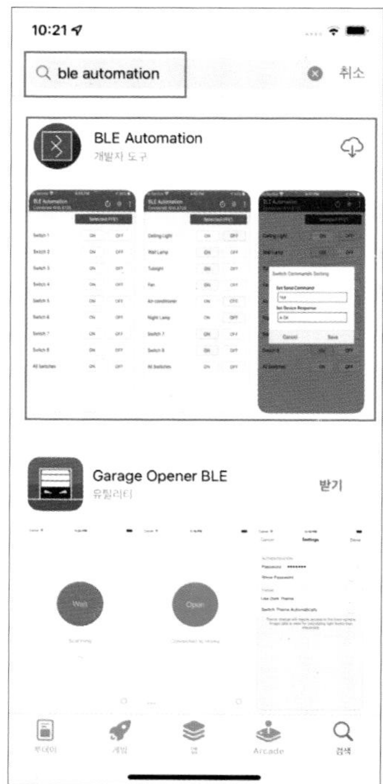

[확인] 버튼을 눌러 블루투스를 사용합니다.

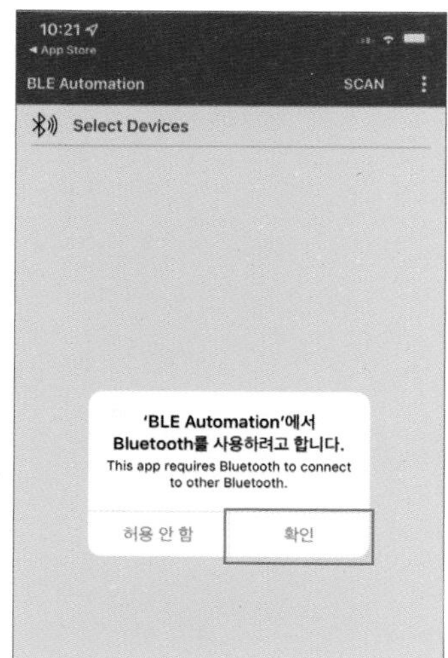

스캔 후 MLT-BT05, HM-10, BT05 등의 이름을 선택하여 연결합니다. 또는 변경한 이름으로 연결합니다.

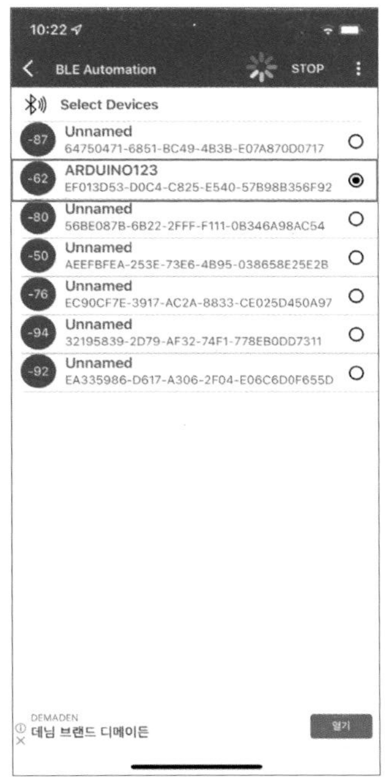

Switch1 이름 부분을 꾹 누르면 이름을 변경할 수 있는 창이 나옵니다. Switch1은 사용자가 알 수 있게 표시되는 이름으로 원하는 이름으로 변경할 수 있습니다.

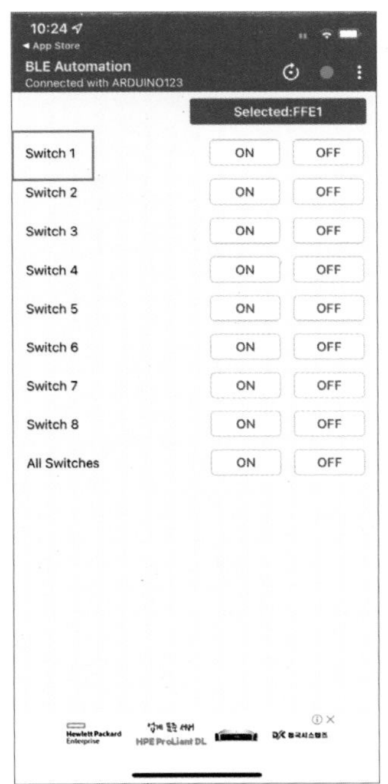

Switch 1을 "전진"으로 변경합니다. [Save] 버튼을 눌러 변경합니다.

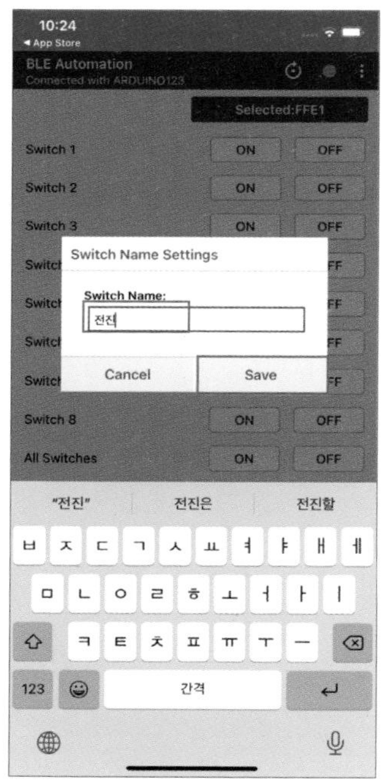

[ON], [OFF]는 사용자의 명령 부분으로 꾹 눌러 전송되는 명령을 변경할 수 있습니다. [OFF]는 사용하지 않고 [ON]만 사용합니다. [ON] 부분을 꾹 눌러 전송되는 명령을 변경하여 봅니다.

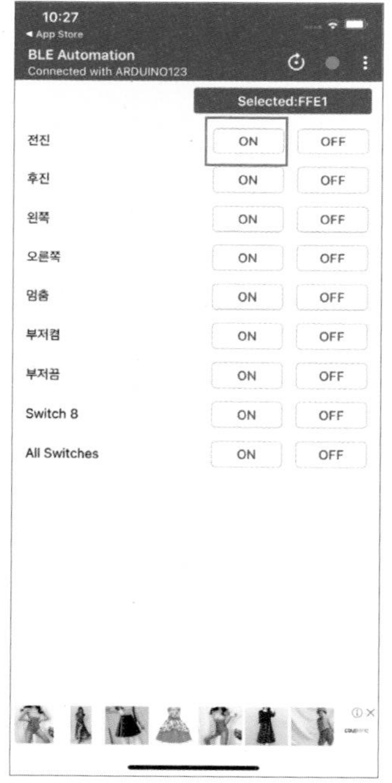

Set Send Command: 부분을 "go"로 변경 후 [SAVE] 버튼을 눌러 저장합니다. [전진] 버튼을 눌렀을 때 전송되는 값을 설정합니다. Set Device Response:는 받는 명령으로 사용하지 않습니다.

나머지 버튼도 다음과 같이 설정합니다. 전진 go, 후진 back, 왼쪽 left, 오른쪽 right, 멈춤 stop, 부저켬 bzon, 부저끔 bzoff

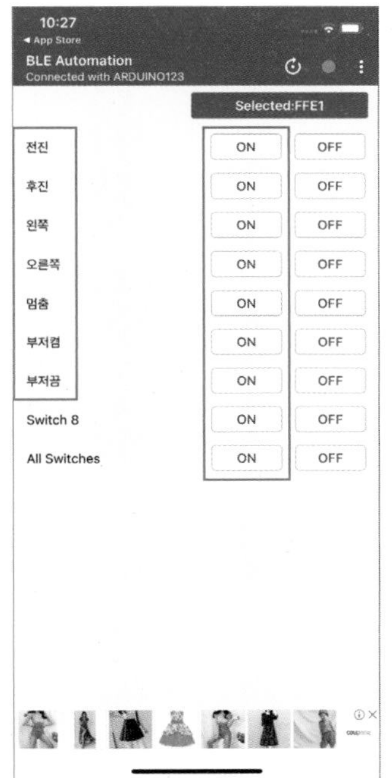

이제 각각의 버튼을 눌러 자동차를 조종할 수 있습니다.

다른 블루투스에 연결하고 싶다면 설정을 클릭한 후 [Select Device]를 선택하여 다른 블루투스 모듈에 접속할 수 있습니다.

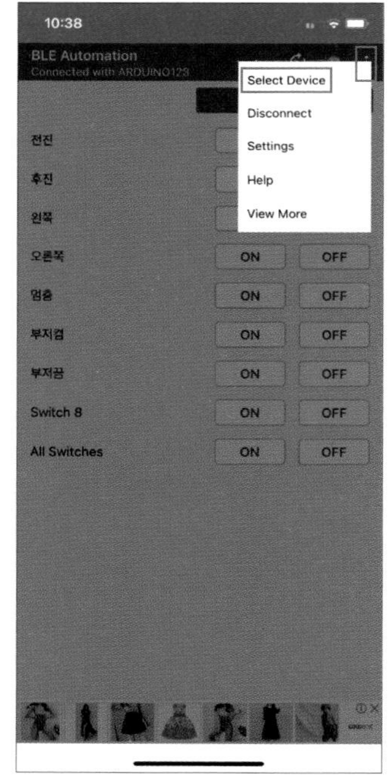

14 _ 3 앱인벤터로 조종앱 만들고 자동차 조종하기

안드로이드 스마트폰을 이용하여 자동차 조종앱을 직접 만들어 자동차를 조종해보도록 합니다.

1 아래의 앱인벤터 사이트에 접속한다.

- http://appinventor.mit.edu/

2 [Create Apps!]를 눌러 새로운 앱을 만듭니다.

앱인벤터는 구글에서 서비스하고 있어 구글 계정이 필요합니다. 구글 계정이 없다면 구글 계정을 만들어서 로그인합니다.

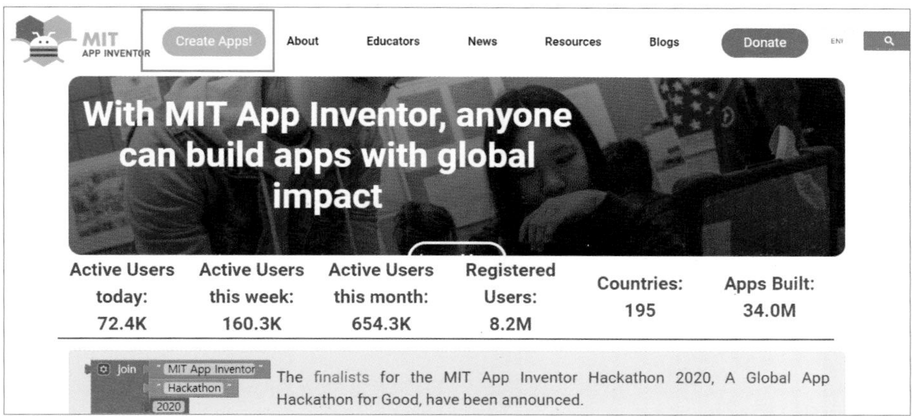

3 [새 프로젝트 시작하기] 버튼을 클릭한다.

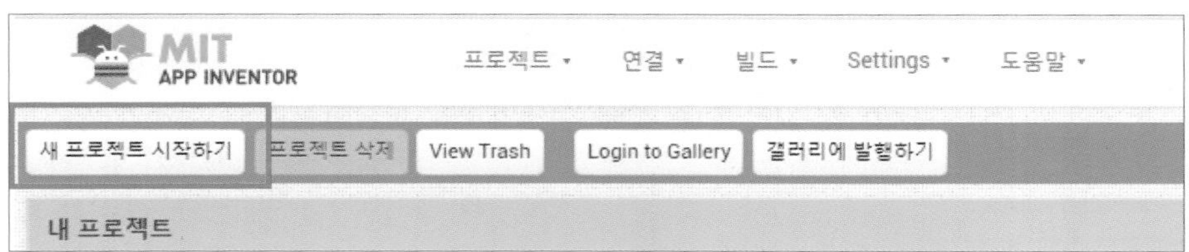

4 프로젝트 이름을 입력한 후 [확인] 버튼을 누릅니다. 프로젝트 이름은 ble_car_control 로 하였습니다.

5 앱인벤터의 초기화면입니다. 따라해 보면서 충분히 만들 수 있으니 걱정하지 않아도 됩니다. 처음에 보이는 화면은 [디자이너] 화면으로 앱에서 보여지는 화면을 구성할 수 있습니다.

블루투스 4.0 확장기능 설치하기

우리가 이번 작품에 사용하는 블루투스 4.0은 앱인벤터의 기본 기능에는 없고 추가로 확장기능을 다운로드 받아 설치해야 합니다.

블루투스 4.0을 사용하기 위한 추가기능을 다운로드 받고 설치하여 봅니다.

구글에서 "app inventor ble extension"를 검색한 후 아래의 사이트에 접속합니다.

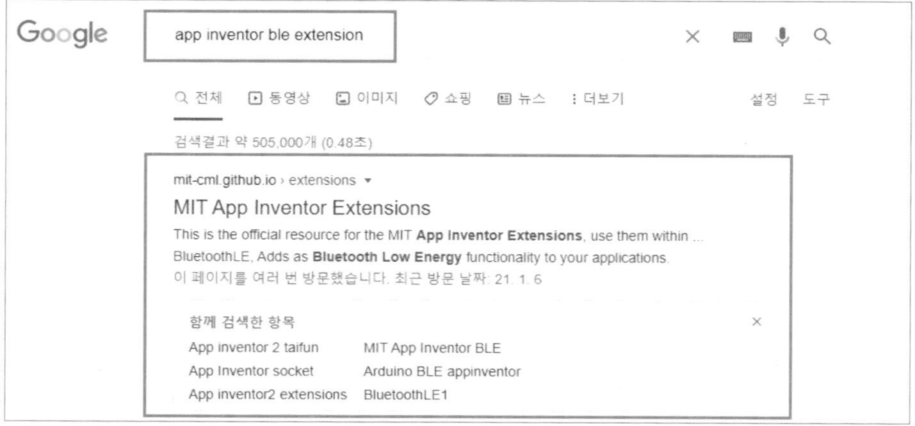

BluetoothLE.aix 파일을 다운로드 받습니다. aix 파일은 앱인벤터의 확장기능 파일입니다.

Supported:

Name	Description	Author	Version	Download .aix File	Source Code
BluetoothLE	Adds as Bluetooth Low Energy functionality to your applications. See BluetoothLE Documentation and Resources for more information.	MIT App Inventor	20200828	BluetoothLE.aix	Via GitHub
LookExtension	Adds object recognition using a neural network compiled into the extension.	MIT App Inventor	20181124	LookExtension.aix	Via GitHub
PersonalAudioClassifier	Use your own neural network classifier to recognize sounds with this extension.	MIT App Inventor	20200904	PersonalAudioClassifier.aix	Via GitHub
PersonalImageClassifier	Use your own neural network classifier to recognize images with this extension.	MIT App Inventor	20190123	PersonalImageClassifier.aix	Via GitHub
PosenetExtension	Estimate pose with this extension.	MIT App Inventor	20200226	Posenet.aix	Via GitHub

바로 다운로드가 안 되면 링크에서 마우스 오른쪽을 눌러 [링크 주소 복사]를 클릭합니다.

Version	Download .aix File	Source
20200828	Bluetc	
20181124	LookE	
20200904	Perso	
20190123	Perso	

새 탭에서 링크 열기(T)
새 창에서 링크 열기(W)
시크릿 창에서 링크 열기(G)
기기로 링크 전송
다른 이름으로 링크 저장(K)...
링크 주소 복사(E)
검사(N) Ctrl+

[크롬] 등 브라우저에서 새 탭을 열어 Ctrl + V 눌러 주소를 붙여넣은 후 Enter 를 누르면 다운로드 됩니다.

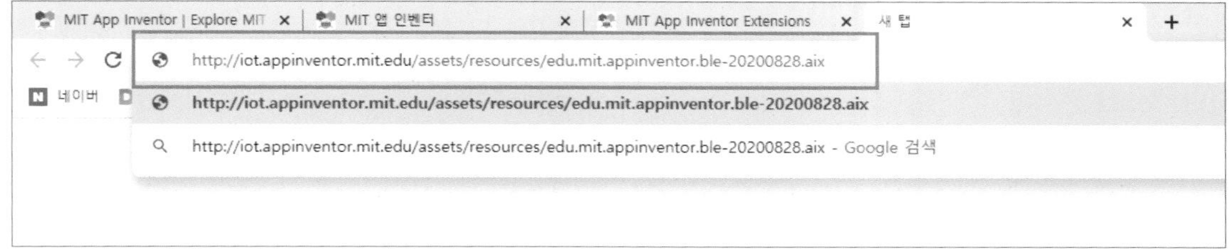

[내PC]의 [다운로드] 폴더에 다운로드 받은 파일의 확인이 가능합니다.

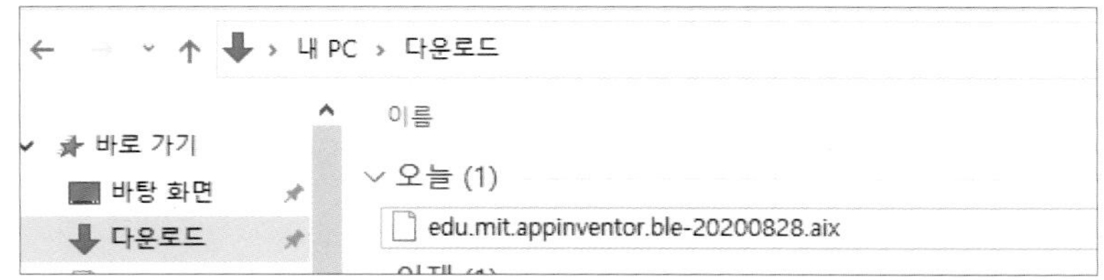

다시 앱인벤터로 돌아와 [팔레트]의 맨 아래 확장기능에서 [확장기능 추가하기] 버튼을 클릭합니다.

[파일 선택] 버튼을 클릭합니다.

바로 이전에 다운로드 받은 파일을 선택하고 [열기] 버튼을 누릅니다.

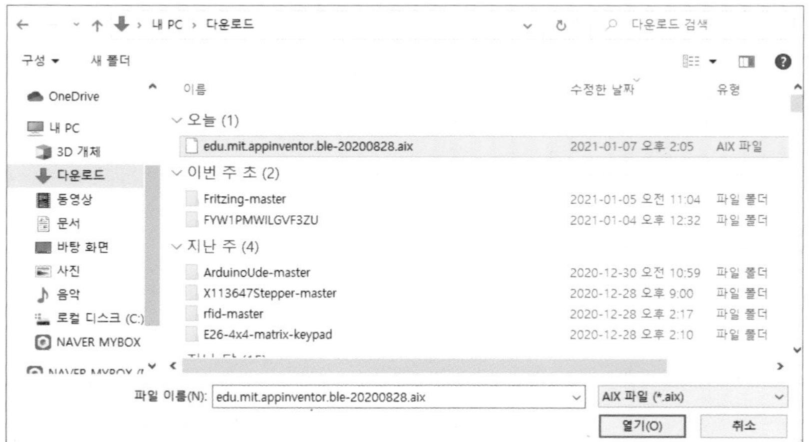

[Import] 버튼을 눌러 확장기능을 추가합니다.

바로 추가되지 않고 10~30초가량 소요됩니다. 복잡한 확장기능의 경우는 1~2분가량 소요되는 것도 있습니다.

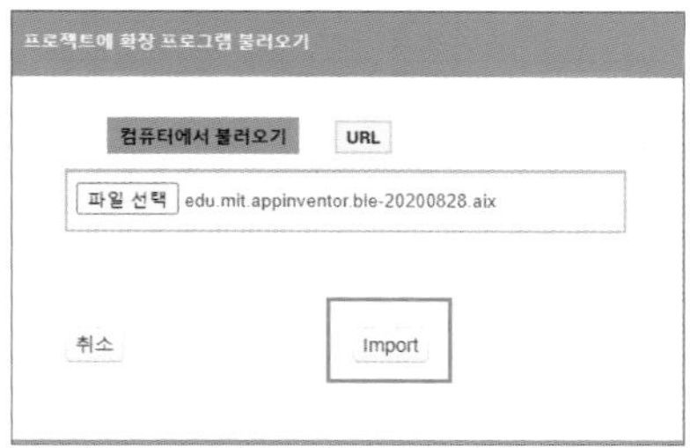

BluetoothLE의 확장기능이 추가되었음을 확인할 수 있습니다.

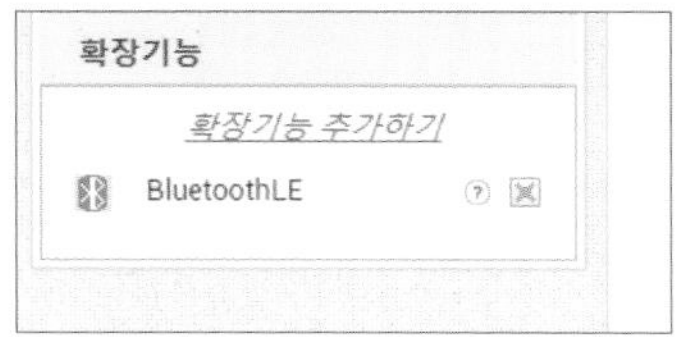

디자이너화면 구성하기

레이아웃에서 [수평배치]를 끌어 뷰어에 위치시킵니다.

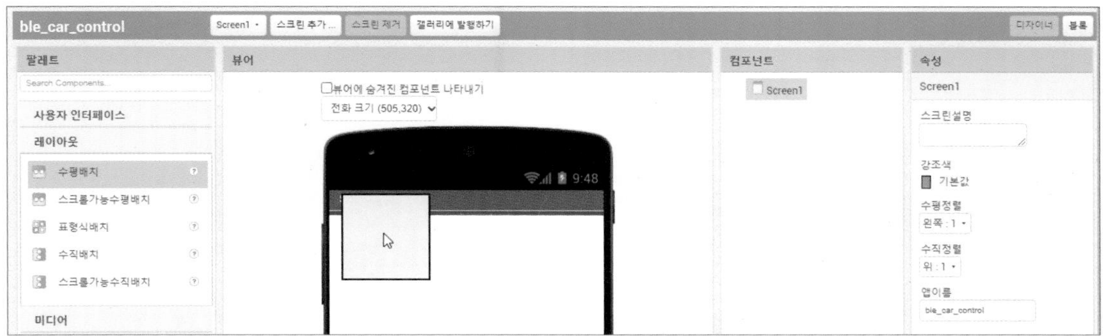

다음과 같이 [수평배치]가 뷰어에 위치되었습니다. 컴포넌트는 각각의 부품들의 이름으로 [수평배치1] 이름으로 자동으로 붙여졌습니다. 동일한 부품들은 배치한 순서대로 번호로 이름이 지정됩니다. 컴포넌트 이름은 [이름 바꾸기]를 눌러 이름의 변경이 가능합니다. 레이아웃은 부품들의 배치를 도와주는 기능으로 이름은 변경하지 않고 사용하겠습니다.

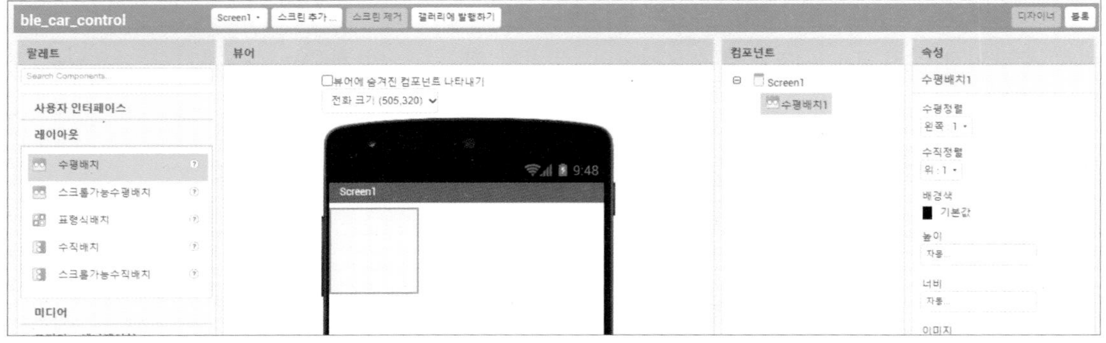

컴포넌트 [수평배치1]의 속성을 다음과 같이 설정합니다.

- 높이: 50픽셀 – 너비: 부모요소에 맞추기

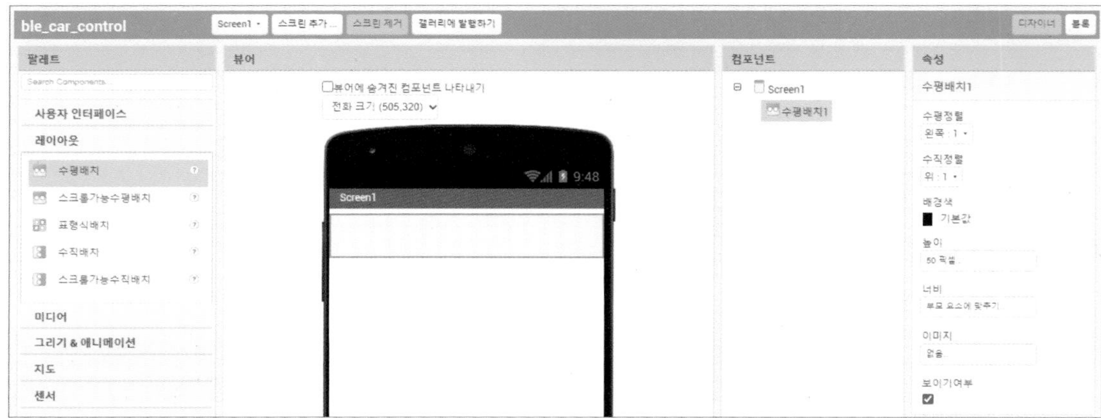

사용자 인터페이스에서 [버튼]을 4개 끌어와 뷰어의 수평배치1 안에 위치시킵니다.

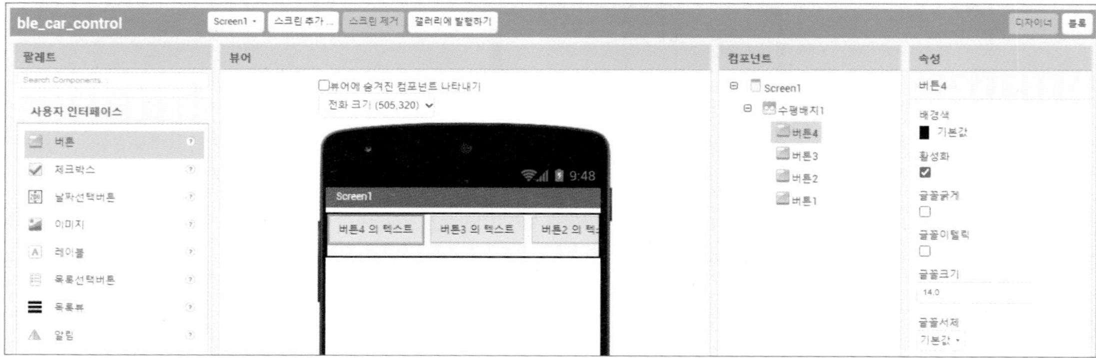

컴포넌트의 이름을 스캔버튼, 스캔멈춤버튼, 연결하기버튼, 연결끊기버튼으로 수정합니다.

[스캔버튼]의 속성을 다음과 같이 설정합니다.

- 높이: 부모요소에 맞추기
- 너비: 25퍼센트
- 텍스트: 스캔

[스캔멈춤버튼]의 속성을 다음과 같이 설정합니다.

- 높이: 부모요소에 맞추기
- 너비: 25퍼센트
- 텍스트: 스캔멈춤

[연결하기버튼]의 속성을 다음과 같이 설정합니다.

- 높이: 부모요소에 맞추기
- 너비: 25퍼센트
- 텍스트: 연결하기

[연결끊기버튼]의 속성을 다음과 같이 설정합니다.

- 높이: 부모요소에 맞추기
- 너비: 25퍼센트
- 텍스트: 연결끊기

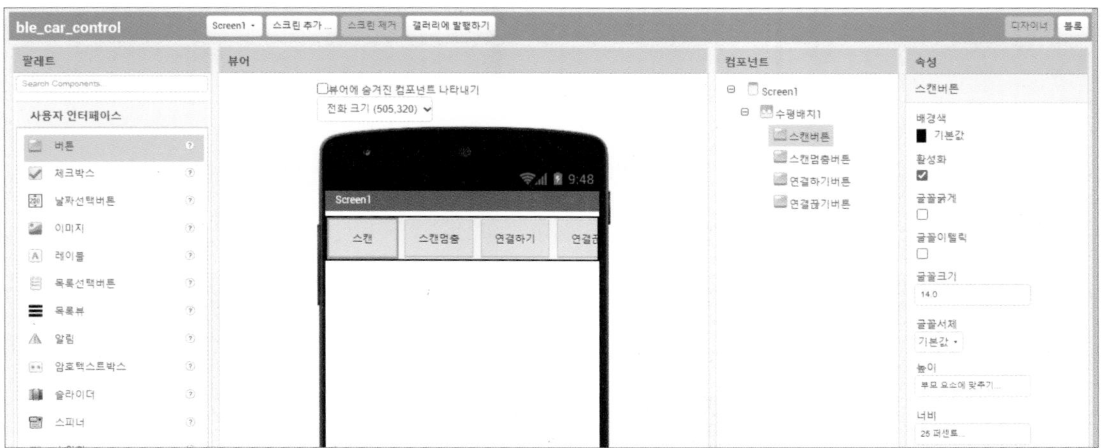

사용자 인터페이스에서 [목록뷰]를 끌어 뷰어에 위치시킵니다. 컴포넌트 이름은 목록뷰1로 자동으로 입력되었습니다.

[목록뷰1]의 속성을 다음과 같이 설정합니다.

• 너비: 부모요소에 맞추기

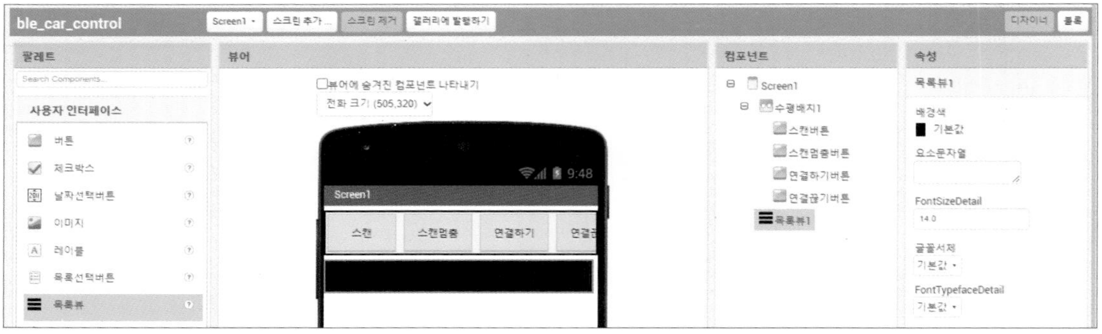

레이아웃에서 [수평배치]를 끌어와 뷰어에 위치시킵니다. 컴포넌트 간 간격을 띄우는 용도로 사용합니다. 속성을 다음과 같이 설정합니다.

• 높이: 20픽셀 • 너비: 부모요소에 맞추기

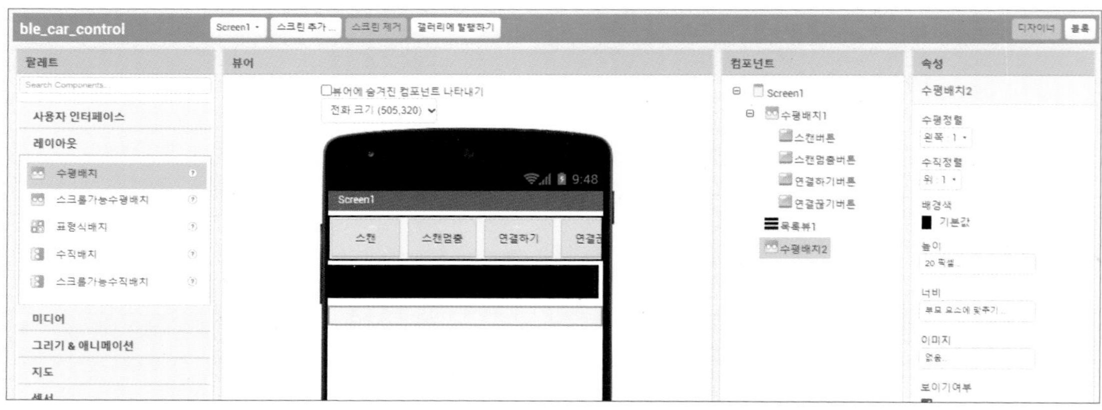

레이아웃에서 [수평배치]를 끌어와 뷰어에 위치시킵니다. 속성을 다음과 같이 설정합니다.

• 수평정렬: 가운데:3 • 수직정렬: 가운데:2 • 높이: 100픽셀 • 너비: 부모 요소에 맞추기

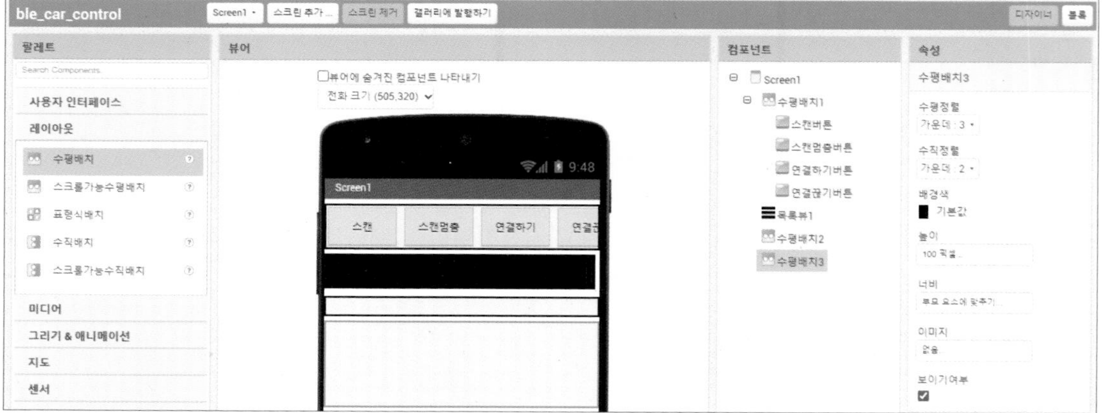

사용자 인터페이스에서 [버튼]을 끌어와 뷰어의 수평배치3 안에 위치시킵니다. 컴포넌트의 이름을 [버튼_전진]으로 변경합니다.

[버튼_전진]의 속성을 다음과 같이 설정합니다.

- 높이: 80픽셀
- 너비: 80픽셀
- 텍스트: 전진

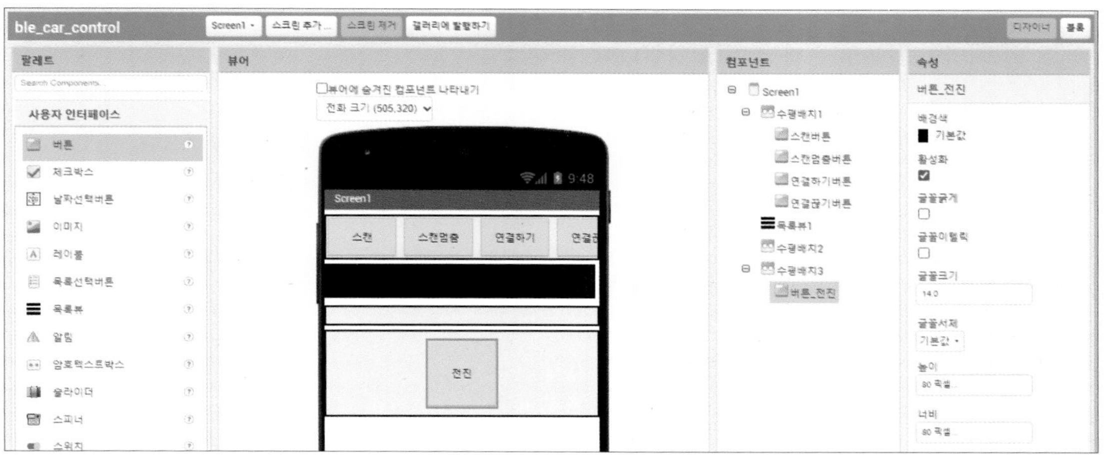

레이아웃에서 [수평배치]를 끌어와 뷰어에 위치시킵니다. 속성을 다음과 같이 설정합니다.

- 수평정렬: 가운데:3
- 수직정렬: 가운데:2
- 높이: 100픽셀
- 너비: 부모 요소에 맞추기

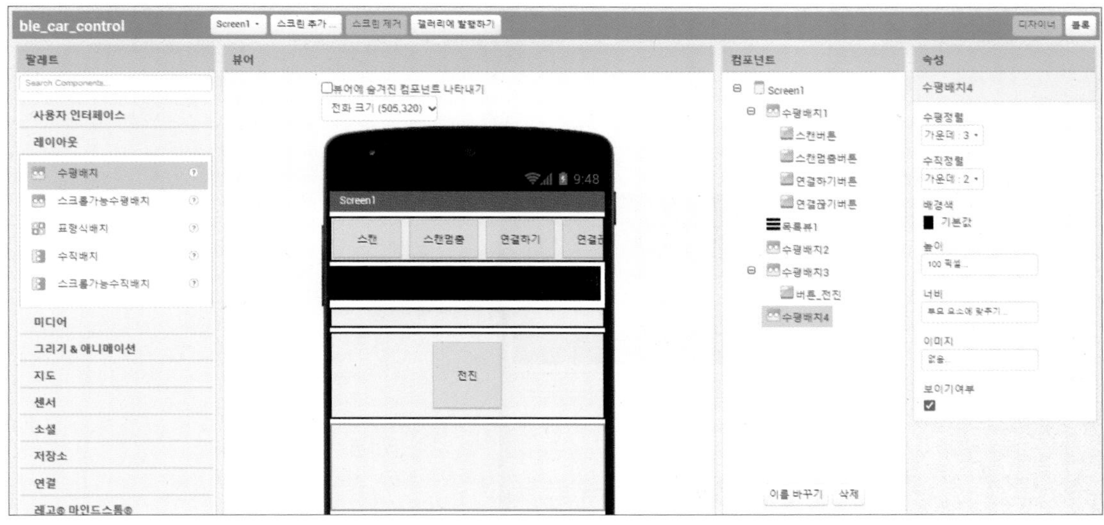

팔레트에서 [버튼][수평배치][버튼][수평배치[버튼]의 5개를 끌어와 뷰어의 수평배치4 안에 위치시킵니다.

버튼 컴포넌트의 이름을 [버튼_왼쪽] [버튼_부저] [버튼_오른쪽]으로 변경합니다.

[수평배치5] [수평배치6] 의 속성을 다음과 같이 설정합니다. 버튼과 버튼의 간격을 띄우기 위해 사용합니다.

- 높이: 부모요소에 맞추기
- 너비: 20픽셀

[버튼_왼쪽]의 속성을 다음과 같이 설정합니다.

- 높이: 80픽셀
- 너비: 80픽셀
- 텍스트: 왼쪽

[버튼_부저]의 속성을 다음과 같이 설정합니다.

- 높이: 80픽셀
- 너비: 80픽셀
- 텍스트: 부저

[버튼_오른쪽]의 속성을 다음과 같이 설정합니다.

- 높이: 80픽셀
- 너비: 80픽셀
- 텍스트: 오른쪽

아래에 부품들을 추가해야 하는 데 크기가 작아서 불편합니다.

[테블릿 크기]로 변경합니다.

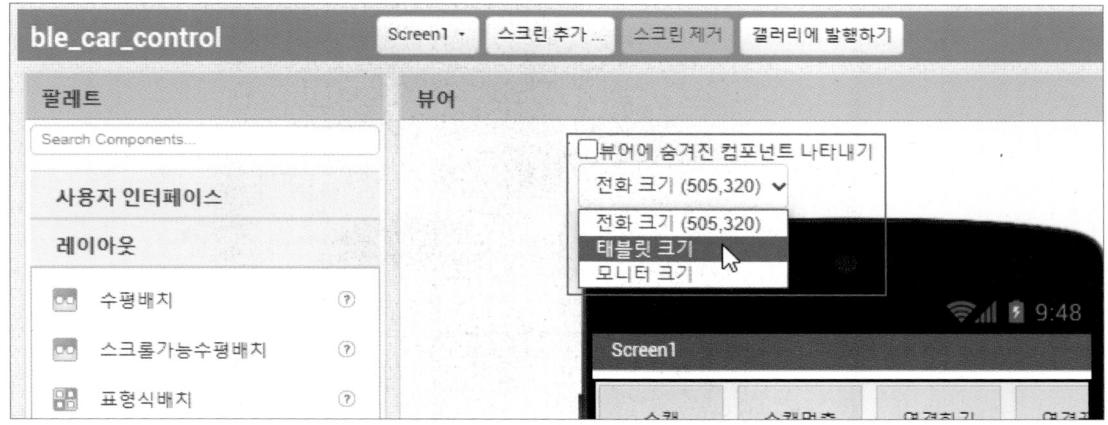

[테블릿 크기]로 변경하였습니다. 크기가 더 커졌습니다. 더 크게 보고 싶다면 [모니터 크기]로 변경하여도 무방합니다. 실제 스마트폰에서 보여지는 크기는 변하지 않고 컴포넌트들을 배치할 때만 커집니다.

레이아웃에서 [수평배치]를 끌어와 뷰어에 위치시킵니다. 속성을 다음과 같이 설정합니다.

- 수평정렬: 가운데:3
- 수직정렬: 가운데:2
- 높이: 100픽셀
- 너비: 부모 요소에 맞추기

사용자 인터페이스에서 [버튼]을 끌어와 뷰어의 수평배치7 안에 위치시킵니다. 컴포넌트의 이름을 [버튼_후진]으로 변경합니다. [버튼_후진]의 속성을 다음과 같이 설정합니다.

- 높이: 80픽셀
- 너비: 80픽셀
- 텍스트: 후진

레이아웃에서 [수평배치]를 끌어와 뷰어에 위치시킵니다. 컴포넌트 간 간격을 띄우는 용도로 사용합니다. 속성을 다음과 같이 설정합니다.

- 높이: 20픽셀
- 너비: 부모요소에 맞추기

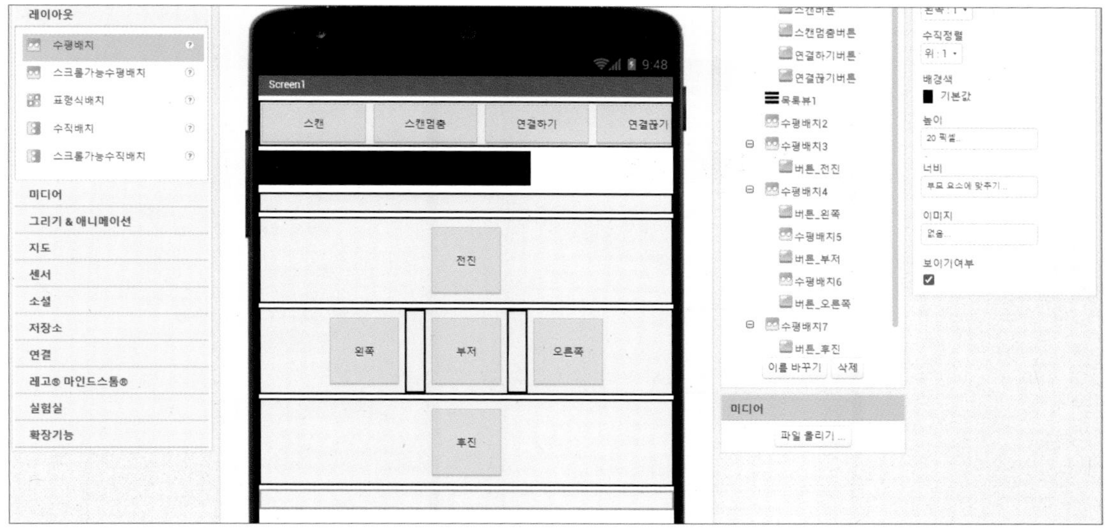

레이아웃에서 [수평배치]를 끌어와 뷰어에 위치시킵니다. 속성을 다음과 같이 설정합니다.

- 수평정렬: 가운데:3
- 수직정렬: 가운데:2
- 높이: 50픽셀
- 너비: 부모요소에 맞추기

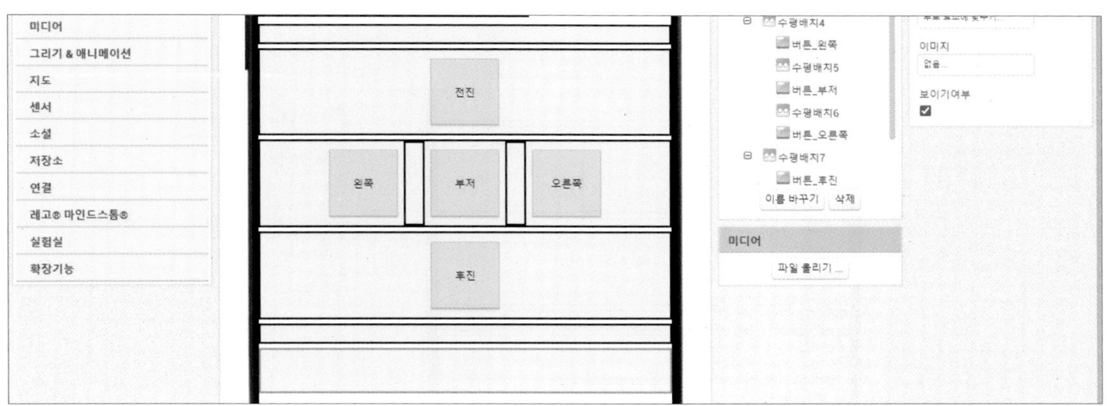

사용자 인터페이스에서 [슬라이더]를 끌어와 수평배치7에 위치시킵니다. 슬라이더1의 이름으로 컴포넌트가 위치하였습니다.

[슬라이더1]의 속성을 다음과 같이 설정합니다.

- 너비: 60퍼센트
- 최댓값: 255 (아두이노의 PWM의 최대값인 255로 설정하였습니다.)
- 최솟값: 0 (아두이노 PWM의 최소값인 0으로 설정하였습니다.)
- 섬네일 위치: 200 (처음에 바가 위치한 곳입니다.)

팔레트의 확장기능에서 [BlutoothLE]를 뷰어에 위치시킵니다. [BlutoothLE1] 컴포넌트 이름으로 보이지 않는 컴포넌트로 등록됩니다.

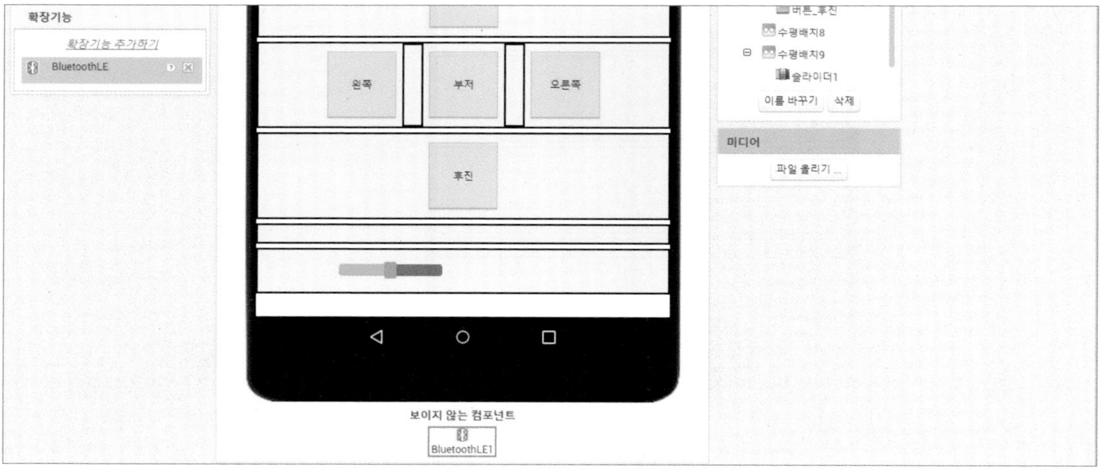

[BlutoothLE1] 의 속성에서 NullTerminateStrings를 체크해제 합니다. 체크하면 Null 문자가 전송되어 동작이 잘되지 않습니다.

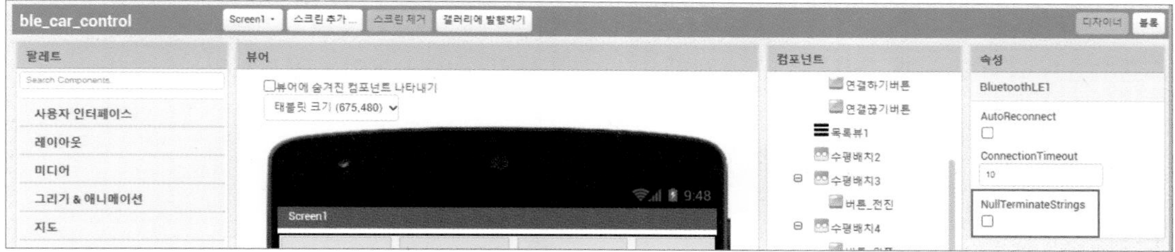

지금까지는 [디자이너] 화면에서 외부에 보이는 화면을 구성하였습니다.

이제 [블록] 탭으로 이동하여 프로그램을 진행합니다.

블록화면에서 프로그램하기

[블록] 화면으로 블록을 선택하여 뷰어에 끌어 위치시켜 프로그램합니다.

스캔버튼을 클릭했을 때 프로그램 합니다. 빨간 네모칸의 블록의 이름으로 블록에서 찾을 수 있습니다. [참] 블록은 공통 블록의 [논리]에 있습니다. 공통 블록은 색상으로 구분하면 어디에 있는지 알기 쉽습니다.

스캔버튼을 클릭했을 때 블루투스를 스캔합니다. 목록뷰의 상태를 보이도록 합니다.

다음과 같이 블록의 [스캔버튼]을 클릭하면 기능들이 나열되어 끌어 사용할 수 있습니다.

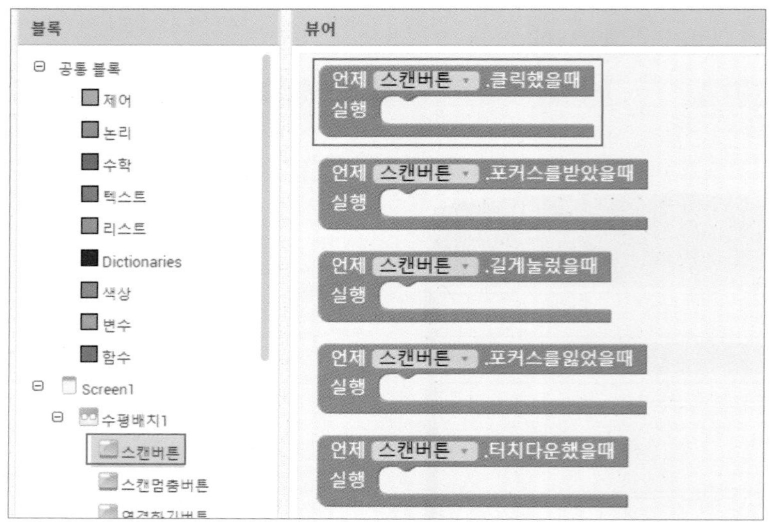

블루투스를 찾았으면 목록뷰1에 찾은 요소의 리스트의 값을 보여줍니다.

언제 BluetoothLE1 .DeviceFound
실행 지정하기 목록뷰1 . 요소문자열 값 BluetoothLE1 . DeviceList

연결하기버튼을 클릭했을 때 선택된 항목의 블루투스에 연결합니다.

언제 연결하기버튼 .클릭했을때
실행 호출 BluetoothLE1 .연결
index 목록뷰1 . 선택된항목번호

service_UUID와 Characteristic_UUID의 전역변수를 생성합니다. 공통블록 [변수]에 있습니다. 초기값으로 다음의 값을 입력합니다. 공통블록 [텍스트]에서 빈 문자열을 찾아 다음과 같이 입력합니다.

UUID는 블루투스 4.0에서 필요한 값으로 우리가 사용하는 블루투스 모듈의 UUID입니다.

전역변수 만들기 service_UUID 초기값 ' 0000FFE0-0000-1000-8000-00805F9B34FB '

전역변수 만들기 Characteristic_UUID 초기값 ' 0000FFE1-0000-1000-8000-00805F9B34FB '

블루투스가 연결되었다면 UUID를 등록하고 [목록뷰1]을 보이지 않도록 합니다. 가져오기는 공통블록 [변수]에서 가져올 수 있습니다.

```
언제 BluetoothLE1 .Connected
실행 호출 BluetoothLE1 .RegisterForStrings
          serviceUuid         가져오기 전역변수 service_UUID
          characteristicUuid  가져오기 전역변수 Characteristic_UUID
          utf16               거짓
     지정하기 목록뷰1 . 보이기여부 값 거짓
```

연결끊기와 스캔멈춤을 다음과 같이 프로그램합니다.

```
언제 연결끊기버튼 .클릭했을때
실행 호출 BluetoothLE1 .연결끊기

언제 스캔멈춤버튼 .클릭했을때
실행 호출 BluetoothLE1 .StopScanning
```

전진 버튼을 터치다운했을 때(버튼을 눌렀을 때) go₩n를 전송합니다. ₩n는 newline으로 아두이노에서 종료 문자로 인식합니다. ₩(역슬래쉬)는 [Enter] 위에 있습니다. 실제 앱인벤터에서는 ' ₩n ' 와 같이 보입니다.

```
언제 버튼_전진 .터치다운했을때
실행 호출 BluetoothLE1 .WriteStrings
          serviceUuid         가져오기 전역변수 service_UUID
          characteristicUuid  가져오기 전역변수 Characteristic_UUID
          utf16               거짓
          값                  합치기 ' go '
                                     ' \n '
```

전진버튼을 터치업했을 때(손을 떼었을 때) stop₩n를 전송합니다.

```
언제 버튼_전진 .터치업했을때
실행 호출 BluetoothLE1 .WriteStrings
          serviceUuid         가져오기 전역변수 service_UUID
          characteristicUuid  가져오기 전역변수 Characteristic_UUID
          utf16               거짓
          값                  합치기 ' stop '
                                     ' \n '
```

후진버튼을 터치다운했을 때(버튼을 눌렀을 때) back₩n를 전송합니다.

언제 버튼_후진 .터치다운했을때
실행 호출 BluetoothLE1 .WriteStrings
serviceUuid 가져오기 전역변수 service_UUID
characteristicUuid 가져오기 전역변수 Characteristic_UUID
utf16 거짓
값 합치기 ' back '
' \n '

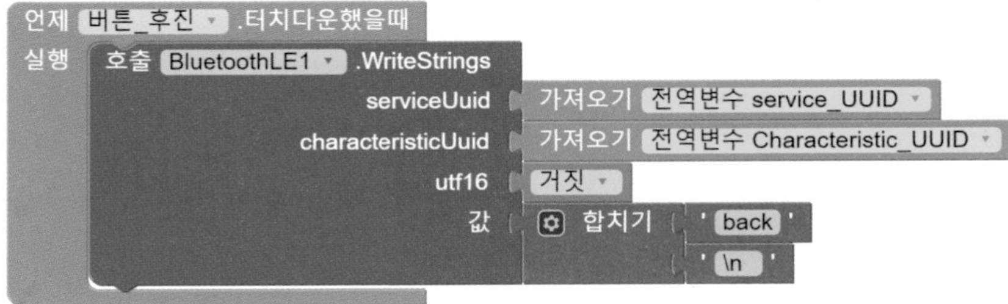

후진버튼을 터치업했을 때(손을 떼었을 때) stop₩n를 전송합니다.

언제 버튼_후진 .터치업했을때
실행 호출 BluetoothLE1 .WriteStrings
serviceUuid 가져오기 전역변수 service_UUID
characteristicUuid 가져오기 전역변수 Characteristic_UUID
utf16 거짓
값 합치기 ' stop '
' \n '

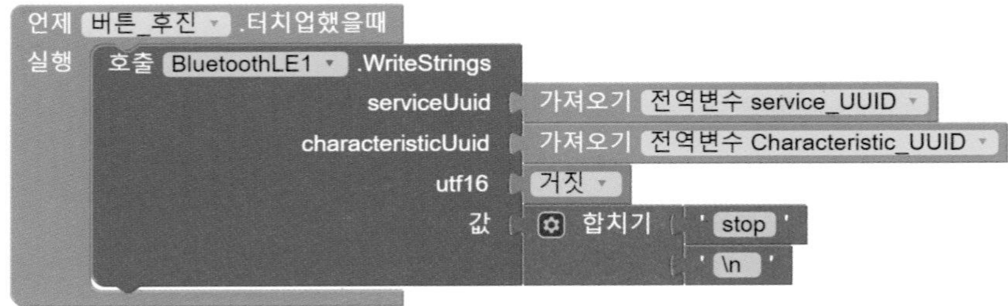

왼쪽버튼을 터치다운했을 때(버튼을 눌렀을 때) left₩n를 전송합니다.

언제 버튼_왼쪽 .터치다운했을때
실행 호출 BluetoothLE1 .WriteStrings
serviceUuid 가져오기 전역변수 service_UUID
characteristicUuid 가져오기 전역변수 Characteristic_UUID
utf16 거짓
값 합치기 ' left '
' \n '

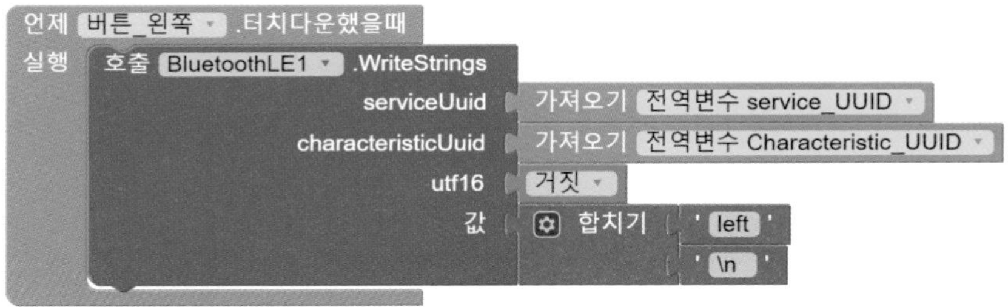

왼쪽버튼을 터치업했을 때(손을 떼었을 때) stop₩n를 전송합니다.

언제 버튼_왼쪽 .터치업했을때
실행 호출 BluetoothLE1 .WriteStrings
serviceUuid 가져오기 전역변수 service_UUID
characteristicUuid 가져오기 전역변수 Characteristic_UUID
utf16 거짓
값 합치기 ' stop '
' \n '

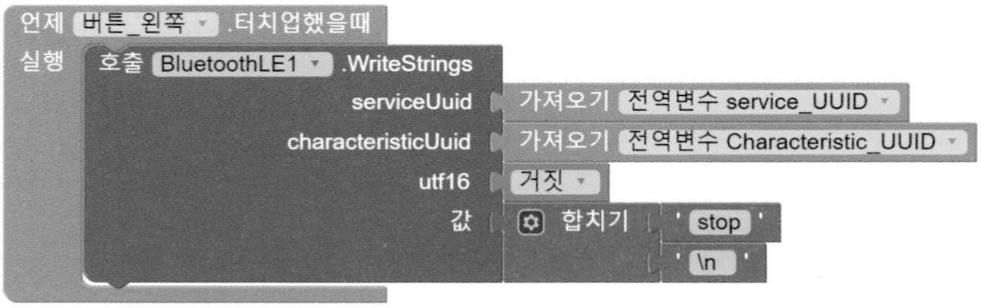

오른쪽버튼을 터치다운했을 때(버튼을 눌렀을 때) left₩n를 전송합니다.

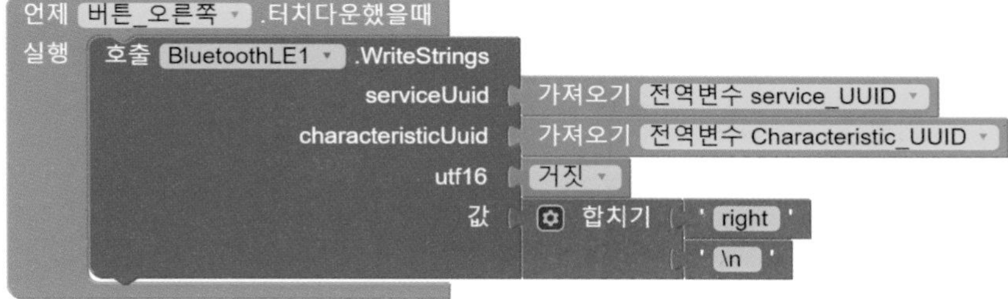

오른쪽버튼을 터치업했을 때(손을 떼었을 때) stop₩n를 전송합니다.

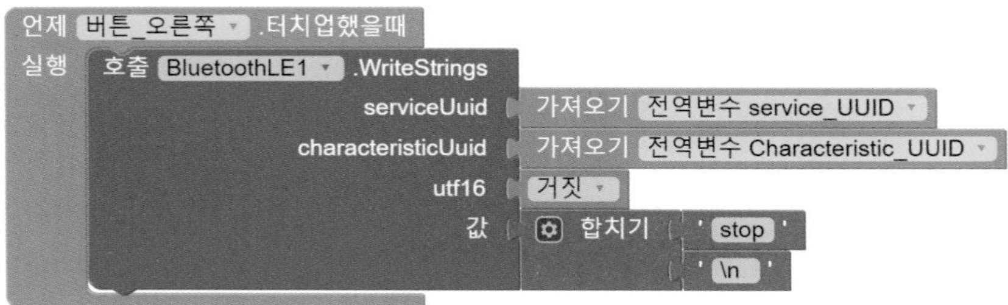

부저버튼을 터치다운했을 때(버튼을 눌렀을 때) bzon₩n를 전송합니다.

부저버튼을 터치업했을 때(손을 떼었을 때) bzoff₩n를 전송합니다.

전진, 후진, 왼쪽, 오른쪽, 부저 버튼을 누르고 있으면 동작하고 손을 떼면 멈추도록 프로그램하였습니다.

슬라이더1의 위치가 변경되었을 때는 speed=0 ~ speed=255까지 슬라이더의 위치를 전송하여 모터의 속도를 변경합니다.

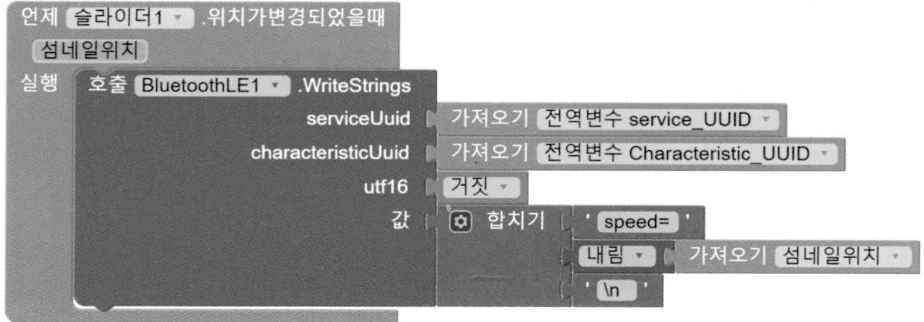

텍스트에서 여러 개를 합치기 위해서는 톱니바퀴 모양을 클릭한 다음 [문자열] 블록을 드래그하여 합치기 블록안에 넣습니다.

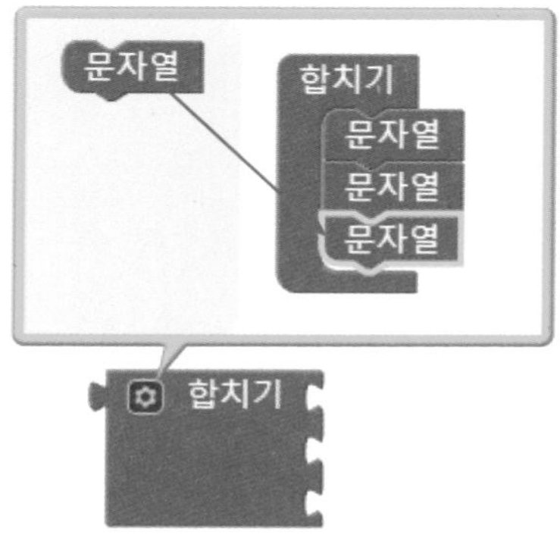

위치가변경되었을 때 슬라이더의 위치를 가져오기 위해서 [섬네일위치]에 마우스를 이동 후 [가져오기 섬네일위치]를 클릭하면 됩니다.

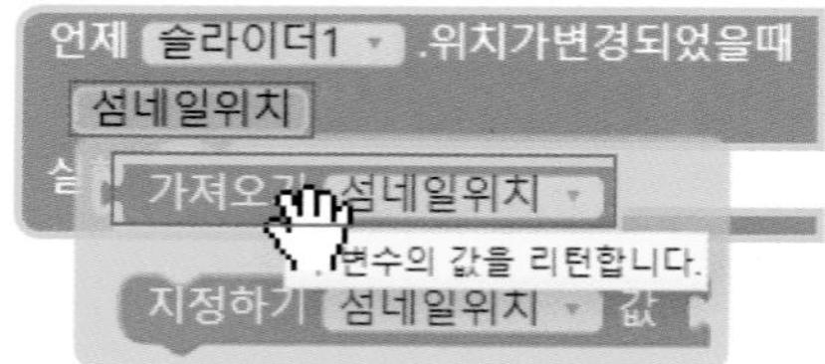

전체 코드입니다.

```
언제 스캔버튼 .클릭했을때
실행 호출 BluetoothLE1 .StartScanning
     지정하기 목록뷰1 . 보이기여부 값 참
```

```
언제 BluetoothLE1 .DeviceFound
실행 지정하기 목록뷰1 . 요소문자열 값 BluetoothLE1 . DeviceList
```

```
전역변수 만들기 service_UUID 초기값 " 0000FFE0-0000-1000-8000-00805F9B34FB "
전역변수 만들기 Characteristic_UUID 초기값 " 0000FFE1-0000-1000-8000-00805F9B34FB "
```

```
언제 BluetoothLE1 .Connected
실행 호출 BluetoothLE1 .RegisterForStrings
               serviceUuid  가져오기 전역변수 service_UUID
        characteristicUuid  가져오기 전역변수 Characteristic_UUID
                     utf16  거짓
     지정하기 목록뷰1 . 보이기여부 값 거짓
```

```
언제 버튼_전진 .터치다운했을때
실행 호출 BluetoothLE1 .WriteStrings
               serviceUuid  가져오기 전역변수 service_UUID
        characteristicUuid  가져오기 전역변수 Characteristic_UUID
                     utf16  거짓
                        값  합치기 " go "
                                   " \n "
```

```
언제 버튼_후진 .터치다운했을때
실행 호출 BluetoothLE1 .WriteStrings
               serviceUuid  가져오기 전역변수 service_UUID
        characteristicUuid  가져오기 전역변수 Characteristic_UUID
                     utf16  거짓
                        값  합치기 " back "
                                   " \n "
```

```
언제 버튼_왼쪽 .터치다운했을때
실행 호출 BluetoothLE1 .WriteStrings
               serviceUuid  가져오기 전역변수 service_UUID
        characteristicUuid  가져오기 전역변수 Characteristic_UUID
                     utf16  거짓
                        값  합치기 " left "
                                   " \n "
```

```
언제 버튼_오른쪽 .터치다운했을때
실행 호출 BluetoothLE1 .WriteStrings
               serviceUuid  가져오기 전역변수 service_UUID
        characteristicUuid  가져오기 전역변수 Characteristic_UUID
                     utf16  거짓
                        값  합치기 " right "
                                   " \n "
```

```
언제 버튼_부저 .터치다운했을때
실행 호출 BluetoothLE1 .WriteStrings
               serviceUuid  가져오기 전역변수 service_UUID
        characteristicUuid  가져오기 전역변수 Characteristic_UUID
                     utf16  거짓
                        값  합치기 " bzon "
                                   " \n "
```

```
언제 슬라이더1 .위치가변경되었을때
 섬네일위치
실행 호출 BluetoothLE1 .WriteStrings
               serviceUuid  가져오기 전역변수 service_UUID
        characteristicUuid  가져오기 전역변수 Characteristic_UUID
                     utf16  거짓
                        값  합치기 " speed= "
                                   내림 가져오기 섬네일위치
                                   " \n "
```

```
언제 연결끊기버튼 .클릭했을때
실행 호출 BluetoothLE1 .연결끊기
```

```
언제 스캔멈춤버튼 .클릭했을때
실행 호출 BluetoothLE1 .StopScanning
```

```
언제 연결하기버튼 .클릭했을때
실행 호출 BluetoothLE1 .연결
                     index  목록뷰1 . 선택된항목번호
```

```
언제 버튼_전진 .터치업했을때
실행 호출 BluetoothLE1 .WriteStrings
               serviceUuid  가져오기 전역변수 service_UUID
        characteristicUuid  가져오기 전역변수 Characteristic_UUID
                     utf16  거짓
                        값  합치기 " stop "
                                   " \n "
```

```
언제 버튼_후진 .터치업했을때
실행 호출 BluetoothLE1 .WriteStrings
               serviceUuid  가져오기 전역변수 service_UUID
        characteristicUuid  가져오기 전역변수 Characteristic_UUID
                     utf16  거짓
                        값  합치기 " stop "
                                   " \n "
```

```
언제 버튼_왼쪽 .터치업했을때
실행 호출 BluetoothLE1 .WriteStrings
               serviceUuid  가져오기 전역변수 service_UUID
        characteristicUuid  가져오기 전역변수 Characteristic_UUID
                     utf16  거짓
                        값  합치기 " stop "
                                   " \n "
```

```
언제 버튼_오른쪽 .터치업했을때
실행 호출 BluetoothLE1 .WriteStrings
               serviceUuid  가져오기 전역변수 service_UUID
        characteristicUuid  가져오기 전역변수 Characteristic_UUID
                     utf16  거짓
                        값  합치기 " stop "
                                   " \n "
```

```
언제 버튼_부저 .터치업했을때
실행 호출 BluetoothLE1 .WriteStrings
               serviceUuid  가져오기 전역변수 service_UUID
        characteristicUuid  가져오기 전역변수 Characteristic_UUID
                     utf16  거짓
                        값  합치기 " bzoff "
                                   " \n "
```

APK 파일 생성하고 설치하기

[빌드]에서 [Android App(.apk)]를 클릭하여 APK 파일을 생성합니다.

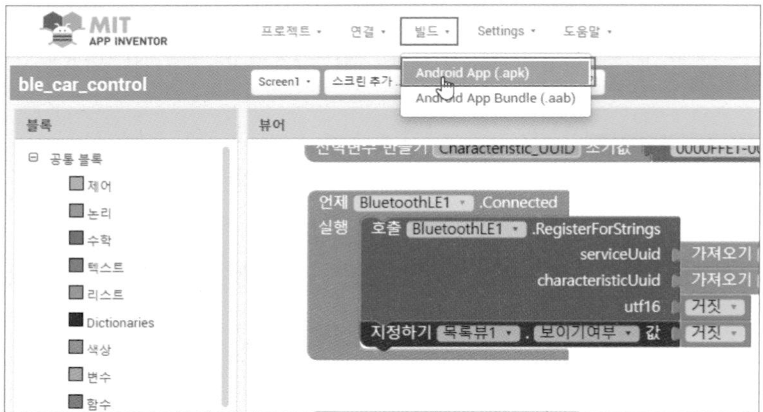

1~5분가량 소요됩니다.

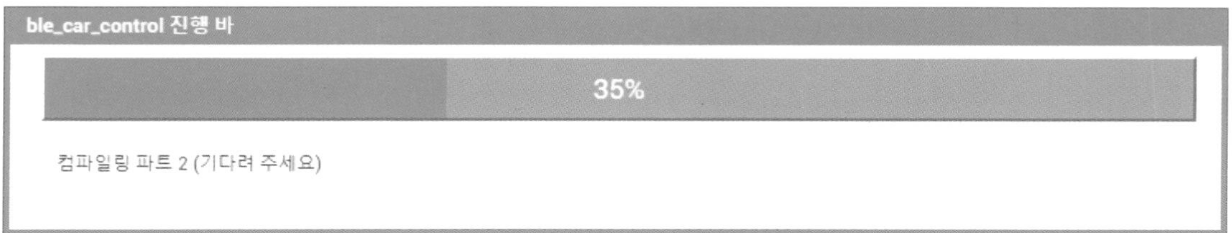

PC로 APK 파일을 다운로드 받거나 QR코드를 이용하여 앱을 다운받아 설치할 수 있습니다.

QR코드로 설치하기 위해 안드로이드 스마트폰에서 구글 플레이스토어 접속수 "앱인벤터"를 검색 후 아래 어플을 설치합니다.

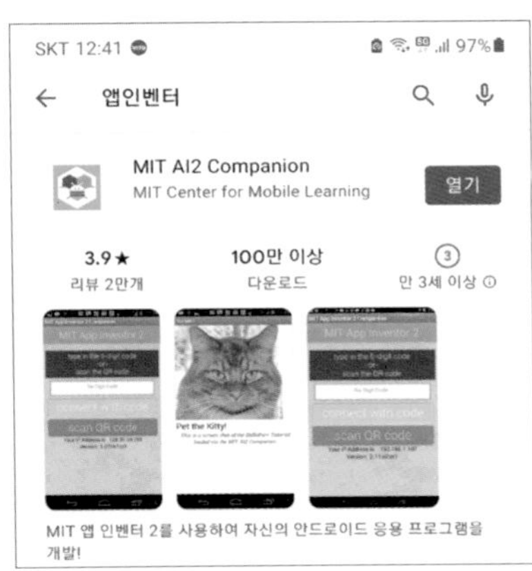

scan QR code를 눌러 생성된 QR코드를 찍고 프로그램을 다운로드 받아 설치합니다. 안드로이드 10 이상부터는 보안 정책상 출처는 알 수 없는 앱의 설치가 까다롭습니다. 출처를 알 수 없는 앱의 설치를 허용하여 설치합니다.

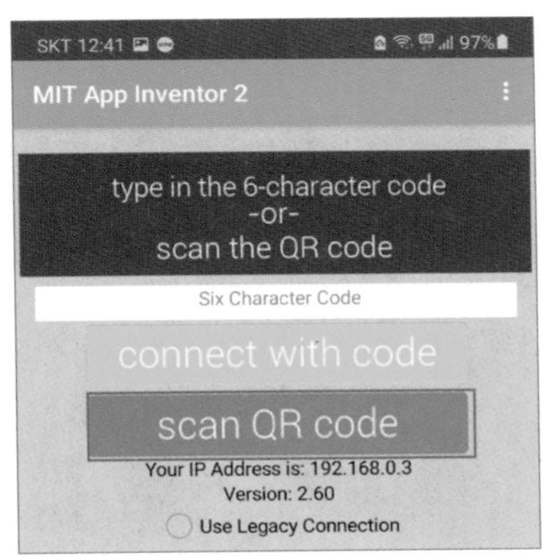

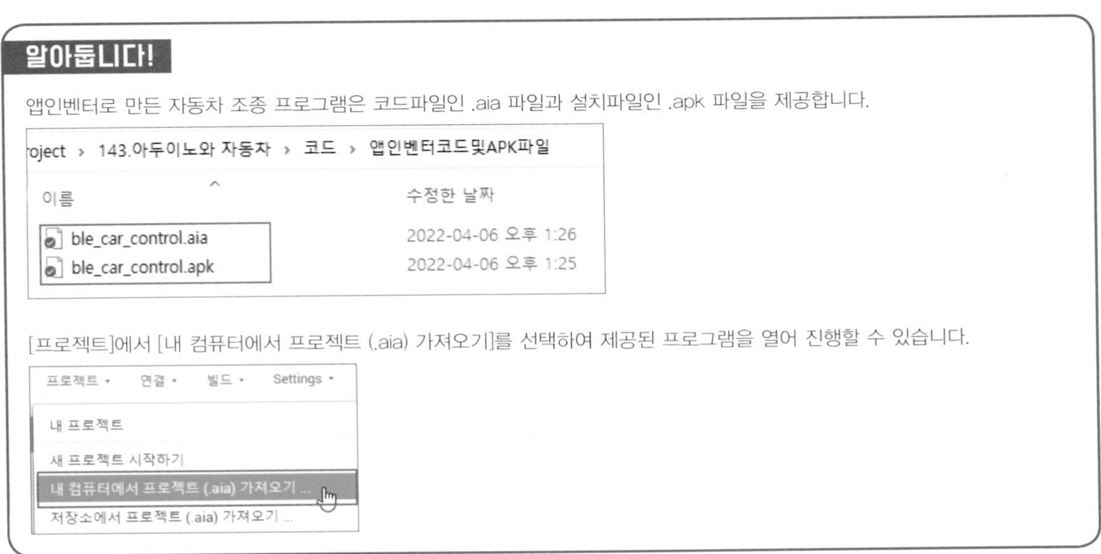

알아둡니다!

앱인벤터로 만든 자동차 조종 프로그램은 코드파일인 .aia 파일과 설치파일인 .apk 파일을 제공합니다.

[프로젝트]에서 [내 컴퓨터에서 프로젝트 (.aia) 가져오기]를 선택하여 제공된 프로그램을 열어 진행할 수 있습니다.

알아둡니다!

[연결]에서 [AI 컴패니언]은 자주 쓰는 기능으로 스마트폰의 앱인벤터 프로그램과 연동하여 수정사항을 바로바로 확인하면서 앱을 만들 수 있습니다.

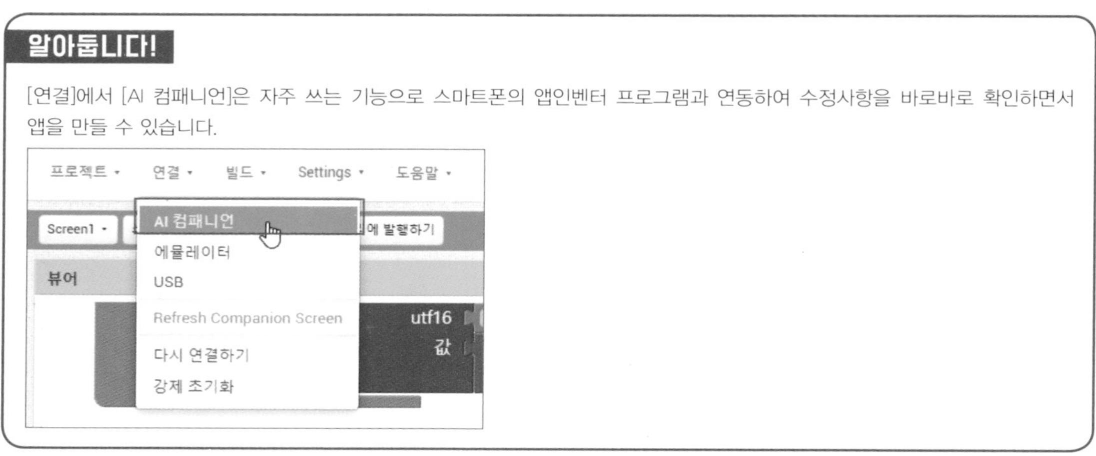

앱으로 자동차 조종하기

설치된 앱을 실행합니다. 이름의 변경하지 않았다면 앱의 이름은 프로젝트 이름입니다.

[스캔] 버튼을 눌러 블루투스를 스캔합니다. 아두이노 자동차의 전원이 켜져 있는 상태여야 됩니다.

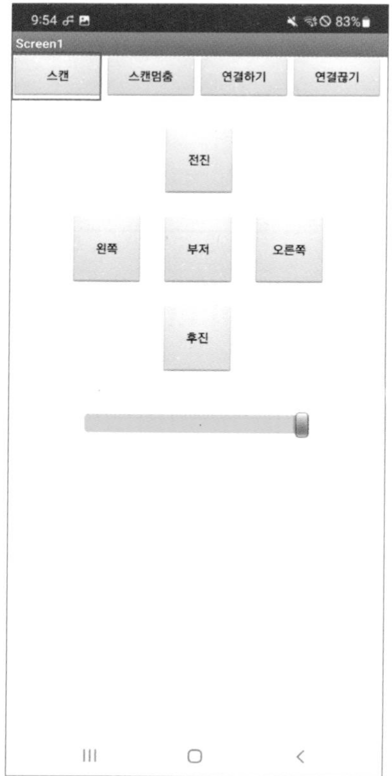

블루투스를 선택한 후 [연결하기] 버튼을 눌러 블루투스와 연결합니다.

연결 후 각각의 버튼을 눌러 자동차를 조종합니다.

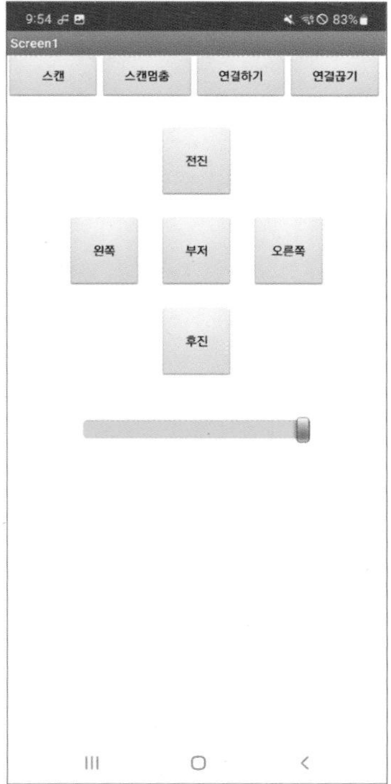